MW01488378

Los cuatro viajes
Testamento

Humanidades

Cristóbal Colón

Los cuatro viajes
Testamento

Edición de Consuelo Varela

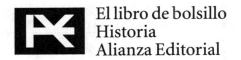

El libro de bolsillo
Historia
Alianza Editorial

Primera edición en «El libro de bolsillo»: 1986
Tercera reimpresión: 1999
Primera edición en «Área de conocimiento: Humanidades» 2000
Cuarta reimpresión: 2011

Diseño de cubierta: Alianza Editorial

Reservados todos los derechos. El contenido de esta obra está protegido por la Ley, que establece penas de prisión y/o multas, además de las correspondientes indemnizaciones por daños y perjuicios, para quienes reprodujeren, plagiaren, distribuyeren o comunicaren públicamente, en todo o en parte, una obra literaria, artística o científica, o su transformación, interpretación o ejecución artística fijada en cualquier tipo de soporte o comunicada a través de cualquier medio, sin la preceptiva autorización.

© de la edición: Consuelo Varela
© Alianza Editorial, S. A., Madrid, 1986, 1992, 1996, 1999, 2000, 2004, 2005, 2007, 2011
   Calle Juan Ignacio Luca de Tena, 15; 28027 Madrid; teléf. 91 393 88 88
   www.alianzaeditorial.es
   ISBN: 978-84-206-3587-3
   Depósito legal: M. 45.598-2010
   Impreso en Closas-Orcoyen, S. L. Polígono Igarsa
   Paracuellos de Jarama (Madrid)
   Printed in Spain

SI QUIERE RECIBIR INFORMACIÓN PERIÓDICA SOBRE LAS NOVEDADES DE ALIANZA EDITORIAL, ENVÍE UN CORREO ELECTRÓNICO A LA DIRECCIÓN:

alianzaeditorial@anaya.es

Introducción

Se reúnen en este volumen que ahora publica Alianza Editorial las relaciones que de sus cuatro viajes al Nuevo Mundo realizó Cristóbal Colón y su testamento.

Ninguno de estos documentos se nos han conservado en su original colombino aunque no por ello dejan de ser piezas de indudable valor histórico e incluso literario.

Los relatos del primer y tercer viaje nos han llegado en las copias que de los originales del Almirante efectuó el dominico fray Bartolomé de las Casas en el manuscrito único que guarda la Biblioteca Nacional de Madrid[1]. Del segundo viaje desconocemos el relato colombino, aunque poseemos extensas relaciones sincrónicas efectuadas por sus acompañantes, hecho que no sucede con tanta amplitud con el resto de los viajes. Como sustituto de ese Diario perdido hemos transcrito aquí el Informe que Colón envió a los Reyes, a los cinco meses de iniciado éste, dando cuenta de sus hallazgos y problemas, que aunque no puede ser completo –ningún relato lo es salvo el primero– sirve de orientación. El original, firmado por el Almirante, se custodia en el archivo de los duques de Alba del Palacio de Liria de Madrid. La relación

1. Vitrina, 6.

del cuarto viaje se encuentra en un manuscrito, hoy propiedad de la Biblioteca Universitaria de Salamanca, en el que un copista anónimo trasladó la carta que con fecha 7 de julio de 1503 escribió Cristóbal Colón a los Reyes describiendo su último viaje al Nuevo Mundo[2]. Por último el Testamento del Almirante, efectuado en Valladolid un día antes de su fallecimiento, se conserva en una copia notarial en el Archivo General de Indias de Sevilla, formando parte del bloque que del archivo familiar de los duques de Veragua –descendientes directos de Colón– pasó a comienzos de este siglo al archivo sevillano[3].

Dado que el propósito de este libro no es hacer un estudio exhaustivo de la figura de Cristóbal Colón, ni de las tierras por él descubiertas, ni de los múltiples problemas surgidos antes, durante y después del Descubrimiento, sino pura y simplemente presentar los textos que narran sus viajes, me ha parecido mucho más útil y práctico efectuar unos amplios esquemas de cada viaje que repetir vaguedades o hacer inútiles alardes de erudición, que por otra parte cualquier lector puede encontrar en los libros que se citan en la Bibliografía.

Creo que de esta manera y con una rápida hojeada se podrá localizar un personaje –si desempeñaba un papel de relativa importancia en el rol–, una nave e incluso un pasaje repasando la *síntesis cronológica*. Señalar, aunque fuera muy brevemente, los objetivos y resultados de cada viaje parecía evidente: se comprenderá mejor cualquier texto conociendo de antemano lo que se pretendió hacer y hasta dónde se llegó. El apartado de *Fuentes* era también obligado y pienso que de gran interés para el lector curioso que de un vistazo se coloca en posición de conocer, o al menos de saber dónde puede encontrar, no sólo los documentos escritos por Colón en cada momento sino también los dirigidos al Almirante en las mismas fechas y los relatos del mismo hecho histórico narrados por los cronistas contemporáneos.

2. Ms. 2327, ff. 14-26.
3. Patronato, 295. Existe también otra copia en el mismo archivo en Patronato, 9.

Se trata, en definitiva, de proporcionar una guía que ningún manual da.

Primer viaje

Salida: Palos, 3 de agosto 1492.
Llegada: Palos, 15 de marzo 1493.

Barcos: una nao y dos carabelas.

Santa María	Capitán: Cristóbal Colón.
Nao	Piloto: Pero Alonso Niño.
150-200 toneles	Maestre: Juan de la Cosa.
	Contramaestre: Chachu.
	Propietario: Juan de la Cosa.
Pinta	Capitán: Martín Alonso Pinzón.
Carabela	Piloto: Cristóbal García de Sarmiento.
105-115 toneles	Maestre: Francisco Martín Pinzón.
	Contramaestre: Juan Quintero de Algurta.
	Propietarios: Gómez Rascón y Cristóbal Quintero.
Niña	Capitán: Vicente Yáñez Pinzón.
Carabela	Piloto: Sancho Ruiz de Gama.
100-105 toneles	Maestre: Juan Niño.
	Contramaestre: Bartolomé García.
	Propietario: Juan Niño.

Oficiales de la Armada

Alguacil Mayor: Diego de Arana.
Alguacil: Diego Lorenzo.
Escribano: Rodrigo de Escobedo.
Veedor: Sánchez de Segovia.

Número de tripulantes

Es dudoso el número de tripulantes que formaban parte de esta primera expedición al Nuevo Mundo, si bien Miss A. B. Gould, máxima estudiosa del tema, ha catalogado 87 nombres de los 90 hombres de la tripulación: una cuarentena en la *Santa María* y unos veinticinco en cada uno de los barcos más pequeños. El grueso de los tripulantes estaba formado por marineros de Palos, Moguer y Huelva (70 andaluces), algunos vascos y gallegos (10 entre ambos) y un reducido grupo de extranjeros: un portugués de Tavira, un genovés, Jacome el Rico; un calabrés, Antón; un veneciano, Juan Veçano, y un negro. Como intérprete figuraba un judío converso, Luis de Torres, experto en lenguas orientales, árabe y hebreo. Aunque médico con el título de tal no consta ninguno, como físico formaba parte de la expedición maestre Alonso, vecino de Moguer, y un maestre cirujano, Juan, quedó en el fuerte de la Navidad; maese Diego hacía las veces de boticario. No faltaban: un sastre, Juan de Medina; un tonelero vizcaíno, Domingo, y un platero que se llamaba Cristóbal Caro; en cambio, no embarcaron ni religiosos ni mujeres. Sólo cuatro marineros eran presos redimidos: Bartolomé Torres, condenado a muerte por un homicidio en una riña, y Alonso Clavijo, Juan de Moguer y Pedro Izquierdo, culpables de haber organizado la fuga de un amigo común de la cárcel. Todos estos tripulantes viajaban a sueldo de la Corona a razón de 2.000 maravedíes al mes maestres y pilotos; 1.000 los marineros; 666 cada grumete.

Síntesis cronológica

3 agosto 1492	Salida de Palos.
12 agosto	Llegada a La Gomera.
6 septiembre	Salida de La Gomera.
8 septiembre	Se deja la isla de Hierro. Comienza la travesía del Atlántico.

*just went to Hispaniola
(Haiti + Dominican Republic) +
Cuba*

11 octubre	Colón divisa una luz en la lejanía que anuncia el Nuevo Mundo.
12 octubre	Tras 33 días de navegación desembarca Colón en la costa occidental de Guana-haní.
15 octubre	Se descubre la isla Fernandina.
19 octubre	Se descubre la isla Isabela.
27 octubre	Se descubre Cuba.
6 diciembre	Se llega al extremo occidental de La Española.
24-25 diciembre	Naufraga la *Santa María;* con los restos de la nave hace Colón edificar el Fuerte de la Navidad, primer asiento en el Nuevo Mundo.
16 enero 1493	La *Pinta* y la *Niña* emprenden el viaje de regreso. Quedan en el Fuerte de la Navidad 39 españoles.
14 febrero	Martín Alonso, a causa de una gran tempestad, se separa del convoy.
15 febrero	Desde la carabela escribe Colón las primeras cartas anunciando el descubrimiento.
4 marzo	La *Niña* llega al estuario del Tajo. Visita Colón al rey de Portugal en el Monasterio das Virtudes.
14 marzo	Llegada de Martín Alonso a Bayona (Galicia).
15 marzo	Llegada de Colón a Palos.
Finales de abril	Colón es recibido triunfalmente por los Reyes en Barcelona.

Objetivos y resultado

Ha sido enormemente discutido y la bibliografía sobre el tema es abundante. Mientras que para Colón, como repite en sus obras una y mil veces, su objetivo era llegar a Asia, al Catay y a la India, por una nueva vía, por occidente, siguiendo una ruta que le llevara primero a las Canarias, itinerario bien conocido y empujado por los vientos del este hacia su meta, para la Corona parece hoy claro que el objetivo era puramente comercial, económico en fin y sin ningún ánimo religioso, al menos en un primer momento. Quizá, como ya señaló García Gallo, el fin último era restaurar la frágil economía española y compensar la renuncia al tráfico africano hecha en beneficio de Portugal en el tratado de Alcaçobas de 1480.

Los resultados de este primer viaje se reducen a la demostración de la posibilidad del camino occidental de la India; al descubrimiento del tornaviaje y a la imperfecta exploración de algunas islas. Fue asimismo importante la «ilusión indiana» que prendió los ánimos de los europeos. Como señaló A. Ballesteros Beretta, «las tierras feraces, la vegetación exuberante, el dulce clima, las florestas odoríferas... el paisaje de maravilla, los nuevos animales... el tabaco y las mil plantas desconocidas de los europeos eran una tangente realidad y las esperanzas fundadas del hallazgo de otras muchas maravillas no eran un sueño descabellado e imposible».

Fuentes

Escribió Colón dos o quizá tres relatos diferentes de su primera expedición a las Indias: el *Diario* de a bordo, una carta a los Reyes redactada en el mar el 14 de febrero de 1493, cuando volvía a Castilla y una tempestad amenazaba el final feliz, y que desesperado echó al mar introducida en un barril encerado –con la esperanza de que fuera recogida y entregada a sus soberanos–, y una carta doble, quizá con el mismo texto que la anterior, dirigida a Gabriel Sánchez, tesorero de Aragón, y a Luis de Santángel, escribano de ración de los Reyes Católicos.

De ellos, sin duda, el más interesante es el *Diario* que el Almirante fue escribiendo día a día y que entregó a los Reyes cuando le recibieron en Barcelona a la vuelta de su viaje, original que quedó en la Corte, como era costumbre, enviándose a Colón una copia del mismo. La copia quedó depositada en los archivos de la familia Colón y ha desaparecido, al igual que el original colombino. Afortunadamente el fraile dominico Bartolomé de las Casas, cuando confeccionaba su *Historia General de las Indias,* efectuó un *Sumario* del mismo del que se sirvió como base para redactar su *Historia,* Sumario que utilizó igualmente don Hernando Colón al escribir la *Historia del Almirante,* su padre. En este texto, que es el que reproducimos en este libro, hay que distinguir desde el punto de vista de su redacción tres elementos bien diferenciados: las citas textuales de Colón, las citas indirectas en tercera persona introducidas por Las Casas y las interpolaciones del dominico que a modo de observaciones comenta lo que transcribe. Hasta tal punto es fiel copista fray Bartolomé que cuando no entiende el texto lo señala o deja un espacio en blanco; otras veces es en anotaciones marginales donde critica o aclara pasajes que le resultan dudosos o falsos; pero también Las Casas oculta información y a buen seguro no transcribió algún que otro párrafo que pensara pudiera dañar a Colón a los ojos de sus futuros lectores. De todas formas su veracidad es absoluta y correcta su copia; por ello podemos afirmar con rotundidez que el *Sumario* refleja fielmente, aunque desgraciadamente a escala reducida, aquel *Diario de a bordo* que Colón escribió a los Reyes, en forma de carta, narrando su primer viaje a las tierras incógnitas.

A) DOCUMENTOS COLOMBINOS[4]

1. Anteriores al viaje.
   ¿Notas marginales a sus libros? (doc. I).
2. *Diario* de a bordo.

4. Los documentos colombinos a los que se hace referencia fueron publicados en mi edición *Cristóbal Colón, Textos y documentos completos,* Alianza Editorial, Madrid, 1984; cito siempre la 2.ª edición. Los textos coetáneos y los documentos que se indican en cursiva se refieren al volumen de J. Gil y C. Varela *Cartas de particulares a Colón y Relaciones coetáneas,* Alianza Editorial, Madrid, 1984.

3. Notas y cartas.
   Relación de la gente que acompañó a Colón (doc. XXXIV).
   Fragmento de un escrito en el Cuaderno de a bordo
   (doc. III).
   Carta a Rodrigo de Escobedo (doc. IV).
   Carta a Luis de Santángel (doc. V).

contemporary relationships

B) CARTAS Y RELACIONES COETÁNEAS

La tradición del piloto anónimo (doc. II).
La correspondencia con Toscanelli (doc. III).
Carta del rey don Juan de Portugal a Colón (doc. IV).
Carta del duque de Medinaceli al Gran Cardenal don Pedro
González de Mendoza (doc. V).
Carta de Aníbal Zennaro a Jacobo Trotti (doc. VI).

printed sources

C) FUENTES IMPRESAS EN VIDA DE COLÓN

Carta a Luis de Santángel (doc. V) (Barcelona, 1493).

chronicles

D) CRONISTAS

Andrés Bernáldez, *Memorias del reinado de los Reyes Católi-
cos,* cap. CXVIII.
B. de Las Casas, *Historia de las Indias,* libro I, caps. XXXV-
LXXV.
Hernando Colón, *Historia del Almirante,* caps. XV-XLI.
F. López de Gómara, *Historia general de las Indias,* caps. XVI-
XVII.

Segundo viaje

Salida: Cádiz, 25 de septiembre 1493.
Llegada: Cádiz, 11 de junio 1496.

Barcos: 17 naves: 5 naos y 12 carabelas.

Al haber desaparecido los Libros de Armadas en los que figuraba la relación de gastos efectuados en este viaje, sólo disponemos de una información trunca. Nos limitamos a dar los nombres seguros: *[manuscript annotation: wrong relationship of cost incurred]*

La Marigalante (Nao capitana)	Capitán: Cristóbal Colón. Piloto: Juan de Moguer.
La Colina Nao	Piloto: Bartolomé Colín.
La Gallega Nao	Piloto: Alonso Fernández.
La Fraila Nao	Piloto: Hernán Pérez.
La Gorda Nao	Piloto: Pedro Antonio Niño. Maestre: Andrés Martín.
La Niña (llamada después la *Santa Clara*) Carabela *— caravels*	Capitán: Alonso Medina. Piloto: Francisco Niño.
La Pinta Carabela	Piloto: Cristóbal García Sarmiento.
La San Juan Carabela	Piloto: Bartolomé Pérez Roldán. Maestre: Alonso Pérez Roldán. Contramaestre: Alonso Rodríguez.
La Gutierra Carabela	Capitán: Antonio Gutiérrez.
La Prieta Carabela	Capitán: Juan Fernández Prieto.

La Cardera Carabela	Maestre: Cristóbal Pérez Niño. Contramaestre: Tenerín Ginovés.
La Vieja Carabela	Capitán: Juan de Triana.
La Gallarda Carabela	Capitán: Gaspar Fernández. Maestre: Juan Gallardo.
La Bonial Carabela	Capitán: Antón Bueno.
La Rodriga Carabela	Capitán: Juan Rodríguez.

Desconocemos los oficiales de las carabelas *Santa Cruz* y *La Quintera*

Síntesis cronológica

25 septiembre 1493	Se inicia el viaje en Cádiz.
3 octubre	Llegada a Gran Canaria.
13 octubre	Salida de la isla de Hierro.
4 noviembre	Se descubre la isla de Guadalupe.
5 noviembre	Se descubren la Dominica, la Marigalante y diferentes islas de las Pequeñas Antillas.
11 noviembre	Montserrat.
13 noviembre	Santa María la Redonda y Santa María de la Antigua.
14 noviembre	San Martín y Santa Cruz.
16 noviembre	Boriquen (Puerto Rico).
27 noviembre	Llegada a La Española, donde el Fuerte de la Navidad había sido destruido y murieron los españoles que allí se quedaron.
5 diciembre 1493	Se costea la isla en busca de un nuevo asentamiento. ~ settlement
6 enero	Se funda la ciudad de Isabela.

Mediados de febrero	Doce barcos de la flota son devueltos a España, bajo el mando de Antonio de Torres, portador de un *Memorial* de Colón para los Reyes.
12 marzo	Penetración sistemática en la isla. Se funda la fortaleza de Santo Tomás.
Mediados de abril	Se explora la parte meridional de Cuba y Jamaica.
Finales de año	Llega a la Isabela la primera flota de refuerzo: cuatro carabelas mandadas por Antonio de Torres.
24 febrero 1495	Las carabelas de A. de Torres regresan a Castilla con su cargamento de 400 esclavos.
Mediados de octubre	Llegada de Juan Aguado enviado por los Reyes para investigar e informar sobre el comportamiento de Colón como gobernante.
10 marzo 1496	Inicia Colón el retorno a Castilla con dos naves: la *Niña* y la *India,* primera carabela construida en el Nuevo Mundo.
11 junio	Llegada a Cádiz.

Número de tripulantes

Al no disponer del rol de este viaje, hemos de fiarnos de cifras aproximativas que indican que participaron entre 1.200 y 1.500 hombres en este, el más espectacular, viaje, en cuanto al aparejo y gastos, de los que efectuó el Almirante a las Indias. La mayoría de los marineros eran andaluces, en menor número vizcaínos, un tonelero mallorquín, varios catalanes, un marinero de Santander, otro de Ciudad Rodrigo, algunos portugueses como Pedro de Salas y un nutrido grupo de italianos, entre ellos Diego, el hermano menor del Almirante; Michele de Cuneo, que nos ha dejado una relación del viaje, y el contramaestre de la carabela

Cardera, Tenerín. A pesar de lo que siempre se ha afirmado, sí participaron mujeres[5]. Funcionarios, pajes, oficiales, artesanos, agricultores con sus semillas, ganaderos con sus bestias, mineros... destacándose un contingente de fuerzas armadas –las famosas lanzas jinetas– enviadas tanto como una precaución ante el peligro luso como por un deseo de conquista. Como nota característica de esta tripulación hemos de considerar la extraordinaria calidad de los expedicionarios. Señalaremos entre ellos al doctor Diego Álvarez Chanca, a quien debemos una bella e interesante descripción del viaje; al cosmógrafo Juan de la Cosa, que ya había participado en el primer viaje de descubrimiento; los capitanes Antonio de Torres, Ginés de Gorbalán, Pedro Margarite, Alonso de Hojeda; los oficiales Melchor Maldonado, Juan Ponce de León, futuro descubridor de Puerto Rico y la Florida; Diego Velázquez, Alonso de Carvajal, Pedro de las Casas –padre del dominico fray Bartolomé– y un largo etcétera.

Objetivos y resultados

Conseguidas las Bulas Alejandrinas que legitimaban su derecho a la posesión de las nuevas tierras descubiertas, dispusieron los Reyes con celeridad la partida de este viaje; para ello nombraron como administrador al arcediano de Sevilla Juan Rodríguez de Fonseca. La nueva empresa tendría ahora una triple vertiente: conquistadora, colonizadora y evangelizadora.

Para su política evangelizadora los Reyes solicitaron y obtuvieron del papa Alejandro VI los documentos necesarios para acreditar a fray Bernardo Buil vicario apostólico de las Indias, quien al frente de una expedición compuesta al menos de cuatro o cinco franciscanos, de tres frailes mercedarios y del ermitaño fray Román Pané –primer etnógrafo de los indios– fundó la primera misión en las Antillas.

5. Al menos una tal María Fernández figura entre los personajes que tengo localizados.

Para llevar a cabo la organización civil, política y conquistadora se dictaron órdenes concretas sobre la creación de munici-
pios, modos de administrar justicia, nombramientos de oficios,
etcétera.

Significó este viaje la confirmación oficial y de hecho del descubrimiento y se sentaron las bases de la colonización española
en las nuevas tierras.

Fuentes

La mayor dificultad crítica para narrar el segundo viaje colombino estriba en que se ha perdido el *Diario* de Colón. Poseemos relaciones sincrónicas que nos resultan de enorme
utilidad, pero que son parciales, ya que sólo se refieren a un
período limitado de la expedición. Tanto los escritos del doctor Diego Álvarez Chanca como los de Guillermo Coma y Miguel de Cuneo o las cartas de Simón Verde y de Juan de Bardi
narran exclusivamente los cinco primeros meses de esta expedición, y las *Decades* de Pedro Mártir de Anglería son amplios
y parciales resúmenes. Como siempre, la información más
abundante nos viene proporcionada por la *Historia* de don
Hernando Colón y en la *Historia de las Indias* de Las Casas, en
las que ambos utilizan un itinerario perdido del Almirante
que fray Bartolomé titula *Relación del descubrimiento de
Cuba*. Como ya señaló M. Ballesteros Beretta, los dos historia-
dores siguen un mismo texto cuya precisión cronológica, tanto en el dominico como en Hernando, demuestra que tenían
delante un *Diario* escrito, al igual que el del viaje anterior, con
meses y días exactos, interrumpido del 11 de diciembre de
1493 al 12 de marzo de 1494 y continuado desde esta fecha
hasta el 25 de septiembre de ese mismo año, como nos cuenta
don Hernando en su libro. Pero como siempre ocurre cuando
dos personas extractan un mismo texto, la diferencia en la
síntesis es notable; así uno suple lo que al otro le falta y combi-
nando las dos fuentes obtenemos el relato completo del viaje.

Dado que el *Memorial* que Colón envió a los Reyes a comienzos de 1494 con Antonio de Torres narra, en cierta manera, las vicisitudes de esos primeros meses en las Antillas y es el que habitualmente se suele incluir en las antologías como sustituto del *Diario* perdido, lo insertamos también nosotros en este volumen haciendo constar que, obviamente, las carencias son en este texto mayores que en los *Diarios* de los tres restantes viajes.

A) DOCUMENTOS COLOMBINOS

1. Anteriores al viaje.
   Ordenanza (doc. VI).

2. Notas y cartas.
   Memorial a Antonio Torres.
   Instrucción a Mosén Pedro Margarite (doc. VIII).
   Fragmento de una carta a los Reyes (doc. IX).
   Cédula nombrando a Bartolomé Colón teniente de gobernador de La Española (doc. X).

B) CARTAS Y RELACIONES COETÁNEAS

Carta del doctor Diego Álvarez Chanca al Cabildo de Sevilla (doc. VII).
Relación de Guillermo Coma, traducida por Nicolás Esquilache (doc. VIII) .
Carta de Miguel Muliart a Colón (doc. IX).
Fragmentos de cartas de Simón Verde (doc. X).
Carta de Juan de Bardi (doc. XI).
Informe y juramento de cómo Cuba era Tierra Firme (documento XII).
Carta a los Reyes de Sebastián de Olano (doc. XIII).
Memorial a la Reina de Juanoto Berardi (doc. XIV).
Carta de Mosén Jaime Ferrer a Colón (doc. XV).
Relación de Miguel de Cuneo (doc. XVI).

C) FUENTES IMPRESAS EN VIDA DE COLÓN

Guillermo Coma, *Sobre las islas recientemente descubiertas del mar Meridiano e Índico,* Pavia, ¿1497?

D) CRONISTAS

Andrés Bernáldez, *Memorias,* caps. CIX-CXII[6]
G. Fernández de Oviedo, *Historia,* libro II, caps. VIII-XIV; libro III, caps. I y II.
B. de Las Casas, *Historia,* libro I, caps. LXXXII-CXI.
Hernando Colón, *Historia,* caps. XLIV-LXI; a continuación incluye a R. Pané, caps. I-XXVI.
F. López de Gómara, *Historia,* cap. XX.

Tercer viaje

Salida: Sanlúcar de Barrameda, 30 de mayo 1498.
Llegada: Cádiz, 20 de noviembre 1500.

Barcos: 8 carabelas.

Santa Cruz	Piloto: Francisco Niño.
	Maestre: Juan Bermúdez.
Santa Clara o *Niña*	Piloto: Juan de Umbría.
	Maestre: Pero Francés.

---

6. Hay que hacer constar que este texto de Bernáldez es una simple copia de la carta del doctor Chanca, como demostré en «Diego Álvarez Chanca, cronista del segundo viaje colombino», *Historiografía y Bibliografía americanistas* (XXIX), 1985, pp. 35-82.

La Castilla 70 toneles	Maestre: Andrés García Galdin. Propietario: Alfon Gutiérrez.
La Gorda 60 toneles	Maestre: Alfon Benítez. Propietario: Andrés Martín de la Gorda.
La Rábida	Maestre: Alfon García Cansino. Propietario: Bartolomé de Leça.
Santa María de Guía 101 toneles	Maestre: Cristóbal Quintero. Propietario: El mismo.
La Garza 70 toneles	Maestre: Francisco García de Palos. Propietario: El mismo.

La Vaqueña
Se unió el 24 de
mayo en Sanlúcar
de Barrameda; des-
conocemos el rol.

Número de tripulantes

Así como en la segunda expedición al Nuevo Mundo la afluen-
cia de voluntarios para verificar la travesía fue notable, las tris-
tes nuevas y el desprestigio de la empresa de Indias hicieron difícil el reclutamiento de las 330 personas que los Reyes habían
previsto se desplazaran en este viaje. Cartas patentes fueron
dictadas para deportar presos y se prometieron indultos, si
bien, a pesar de lo mucho escrito sobre la enorme cantidad de
desorejados que pasaron a las Indias en este viaje colombino,
de los 226 miembros que componían la tripulación sólo 10 fi-

guraban en la nómina como homicidas. Publicado hace apenas unos meses el rol de este viaje[7], hoy sabemos que la tripulación estaba compuesta por 77 ballesteros, 50 peones, 28 labradores y hortelanos, 18 oficiales, 15 marineros, 6 grumetes, 4 canarios cuya profesión no consta, 4 criados del Almirante, 2 clérigos, 1 bombardero, 1 tamborino, 5 personas sin sueldo y al menos 2 mujeres. Dejando de un lado a los extranjeros, unos 12, italianos en su mayor parte, algún que otro portugués y un francés de Picardía, los tripulantes, en general de baja extracción social, procedían: 15 de Jerez de la Frontera, 13 de Sevilla, 4 de Madrid e igual número de Palos, 3 de Salamanca al igual que de Baeza, Córdoba, Lepe y Jerez de los Caballeros, 2 de Baracaldo, Jaén, Toledo, Palencia y Paterna del Campo, Ciudad Real, Coria, Cristóbal, Fregenal, Fuente del Maestre, Huelva, Illescas, Lebrija, Lugo, Manzanilla, Mirandilla, Morón, Oviedo, Roales, Sepúlveda, Torralba, Triana y Valladolid.

Síntesis cronológica

30 mayo 1498	Salida de Sanlúcar de Barrameda.
4 julio	Se inicia la travesía del Atlántico, después de una estancia en las islas de Cabo Verde.
31 julio	Llegada a la isla de la Trinidad.
1 agosto	Se divisa por primera vez la Tierra Firme, a la que llama Isla Santa.
5 agosto	Primer desembarco en el Continente.
15 agosto	Tras atravesar el golfo de Paria, la Boca del Dragón y la isla Margarita, llega a la desembocadura del Orinoco.
31 agosto	Llegada a la ciudad de Santo Domingo, fundada por Bartolomé Colón durante la ausencia de su hermano.

7. Cfr. J. Gil «El rol del Tercer Viaje Colombino», *Historiografía y Bibliografía americanistas* (XXIX), 1985, pp. 83-110.

Durante 1499	Tiene lugar una gravísima rebelión capitaneada por Francisco Roldán, al que seguía un buen número de españoles que acusaban a los hermanos Colón de querer alzarse con la soberanía de la isla.
23 agosto 1500	Tras reducir Colón una nueva sublevación, esta vez la de Adrián de Moxica, llega a La Española un nuevo juez pesquisidor, Francisco de Bobadilla.
Mediados de octubre	Bobadilla encarcela a los hermanos Colón, que son inmediatamente enviados a la Península.
20 noviembre	Llegada de Colón a Cádiz.
21 noviembre	Los monarcas perdonan al Almirante y le llaman a la Corte.

Objetivos y resultados

Las circunstancias indudablemente habían cambiado para Colón; su popularidad había decrecido y los Reyes habían concedido licencia para hacer viajes a particulares mediante Capitulaciones con la Corona. Así y todo consiguió Colón la financiación para emprender su tercer viaje al Nuevo Mundo.

Mientras disponía el viaje despachó Colón las carabelas *Santa Clara* y *Santa Cruz,* el 6 de febrero, al mando de Pero Hernández Coronel, bien nutridas de gentes de armas. Sin duda enviaba estos refuerzos a su hermano para «hacer guerra a los indios comarcanos y surtirse de esclavos para el trabajo de las minas y su venta en Europa»[8]. Viaje proyectado, pues, como de descubrimiento y rescate significó el descubrimiento del continente sudamericano. En cuanto a la situación administrativa, se crearon los primeros repartimientos de tierras e indios entre los colonos, dando lugar años más tarde a las famosas *encomiendas*. Siguiendo la ruta de este tercer viaje colombino se organizaron los lla-

8. *Ibídem,* p. 89.

mados *Viajes menores* o *Andaluces:* Hojeda, Juan de la Cosa, Vespuchi, Diego de Lepe, Bastidas, Vicente Yáñez, Alonso Vélez de Mendoza y Cristóbal Guerra, entre otros, descubrieron nuevas tierras que se fueron añadiendo a la Corona española.

Fuentes

Al igual que ocurriera con el *Diario* del primer viaje, sólo disponemos del extracto que el padre Las Casas efectuó del *Diario* original del Almirante. La carta conteniendo el relato, escrita al poco tiempo de llegar Colón a Santo Domingo (31 de agosto de 1498), fue enviada a los Reyes acompañada de una pintura –sin duda un mapa de las regiones continentales que Colón acababa de descubrir– el 18 de octubre del mismo año, como nos dice el dominico en su *Historia.* Además de este extracto que Las Casas emplea y transcribe incluso literalmente en su obra, copió fray Bartolomé otros párrafos que debían de ir en esta carta a los Reyes o en el *Diario* perdido y que no incluyó en el *Sumario,* textos estos que se añaden a continuación del mismo, ya que son de enorme interés para el conocimiento del tercer viaje colombino y que además reproducen, a la manera del primer *Diario,* las peripecias narradas día a día y mes a mes desde la salida de Sanlúcar de Barrameda el 30 de mayo al día 31 de agosto de 1498.

A) DOCUMENTOS COLOMBINOS

1. Anteriores al viaje.
   Memorial de la Mejorada (doc. XI).
   Poder a Jerónimo de Agüero (doc. XII).
   Memorial a los Reyes sobre la población de las Indias (doc. XIII).
   Fragmento de un Memorial a los Reyes (doc. XIV).
   Contrato de Colón y Fonseca con Antón Marino (doc. XV).
   Carta de Colón a Fonseca (doc. XVI).
   Conocimiento de deuda (doc. XVII).

Fragmento de una carta a Bartolomé Colón (doc. XVIII).
Institución de Mayorazgo (doc. XIX).
Albalá a Ximeno de Briviesca (doc. XX).
Carta de Colón a su hijo Diego (doc. XXI).
Cartas a fray Gaspar de Gorricio (docs. XXII y XXIII).
2. Diario.
3. Notas y cartas.
Fragmentos de cartas a los Reyes (docs. XXV-XXXI).
Carta y salvoconducto a Francisco Roldán (docs. XXXII-XXXIII).
Carta a Miguel Ballester (doc. XXXV).
Fragmentos de cartas a los Reyes (docs. XXXVI-XXXVII).
Provisión a Pedro de Salcedo (doc. XXXVIII).
Fragmento de una carta a los Reyes (doc. XXXIX).

B) CARTAS Y RELACIONES COETÁNEAS

Memorial anónimo a la Reina Católica (doc. XVII).
Carta de John Day a Colón (doc. XVIII).
Rebelión en Indias: diversas cartas (docs. XIX-XXIV).
Carta de Francisco Roldán al arzobispo de Toledo (doc. XIX).
Carta del alcaide Miguel Ballester a Colón (doc. XX).
Carta de Francisco Roldán, Adrián de Moxica, Pedro Gámez y Diego de Escobar a Colón (doc. XXI).
Fragmento de una carta de Alonso Sánchez de Carvajal a Colón (doc. XXII).
Seguro dado a Francisco Roldán (doc. XXIII).
Carta de Francisco Roldán a Colón (doc. XXIV).
Fragmento de carta de Simón Verde (doc. XXV).
Cartas al Cardenal Cisneros de los franciscanos residentes en Indias (docs. XXVI-XXIX).
Carta de fray Juan de Leudelle (doc. XXVI).
Carta de fray Juan de Robles (doc. XXVII).
Carta de fray Juan de Trasierra y Memorial del mismo (docs. XXVIII-XXIX) .

C) FUENTES IMPRESAS EN LA VIDA DE COLÓN

Libretto di tutta la navigatione de Re de Spagna de le isole e te-rreni novamente trovati (Venecia, 1504).

D) CRONISTAS

Andrés Bernáldez, *Memorias,* cap. CXXXI.
G. Fernández de Oviedo, *Historia,* libro III, cáps. III-VI.
B. de Las Casas, *Historia,* libro I, caps. CXXX-CLXXXVI.
Hernando Colón, *Historia,* caps. LXV-LXXXVI.
F. López de Gómara, *Historia,* caps. XXI-XXIII.

Cuarto viaje

Salida: Cádiz, 9 de mayo 1502.
Llegada: Sanlúcar de Barrameda, 7 de noviembre 1504.

Barcos: 2 carabelas y 2 navíos.

Carabela *Santa María*
70 toneles
Capitán: Diego Tristán.
Piloto: Juan Sánchez.
Maestre: Ambrosio Sánchez.
Contramaestre: Antón Donato.

Carabela *Santiago de Palos*
70 toneles
Capitán: Francisco Porras.
Maestre: Francisco Bermúdez.
Contramaestre: Pero Gómez.

Navío *La Gallega*
50 toneles
Capitán: Pedro de Terreros.
Maestre: Juan Quintero.
Contramaestre: Alonso Remón.

Navío *Vizcaíno*
50 toneles
Capitán: Bartolomé Fiesco.
Maestre: Juan Pérez.
Contramaestre: Martín de Fuente-rrabía.

Oficiales de armada

Escribano y Oficial Mayor: Diego de Porras.

Número de tripulantes

Unos 140 hombres formaban la tripulación de este viaje último colombino en el que no participó, al igual que en el primero, ninguna mujer. Desafortunadamente las nóminas de pago dan en muy contadas ocasiones el lugar de procedencia o vecindad de los participantes; así y todo, la mayoría de ellos siguen siendo marineros andaluces, de Sevilla y Palos principalmente. Como nota característica podemos señalar, además de la, en general, baja extracción social de los navegantes, la corta edad de los miembros de la expedición: de los 139 hombres que tengo identificados, figuran como grumetes 58 y 14 como escuderos, personajes que sin duda no rebasarían con mucho la mayoría de edad. Fue ésta la expedición colombina que contó con un número mayor de tripulantes italianos: en torno a un 12 por 100 de los viajeros eran genoveses, destacando entre ellos Bartolomé de Fiesco, capitán del navío *Vizcaíno*, y Diego Cataño; acompañaban al Almirante en este viaje su hijo Hernando, que hacía las veces de secretario, su hermano Bartolomé y su sobrino Andrea Colombo. Entre los españoles sobresale la figura de Diego Méndez. De los 139 hombres que salieron de Cádiz no regresó ni siquiera la mitad; tenemos noticia, siempre por las nóminas de pago, de que 38 hombres quedaron en La Española, algunos enfermos y otros porque se negaron a volver a Castilla con Colón; 35 murieron en combates y al menos 4 huyeron en las islas.

Síntesis cronológica

3 abril 1502	Se inicia el viaje en Sevilla.
9 mayo	Salida de Cádiz.

25 mayo	Salida de Gran Canaria.
29 junio	El gobernador Ovando, siguiendo órdenes de los Reyes, le impide entrar en Santo Domingo.
30 julio	Llega a la isla de Guanaja, en el golfo de Honduras.
17 agosto	En la costa meridional de Honduras toma posesión de aquella tierra en nombre de los Reyes de España.
16 octubre	En la laguna Chiriqui (el Ciguare de los indígenas) se entera Colón de que está en el istmo y que a nueve días de marcha se encuentra el otro mar. Su obsesión por el oro le hace desistir del objetivo principal de su viaje y se dedica a buscar las ansiadas minas.
18 octubre	Llega a la costa de Veragua.
6 enero 1503	En Belén (Veragua) intenta Colón fundar una ciudad donde se propone dejar al frente a su hermano Bartolomé y regresar él mismo a Castilla. Proyecto que fracasa.
16 abril	Se abandona Belén en tres carabelas corroídas por la broma.
25 junio	Llega a la costa norte de Jamaica, donde son destruidos, por diversas causas, los dos barcos que le quedan. La destreza y el valor de Diego Méndez y B. de Fiesco, que con una canoa india cruzaron de Jamaica a La Española para pedir auxilio, fue la salvación de la expedición, que estuvo a punto de fracasar debido a que Ovando durante meses impidió enviar ayuda al Almirante.
29 junio 1504	Colón y sus compañeros abandonaron Jamaica, dirigiéndose a La Española.
11 septiembre	Salida de Santo Domingo.
7 noviembre	Llegada a Sanlúcar de Barrameda.

Objetivos y resultados

Como nota distintiva, el objetivo fundamental de este viaje era el de buscar un estrecho que condujera a la India. Los descubrimientos de Hojeda, Bastidas, Pinzón y Vespuchi, entre otros, habían prolongado el descubrimiento de la tierra firme, pero aún permanecía desconocido el ansiado paso a Asia.

Fue éste el viaje más desastroso e inútil de cuantos efectuó el Almirante de la Mar Océano: abandonó la búsqueda del istmo, cuando lo tenía más cerca; destrozó sus barcos, aniquiló a sus hombres y regresó, de milagro, a Castilla enfermo, cargado de deudas y desprestigiado.

Fuentes

Escribió Colón a los Reyes un mes después de su llegada a Jamaica, última etapa de su postrer viaje a las Indias, esta carta que consideramos como el relato de su cuarta expedición al Nuevo Mundo y que conocemos sólo a través de una copia tardía, copia de la que se sirvió un traductor anónimo que la vertió al italiano en la temprana fecha de 1505 y que fue publicada en Venecia con el título *Copia de la lettera che scrisse Don Christoforo Columbo, vicere di Spagna et almirante de le insule Indie, alli christianissimi et potentissimi Re et Regina di Spagna nostri signori, in la qual gli manifesta quanto gli sia accaduto in suo viaggio,* ejemplar bibliográfico tan difícil de encontrar que desde antiguo es conocida con el nombre de *Lettera rarissima.* Aunque algunos autores ponen en duda la existencia de un *Diario* de este viaje, aduciendo que Las Casas, tan escrupuloso al citar sus fuentes de información, no lo menciona en ninguna ocasión, parece claro que Colón, al igual que en sus otros viajes, se ocupó de que el *Diario* fuera escrito día a día. Para ello, ya que se encontraba mal de la vista, llevó consigo a su hijo Hernando, que haciendo las veces de secretario hubo de copiar fiel-

mente los dictados diarios de su padre, como demuestra el hecho de que en la obra atribuida a Hernando el relato del cuarto
viaje está narrado más a menudo en primera persona que en los
tres restantes viajes. Quizá nunca fue entregada esta *Relación* a
los Reyes y quedó depositada en la biblioteca de don Hernando,
de donde su disoluto sobrino y heredero Luis Colón debió de
sacarla para venderla al mejor postor, como sabemos que hizo
con varios manuscritos.

A) DOCUMENTOS COLOMBINOS

1. Anteriores al viaje.
   Carta al ama del príncipe don Juan (doc. XLI).
   Hoja suelta en papel (doc. XLII).
   Carta a los Reyes (doc. XLV).
   Cartas a fray Gaspar de Gorricio (docs. XLVI-XLI).
   Libro de las Profecías (doc. LI).
   Información de los Privilegios y Mercedes (doc. LIII).
   Respuesta al capítulo de los Privilegios (doc. LIV).
   Memoriales de agravios (docs. LV-LVI).
   Carta a la Reina (doc. LVII).
   Conocimiento de deuda a Alonso de Morales (doc. LVIII).
   Carta a los Reyes (doc. LIX).
   Memorial a su hijo Diego (doc. LX).
   Carta a Nicolás Oderigo (doc. LXII).
   Carta a la Banca de San Jorge (doc. LXIII).
   Cartas a fray Gaspar de Gorricio (docs. LXIV-LXV).
2. Relación del viaje.
3. Notas y cartas.
   Carta a fray Gaspar de Gorricio (doc. LXVII).
   Cartas a Nicolás de Ovando (docs. LXVI-LXVII).
   Libramiento de pago (docs. LXX-LXXII).
   Cartas a su hijo Diego (docs. LXXIII-LXXIX).
   Carta a Nicolás Oderigo (doc. LXXX).

Carta a Juan Luis de Mayo (doc. LXXXI).
Carta a su hijo Diego (doc. LXXXII).
Carta a fray Gaspar de Gorricio (doc. LXXXIII).
Cartas a su hijo Diego (docs. LXIV-LXXXVI).
Cartas al rey don Fernando (doc. LXXXVII).
Carta a fray Diego de Deza (doc. XCI).
Poder a Francisco Bardi (doc. LXXXVIII).
Carta a los reyes don Felipe y doña Juana (doc. XCII).

B) CARTAS Y RELACIONES COETÁNEAS

Carta de fray Gaspar de Gorricio a Colón (doc. XXX).
Carta a Colón de la Banca de San Jorge (doc. XXXI).
Informe del Cuarto Viaje (doc. XXXII).
Fragmento de un informe de Hernando y Andrea Colón so-
bre los gastos efectuados en Jamaica (doc. XXXIII).
Información de Bartolomé Colón (doc. XXXIV).
Testamento de Diego Méndez (doc. XXXV).
Carta de Francisco de Bardi a Colón (doc. XXXVI).

C) FUENTES IMPRESAS EN VIDA DE COLÓN

Lettera Rarissima, Venecia, 1505.

D) CRONISTAS

Andrés Bernáldez, *Memorias,* cap. CXXXI.
G. Fernández de Oviedo, *Historia,* libro III, cap. IX; libro XXI,
cap. VII.
B. de Las Casas, *Historia,* libro II, caps. IV-XXXVII.
H. Colón, *Historia,* caps. LXXXIX-CVIII.
F. López de Gómara, *Historia,* caps. XXIV-XXXVIII.

Testamento

La vuelta de su cuarto y último viaje a las Indias marcó el declive físico y moral del Almirante. En la Corte, fallecida ya la Reina, no se le escuchaba. Así y todo, no dejó Colón por un momento de abrumar al Rey Católico y a los nuevos monarcas don Felipe y doña Juana con sus reclamaciones, no ya para él, sino para su primogénito Diego, en quien quería por encima de todo asegurar su sucesión.

La muerte le sorprendió en Valladolid, siempre tras la Corte y a la espera de una entrevista con los nuevos Reyes de Castilla. No le acompañaban en ese momento más que su hijo Hernando. Su hijo Diego se encontraba con el rey don Fernando en Villafranca de Valcárcel, a la espera del encuentro con don Felipe y doña Juana (recién llegados de Flandes), de cuyo séquito formaba parte don Bartolomé Colón, y su hermano Diego se encontraba en Sevilla. Tras testar el día 19 de mayo, documento que publicamos, murió don Cristóbal Colón el día de la Ascensión 20 de mayo de 1506. Tenía cincuenta y cuatro años.

Hay que señalar que fueron, una vez más, los prestamistas genoveses quienes sacaron del apuro a los Colón y procuraron el dinero –50.000 maravedíes– para los gastos del entierro del Almirante, que fue sepultado en la iglesia de San Francisco de Valladolid, trasladado a Sevilla en 1509 y por fin enterrado como era su deseo en Santo Domingo en 1544. Sus restos, como todo lo que rodea a este singular personaje, son hoy objeto de polémica. Dejémosle descansar en paz donde quiera que esté, ya sea Santo Domingo, La Habana o Sevilla.

Sabemos que Colón, antes de emprender su cuarto viaje a las Indias, efectuó el día 1 de abril de 1502 un testamento que él mismo menciona como «escritura de ordenación de mis bienes»; el texto dado en Valladolid y que habitualmente conocemos como el *Testamento* del Almirante, como ya señaló J. Gil, es sólo un codicilo de aquél.

Criterios de edición

Al editar de nuevo estos textos he seguido las reglas fijadas en la edición de Colón, *Textos y documentos completos,* que publicó Alianza Editorial en 1982 y que conviene recordar aquí:

q inicial que se ha transcrito por *c.*
u y *v* se han transcrito según su valor consonántico o vocálico.
y se ha sustituido por *i.*
Se han eliminado las consonantes dobles al inicio de palabra.
Se han desarrollado las abreviaturas.
Se han puntuado los textos.

Las siglas empleadas han sido las siguientes:

< >   indica una adición.
[ ]   indica una supresión.
***   indica una laguna.
( )   indica que se han suplido letras hoy ilegibles.
†   indica que el texto resulta ininteligible.

Como no podía ser de otra forma, los textos son los mismos que en mi anterior edición y sólo se han corregido las erratas observadas.

Bibliografía

Siendo millares los libros y trabajos que se han escrito sobre Colón, sólo se citan aquí los que resultan imprescindibles para el conocimiento de la vida y obra del Almirante, dado que no es éste el lugar de hacer un alarde –por lo demás estéril– de erudición bibliográfica.

ARRANZ, L., *Cristóbal Colón. Diario de a bordo,* Madrid, 1985.

BALLESTEROS BERETTA, A., *Cristóbal Colón y el descubrimiento de América,* 2 vols., Barcelona, 1947.

CADDEO, R., *Historie di Cristoforo Colombo,* Milán, 1930.

CASAS, B. de las, *Historia de las Indias,* edic. de J. Pérez de Tudela y E. López Oto, BAE, Madrid, 1957.

CIORANESCU, A., *Oeuvres de Christophe Colomb,* París, 1961.

COLÓN, H., *Historia del Almirante,* edic. Luis Arranz, Madrid, 1984.

FERNÁNDEZ DE NAVARRETE, M., *Colección de los viajes y descubrimientos que hicieron por mar los españoles desde fines del siglo XV,* BAE, vols. 75, 76 y 77, Madrid, 1954.

GIL, J., y VARELA, C., *Cartas de particulares a Colón y relaciones coetáneas,* Madrid, 1984.

GOULD, A. B., *Nueva lista documentada de los tripulantes de Colón en 1492,* reimpr. Madrid, 1984.

HARISSE, H., *Christophe Colomb, son origine, sa vie, sa famille, ses voyages et ses descendentes,* París, 1884.

JANE, C., *Voyages of Christopher Columbus,* Londres, 1930.

Jos, E., *El plan y la génesis del descubrimiento colombino,* Valladolid, 1980.

LOLLIS, C. de, *Christoforo Colombo nella leggenda e nella storia,* Milán, 1892.

MANZANO Y MANZANO, J., *Cristóbal Colón, siete años decisivos de su vida, 1485-1492,* Madrid, 1964; *Colón descubrió América del Sur en 1494,* Caracas, 1972; *Colón y su secreto,* Madrid, 1976.

MILHOU, A., *Colón y su mentalidad mesiánica en el ambiente franciscanista español,* Valladolid, 1983.

MORISON, S. E., *El almirante de la Mar Océano,* Buenos Aires, 1495; *Christopher Columbus, mariner,* Londres, 1956.

PÉREZ DE TUDELA, J., *Las armadas de Indias y los orígenes de la política de colonización (1492-1505),* Madrid, 1956; *Mirabilis in altis,* Madrid, 1983.

Raccolta di documenti e studi pubblicati dalla R. Commissione Colombina nel quarto centenario della scoperta dell'America. Scritti di Christoforo Colombo, XII vols., editada por C. de Lollis, Roma, 1892-1894.

RAMOS, D., *La carta de Colón sobre el descubrimiento,* Granada, 1983.

RUMÉU DE ARMAS, A., *Colón en Barcelona,* Sevilla, 1944; *El portugués Cristóbal Colón en Castilla,* Madrid, 1982.

TAVIANI, P. E., *Cristóbal Colón: génesis del gran descubrimiento,* Barcelona, 1983; *I viaggi di Colombo, la grande scoperta,* Novara, 1984.

VIGNAUD, H., *Histoire critique de la grande entreprise de Christophe Colomb,* París, 1911.

Cronología de la vida de Colón

1451 Nace Colón en los alrededores de Génova.
Nacimiento de Isabel la Católica y de Americo Vespuchi.

1452 Nacimiento de Fernando el Católico, Leonardo de Vinci y Savonarola.

1453 Fin de la guerra de los Cien Años. Toma de Constantinopla.

1460 Muerte de Enrique el Navegante.

1469 Comienza Colón a navegar en viajes comerciales.
Matrimonio de los Reyes Católicos.

1474 Navega Colón a la isla de Chío.
Subida al trono de la Reina Católica.

1476 Naufragio de Colón en Portugal.

1477 Viajes de Colón a Inglaterra e Islandia.

1479 Presta Colón declaración en Génova, regresando inmediatamente a Lisboa, ¿matrimonio con Felipa Moñiz?
Tratado de Alcaçobas.

1481 Subida al trono de Juan II de Portugal.

1482 Viaja a San Jorge de la Mina (Guinea).

1485 Llegada de Colón a Castilla.

1486 Primera entrevista de Colón con los Reyes Católicos.

1488 Bartolomé Díaz dobla el cabo de Buena Esperanza.
Nacimiento de Hernando Colón.

1491 Bartolomé Colón visita la corte francesa. Nacimiento de Ignacio de Loyola.

1492 17 abril, Capitulaciones de Santa Fe; 3 de agosto, salida de Pa-
          los; 11 de octubre, desembarco en Guanahaní.
          Fin de la Reconquista. Expulsión de los judíos.
          Subida al pontificado de Alejandro VI. Muere Lorenzo el Mag-
          nífico.
1493 15 marzo, llegada de Colón a Palos; 25 septiembre, salida del
          segundo viaje.
          Bulas de Alejandro VI.
1494 Colón explora la isla de Cuba.
          Tratado de Tordesillas.
1496 11 junio, llega a Cádiz; termina el segundo viaje.
1498 30 mayo, sale Colón para el tercer viaje.
1499 Se inician los viajes menores o de descubrimiento y rescate.
1500 Finales octubre, llega Colón a Cádiz; termina el tercer viaje.
          Cabral descubre Brasil. Mapa de Juan de la Cosa. Nace Carlos V.
          Muerte de Savonarola.
1502 3 abril, inicia Colón su cuarto viaje.
1504 7 noviembre, llega a Sanlúcar de Barrameda; termina el cuar-
          to viaje.
          26 noviembre, muerte de Isabel la Católica.
1506 20 mayo, muere Colón en Valladolid.
          Muere Martín Behaim.

Diario del primer viaje (1492-1493)

Colon como sicofante

Este es el primer viaje y las derrotas y camino que hizo el Almirante don Critóval Colón cuando descubrió las Indias, puesto sumariamente, sin el prólogo que hizo a los Reyes que va a la letra y comiença d'esta manera: In Nomine Domini Nostri Jesu Christi.

Porque, cristianíssimos y muy altos y muy excelentes y muy poderosos Prínçipes, Rey e Reina de las Españas y de las islas de la mar, Nuestros Señores, este presente año de 1492, después de Vuestras Altezas aver dado fin a la guerra de los moros, que reinavan en Europa, y aver acabado la guerra en la muy grande ciudad de Granada, adonde este presente año, a dos días del mes de Enero, por fuerça de armas vide poner las vanderas reales de Vuestras Altezas en las torres de la Alfambra, que es la fortaleza de la dicha ciudad, y vide salir al rey moro a las puertas de la ciudad, y besar las reales manos de Vuestras Altezas y del Prínçipe mi Señor, y luego en aquel presente mes, por la información que yo avía dado a Vuestras Altezas de las tierras de India y de un Prínçipe que es llamado Gran Can[1] (que quiere

---

1. A raíz del regreso de Nicolás y Marco Polo de su viaje a Oriente, corrieron por toda Europa fabulosas historias del Gran Kan, quien parece que a través de ellos pidió al Papa cien teólogos para convertir a los mogoles.

dezir en nuestro romance Rey de los Reyes), como muchas
vezes él y sus anteçessores avían enbiado a Roma a pedir doc-
tores en nuestra sancta fe porque le enseñasen en ella, y que
nunca el Sancto Padre le avía proveído y se perdían tantos pueblos, cayendo en idolatrías e resçibiendo en sí sectas de perdi-
ción; y Vuestras Altezas, como cathólicos cristianos y prínçipes
amadores de la sancta fe cristiana y acrecentadores d'ella y enemigos de la secta de Mahoma y de todas idolatrías y heregías,
pensaron de embiarme a mí, Cristóval Colón, a las dichas partidas de India para ver los dichos prínçipes y los pueblos y las
tierras y la disposiçión d'ellas y de todo, y la manera que se pudiera tener para la conversión d'ellas a nuestra sancta fe, y orde-
naron que yo no fuese por tierra al Oriente, por donde se cos-
tumbra de andar, salvo por el camino de Occidente, por donde
hasta oy no sabemos por cierta fe que aya passado nadie; así
que, después de aver echado fuera todos los judíos de todos
vuestros reinos y señoríos, en el mismo mes de Enero, mandaron Vuestras Altezas a mí que con armada sufficiente me fuese a
las dichas partidas de India, y para ello me hicieron grandes
mercedes y me anobleçieron, que dende en adelante yo me lla-
mase Don y fuesse Almirante Mayor de la mar Occéana y Visorey e Governador perpetuo de todas las islas y tierra firme que
yo descubriese y ganasse, y de aquí adelante se descubriesen y
ganasen en la mar Occéana, y así sucediese mi hijo mayor, y él
así de grado en grado para siempre jamás. Y partí yo de la ciudad de Granada, a doze días del mes de Mayo del mesmo año de
1492, en sábado, y vine a la villa de Palos, que es puerto de mar,
adonde yo armé tres navíos muy aptos[2] para semejante fecho. Y
partí del dicho puerto muy abasteçido de muy muchos mantenimientos y de mucha gente de la mar a tres días del mes de
Agosto del dicho año[3], en un viernes, antes de la salida del sol

2. El *Diario* emplea el término «navíos» al referirse a las tres embarcacio-
nes que tomaron parte en la expedición.
3. Los judíos fueron expulsados por decreto del 30 de marzo de 1492; el
plazo para abandonar España expiró el 3 de agosto de ese mismo año.

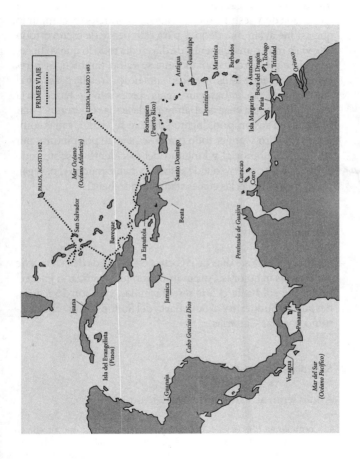

con media ora, y llevé el camino de las islas de Canaria[4] de Vuestras Altezas, que son en la dicha mar Occéana, para de allí tomar mi derrota y navegar tanto, que yo llegase a las Indias, y dar la embaxada de Vuestras Altezas a aquellos príncipes y complir lo que así me avían mandado, y para esto pensé de escrevir todo este viaje muy puntualmente, de día en día todo lo que yo hiziese y viese passasse, como adelante se veirá. También, Señores Príncipes, allende de escrevir cada noche lo qu'el día passare y el día lo que la noche navegare, tengo propósito de hazer carta nueva de navegar, en la cual situaré toda la mar e tierras del mar Occéano en sus proprios lugares, debaxo su viento, y más componer un libro y poner todo por el semejante por pintura, por latitud del equinocial y longitud del Occidente, y sobre todo cumple mucho que yo olvide el sueño y tiente mucho el navegar, porque así cumple; las cuales serán gran trabajo.

Viernes, 3 de Agosto

Partimos viernes 3 días de Agosto de 1492 años de la barra de Saltés, a las ocho oras. Anduvimos con fuerte virazón hasta el poner del sol hazia el Sur sesenta millas, que son 15 leguas; después al Sudueste y al Sur cuarta del Sudueste, que era el camino para las Canarias.

Sábado, 4 de Agosto

Anduvieron al Sudueste cuarta del Sur.

4. Como anota J. Manzano, *Colón...*, p. 245, Canarias se encontraba en camino obligado al ser la base española más adelantada; la ruta ideal hubiese sido una aún más meridional, pero Colón tenía prohibido navegar al sur del paralelo 28, el de Canarias. Por otra parte, de haber seguido una ruta más septentrional, habría quedado fuera de la zona de los vientos favorables, que hicieron posible su primera travesía.

Domingo, 5 de Agosto

Anduvieron su vía entre día y noche más de cuarenta leguas.

Lunes, 6 de Agosto

Saltó o desencasóse el governario a la caravela Pinta, donde
iva Martín Alonso Pinçón, a lo que se creyó o sospechó por
industria de un Gómez Rascón y Cristóval Quintero[5], cuya
era la caravela, porque le pesava ir aquel viaje, y dize el Almirante que antes que partiesen avian hallado en çiertos reveses
y grisquetas, como dizen, a los dichos. Vídose allí el Almirante
en gran turbaçión por no poder ayudar a la dicha caravela
sin su peligro, y dize que alguna pena perdía con saber que
Martín Alonso Pinçón era persona esforçada y de buen ingenio. En fin, anduvieron entre día y noche veinte y nueve leguas.

Martes, 7 de Agosto

Tornóse a saltar el governalle a la Pinta y adobáronlo y anduvieron en demanda de la isla de Lançarote, que es una de las
islas de Canaria, y anduvieron entre día y noche XXV leguas.

Miércoles, 8 de Agosto

Ovo entre los pilotos de las tres caravelas opiniones diversas
dónde estavan, y el Almirante salió más verdadero, y quisiera
ir a Gran Canaria por dexar la caravela Pinta, porque iva mal

5. Por orden del 30 de abril, los Reyes habían exigido de la villa de Palos
la entrega de tres navíos para la expedición colombina.

acondiçionada del governario y hazía agua, y quisiera tomar allí otra si la hallara; no pudieron tomarla aquel día.

Jueves, 9 de Agosto

Hasta el domingo en la noche no pudo el Almirante tomar la Gomera, y Martín Alonso quedóse en aquella costa de Gran Canaria por mandado del Almirante, porque no podía navegar. Después tornó el Almirante a Canaria y adobaron muy bien la Pinta con mucho trabajo y diligencia del Almirante, de Martín Alonso y de los demás, y al cabo vinieron a la Gomera. Vieron salir gran huego de la sierra de la isla de Tenerife[6], qu'es muy alta en gran manera. Hizieron la Pinta redonda[7], porque era latina; tornó a la Gomera domingo a dos de Setiembre con la Pinta adobada. Dize el Almirante que juravan muchos hombres honrados españoles que en la Gomera estavan con doña Inés Peraça, madre de Guillén Peraça que después fue el primer conde de la Gomera, que eran vezinos de la isla del Hierro, que cada año vían tierra al Vueste de las Canarias, que es al Poniente, y otros de la Gomera afirmavan otro tanto con juramento. Dize aquí el Almirante que se acuerda qu'estando en Portogal el año de 1484 vino uno de la isla de la Madera al Rey a le pedir una caravela para ir a esta tierra que vía, el cual jurava que cada año la vía y siempre de una manera[8]. Y también dize que se acuerda que lo mismo dezían en las islas de los Açores y todos estos en una derrota y en una manera de señal y en una grandeza. Tomada, pues, agua y leña y

6. No tenemos noticia de una erupción del Teide por aquellas fechas; sin duda Colón habla de oídas.
7. Según Hernando Colón, se cambió el velamen a la *Niña* y no a la *Pinta*.
8. Durante toda la Edad Media los marineros que visitaban estas costas aseguraban ver aparecer y desaparecer en el océano unas islas misteriosas que recibieron los nombres de San Brandán, Non Trubada, Siete Ciudades y Antilla, hacia las cuales se enviaron diversas expediciones.

carnes y lo demás que tenían los hombres que dexó en la Gomera el Almirante cuando fue a la isla de Canaria a adobar la caravela Pinta, finalmente se hizo a la vela de la dicha isla de la Gomera con sus tres caravelas, jueves a seis días de Setiembre.

Jueves, 6 de Setiembre

Partió aquel día por la mañana del puerto de la Gomera[9] y tomó la buelta para ir su viaje. Y supo el Almirante de una caravela que venía de la isla del Hierro que andavan por allí tres caravelas de Portugal para lo tomar; devía de ser de enbidia qu'el Rey tenía por averse ido a Castilla. Y anduvo todo aquel día y noche en calma, y a la mañana se halló entre la Gomera y Tenerife.

Viernes, 7 de Setiembre

Todo el viernes y el sábado, hasta tres oras de noche, estuvo en calmas.

Sábado, 8 de Setiembre

Tres oras de noche sábado comenzó a ventar Nordeste, y tomó su vía y camino al Güeste. Tuvo mucha mar por proa que le estorbava el camino, y andaría aquel día nueve leguas[10] con su noche.

---

9. Comienza el viaje de descubrimiento.
10. El *Diario* hace referencia indistintamente a leguas y millas. La legua empleada por Colón es la de los marinos italianos y equivale a cuatro millas.

Domingo, 9 de Setiembre

Anduvo aquel día 15 leguas, y acordó contar menos de las que
andava, porque si el viaje fuese luengo no se espantase y des-
mayase la gente. En la noche anduvo ciento y veinte millas, a
diez millas por ora, que son 30 leguas. Los marineros governa-
van mal, decayendo sobre la cuarta del Norueste y aun a la media partida, sobre lo cual les riñó el Almirante muchas vezes.

Lunes, 10 de Setiembre

En aquel día con su noche anduvo sesenta leguas, a diez millas por ora, que son dos leguas y media, pero no contava sino
cuarenta y ocho leguas, porque no se asombrase la gente si el
viaje fuese largo.

Martes, 11 de Setiembre

Aquel día navegaron a su vía, que era el Güeste, y anduvieron
20 leguas y más, y vieron un gran troço de mástel de nao de
ciento y veinte toneles, y no lo pudieron tomar. La noche anduvieron çerca de veinte leguas, y contó no más de diez y seis
por la causa dicha.

Miércoles, 12 de Setiembre

Aquel día yendo su vía anduvieron en noche y día 33 leguas,
contando menos por la dicha causa.

Jueves, 13 de Setiembre

Aquel día con su noche, yendo a su vía, que era el Güeste, anduvieron XXXIII leguas, y contava tres o cuatro menos. Las

corrientes le eran contrarias. En este día, al comienço de la noche, las agujas noruesteavan y a la mañana nordesteavan algún tanto[11].

Viernes, 14 de Setiembre

Navegaron aquel día su camino al Güeste con su noche, y anduvieron XX leguas. Contó alguna menos. Aquí dixeron los de la caravela Niña que avían visto un garxao y un rabo de junco, y estas aves nunca se apartan de tierra cuando más XXV leguas.

Sábado, 15 de Setiembre

Navegó aquel día con su noche XXIII leguas su camino al Güeste y algunas más. Y en esta noche al principio d'ella vieron caer del çielo un maravilloso ramo de huego en la mar, lexos d'ellos cuatro o cinco leguas.

Domingo, 16 de Setiembre

Navegó aquel día y la noche a su camino el Güeste. Andarían XXXVIIII leguas, pero no contó sino 36. Tuvo aquel día algunos nublados; lloviznó. Dize aquí el Almirante que «oy y siempre de allí adelante hallaron aires temperantíssimos, que era plazer grande el gusto de las mañanas, que no faltava sino oír ruiseñores», dize él. Y era el tiempo como por Abril en el Andaluzía. Aquí començaron a ver muchas manadas de yer-

---

11. La proximidad del meridiano magnético 0° y el movimiento de la Estrella Polar hacen variar las brújulas. Aunque era un fenómeno conocido, Colón fue el primero en señalarlo.

ba[12] muy verde que poco avía (según le parecía) que se avía desapegado de tierra, por la cual todos juzgavan que estavan cerca de alguna isla, pero no de tierra firme, según el Almirante, que dize: «porque la tierra firme hago más adelante».

Lunes, 17 de Setiembre

Navegó a su camino al Güeste, y andarían en día y noche cincuenta leguas y más; no asentó sino 47. Ayudávales la corriente. Vieron mucha[s] yerva y muy a menudo y era yerva de peñas y venían las yerva<s> de hazia Poniente. Juzgavan estar çerca de tierra. Tomaron los pilotos el Norte, marcándolo, y hallaron que las agujas noruesteavan una gran cuarta, y temían los marineros y estavan penados y no dezían de qué. Cognosciólo el Almirante, mandó que tornasen a marcar el Norte en amaneçiendo, y hallaron qu'estavan buenas las agujas. La causa fue porque la estrella que pareçe haze movimiento y no las agujas. En amaneçiendo aquel lunes vieron muchas más yervas y que pareçían yervas de ríos, en las cuales hallaron un cangrejo bibo, el cual guardó el Almirante. Y dize que aquellas fueron señales ciertas de tierra, porque no se hallan ochenta leguas de tierra. El agua de la mar hallavan menos salada desde que salieron de las Canarias, los aires siempre más suaves. Ivan muy alegres todos, y los navíos, quien más podía andar andava por ver primero tierra. Vieron muchas toninas y los de la Niña mataron una. Dize aquí el Almirante que aquellas señales eran el Poniente «donde espero en aquel Alto Dios, en cuyas manos están todas las victorias, que muy presto nos dará tierra». En aquella mañana dize que vido una ave blanca que se llama rabo de junco que no suele dormir en la mar.

12. Mar de los Sargazos.

Martes, 18 de Setiembre

Navegó aquel día con su noche y andarían más de cincuenta y
cinco leguas, pero no asentó sino 48. Llevaba en todos estos
días mar muy bonançó, como en el río de Sevilla. Este día
Martín Alonso con la Pinta, que era gran velera, no esperó,
porque dixo al Almirante desde su caravela que avía visto
gran multitud de aves ir hazia el Poniente, y que aquella noche esperava ver tierra y por eso andava tanto. Apareció a la
parte del Norte una gran cerrazón, qu'es señal de estar sobre
la tierra.

Miércoles, 19 de Setiembre

Navegó su camino y entre día y noche andaría XXV leguas;
porque tuvieron calma. Escrivió XXII. Este día, a las diez
oras, vino a la nao un alcatraz y a la tarde vieron otro, que no
suelen apartarse XX leguas de tierra. Vinieron unos llovizne-
ros sin viento, lo que es señal çierta de tierra. No quiso detenerse barloventeando el Almirante para averiguar si avía tierra, más de que tuvo por çierto que a la banda del Norte y del
Sur avía algunas islas, como en la verdad lo estavan y él iba
por medio d'ellas. «Porque su voluntad era de seguir adelante
hasta las Indias, y el tiempo es bueno, porque placiendo a
Dios a la buelta todo se vería.» Estas son sus palabras. Aquí
descubrieron sus puntos los pilotos: el de la Niña se hallaba de
las Canaria<s> 440 leguas, el de la Pinta 420, el de la donde
iva el Almirante 400 justas.

Jueves, 20 de Setiembre

Navegó este día al Güeste cuarta del Norueste y a la media
partida, porque se mudaron muchos vientos con la calma que

avía. Andarían hasta siete o ocho leguas. Vinieron a la nao
dos alcatraçes y despeés otro, que fue señal d'estar çerca d-
e tierra; y vieron mucha yerva aunqu'el día passado no avían visto d'ella. Tomaron un páxaro con la mano que era
como un garjao; era páxaro de río y no de mar, los pies tenía como gaviota. Vinieron al navío, en amaneciendo, dos o
tres paxaritos de tierra cantando y después, antes del sol salido, desaparecieron. Después vino un alcatraz; venía del
Güesnorueste <y> iva al Sueste, que era señal que dexava la
tierra al Güesnorueste, porque estas aves duermen en tierra y
por la mañana van a la mar a buscar su vida y no se alexan XX
leguas.

Viernes, 21 de Setiembre

Aquel día fue todo lo más calma y después algún viento. Andarían entre día y noche, d'ello a la vía d'ello no, hasta 13 leguas. En amaneçiendo hallaron tanta yerva que parecía ser la
mar cuajada d'ella, y venía del Güeste. Vieron un alcatraz. La
mar muy llana como un río y los aires los mejores del mundo.
Vieron una vallena, qu'es señal que estavan cerca de tierra,
porque siempre andan çerca.

Sábado, 22 de Setiembre

Navegó al Güesnorueste más o menos, acostándose a una y
otra parte; andarían XXX leguas. No vían cuasi yerva. Vieron
unas pardelas y otra ave. Dize aquí el Almirante: «Mucho me
fue neçessario este viento contrario, porque mi gente andavan muy estimulados que pensavan que no ventavan en estos
mares vientos para bolver a España». Por un pedaço de día no
ovo yerva, después muy espessa.

Domingo, 23 de Setiembre

Navegó al Norueste y a las vezes a la cuarta del Norte y a las vezes a su camino, que era el Güeste; y andaría hasta XXII leguas. Vieron una tórtola y un alcatraz y otro paxarito de río y otras aves blancas. Las yervas eran muchas, y hallavan cangrejos en ellas. Como la mar estuviese mansa y llana, murmurava la gente diziendo que, pues por allí no avía mar grande, que nunca ventaría para bolver a España. Pero después alçóse mucho la mar y sin viento, que los asombrava, por lo cual dize aquí el Almirante: «Así que muy neçessario me fue la mar alta, que no pareçió salvo el tiempo de los judíos cuando salieron de Egipto contra Moisén, que los sacava del captiverio».

Lunes, 24 de Setiembre

Navegó a su camino, al Güeste, día y noche, y andarían quatorze leguas y media; contó doze. Vino al navío un alcatraz y vieron muchas pardelas.

Martes, 25 de Setiembre

Este día ovo mucha calma y después ventó, y fueron su camino al Güeste hasta la noche. Iva hablando el Almirante con Martín Alonso Pinçón, capitán de la otra caravela Pinta, sobre una carta que le avía enbiado tres días avía a la caravela, donde, segund pareçe, tenía pintadas el Almirante ciertas islas por aquella mar, y dezía el Martín Alonso que estavan en aquella comarca, y respondía el Almirante que así le pareçía a él; pero puesto que no oviesen dado con ellas lo devía<n> de aver causado las corrientes, que siempre avían echado los navíos al Nordeste, y que no avían andado tanto como los pilotos dezían. Y estando en esto, díxole el Almirante que le enbiase la carta dicha, y enbiaba con alguna cuerda, començó el Almirante a cartear en ella con su piloto y marineros. Al sol puesto, subió el Martín Alonso en la popa de su navío, y con mucha alegría llamó al Almirante, pidiéndole albriçias que vía tierra. Y cuando se lo oyó dezir con afirmación el Almirante dize que se echó a dar gracias a Nuestro Señor de rodillas, y el Martín Alonso dezía *Gloria in excelsis Deo* con su gente. Lo mismo hizo la gente del Almirante y los de la Niña. Subiéronse todos sobre el mastel y en la xarçia y todos affirmaron que era tierra, y al Almirante así pareçió y que avría a ella 25 leguas. Estuvieron hasta la noche affirmando todos ser tierra. Mandó el Almirante dexar su camino, que era el Güeste, y que fuesen todos al Sudueste, adonde avía parecido la tierra. Avrían andado aquel día al Güeste 4.° leguas y media, y en la noche al Sudueste 17 leguas, que son XXI, puesto que dezía a la gente 13 leguas, porque siempre fingía a la gente que hazía poco camino, porque no les pareçiese largo, por manera que escrivió por dos caminos aquel viaje; el menor fue el fingido y el mayor el verdadero. Anduvo la mar muy llana, por lo cual se echaron a nadar muchos marineros. Vieron muchos dorados y otros peçes.

Miércoles, 26 de Setiembre

Navegó a su camino al Güeste, hasta después de mediodía; de allí fueron al Sudueste hasta cognosçer que lo que dezían que avía sido tierra no lo era, sino cielo. Anduvieron día y noche 31 leguas, y contó a la gente 24.° La mar era como un río, los aires dulçes y suavíssimos.

Jueves, 27 de Setiembre

Navegó a su vía al Güeste. Anduvo entre día y noche 24 leguas. Contó a la gente 20 leguas. Vinieron muchos dorados; mataron uno. Vieron un rabo de junco.

Viernes, 28 de Setiembre

Navegó a su camino al Güeste. Anduvieron día y noche con calmas 14 leguas. Contó treze. Hallaron poca yerva. Tomaron dos peçes dorados, y en los otros navíos más.

Sábado, 29 de Setiembre

Navegó a su camino al Güeste. Anduvieron 24 leguas. Contó a la gente XXI. Por calmas que tuvieron anduvieron entre día y noche poco. Vieron un ave que se llama rabiforçado, que haze gumitar a los alcatraçes lo que comen para comerlo ella y no se mantiene de otra cosa. Es ave de la mar, pero no posa en la mar ni se aparta de tierra 20 leguas. Ay d'estas muchas en las islas de Cabo Verde. Después vieron dos alcatraçes. Los aires eran muy dulçes y sabrosos, que diz que no faltava sino oír el ruiseñor, y la mar llana como un río. Pareçieron después en tres vezes alcatraçes y un forçado. Vieron mucha yerva.

Domingo, 30 de Setiembre

Navegó su camino al Güeste. Anduvo entre día y noche por las calmas 14 leguas. Contó onze. Vinieron al navío cuatro rabos de junco, qu'es gran señal de tierra, porque tantas aves de una naturaleza juntas es señal que no andan desmandadas ni perdidas. Viéronse cuatro alcatraçes en dos vezes, yerva mucha. «Nota que las estrellas que se llaman las Guardas, cuando anocheçe, están junto al braço de la parte del Poniente, y cuando amaneçe están en la línea debaxo del braço al Nordeste, que pareçe que en toda la noche no andan salvo tres líneas, que son 9 oras, y esto cada noche.» Esto dize aquí el Almirante. También en anocheçiendo las agujas noruestean una cuarta y en amaneçiendo están con la estrella justo, por lo

aguacero - downpour

cual pareçe que la estrella haze movimiento como las otras estrellas, y las agujas piden siempre la verdad.

Lunes, 1 de Otubre

to arrive at the break of dawn

Navegó a su camino al Güeste. Anduvieron 25 leguas. Contó a la gente 20 leguas. Tuvieron grande aguaçero. El piloto del Almirante tenía oy, en amaneçiendo, que avían andado desde la isla del Hierro hasta aquí 578 leguas al Güeste. La cuenta menor que el Almirante mostrava a la gente eran 584, pero la verdadera que el Almirante juzgava y guardava eran 707.

Martes, 2 de Otubre *give God thanks*

Navegó a su camino al Güeste noche y día 39 leguas. Contó a la gente obra de 30 leguas. La mar llana y buena. «Siempre a Dios muchas gracias sean dadas», dixo aquí el Almirante. Yerva venía de Leste a Güeste, por el contrario de lo que solía. Pareçieron muchos peçes matóse uno. Vieron una ave blanca que pareçía gaviota.

seagull   *he was accostomed to*

Miércoles, 3 de Otubre

Navegó su vía ordinaria. Anduvieron 47 leguas. Contó a la gente 40 leguas. Aparecieron pardelas, yerva mucha, alguna muy vieja y otra muy fresca, y traía como fruta. No vieron aves algunas, y creía el Almirante que le quedavan atrás las islas que traía pintadas en su carta. Dize aquí el Almirante que no se quiso detener barloventeando la semana passada y estos días que vía tantas señales de tierra, aunque tenía noticia de çiertas islas en aquella comarca, por no se detener, pues su fin era passar a las Indias, y si se detuviera, dize él, que no fuera buen seso.

Jueves, 4 de Otubre

Navegó a su camino al Güeste. Anduvieron entre día y noche
63 leguas. Contó a la gente 46 leguas. Vinieron al navío más
de cuarenta pardales † juntos y dos alcatraçes y al uno dio
una pedrada un moço de la caravela. Vino a la nao un rabiforçado y una blanca como gaviota.

Viernes, 5 de Otubre

Navegó a su camino. Andarían onze millas por ora. Por noche y día andaría 57 leguas, porque afloxó la noche algo el
viento. Contó a su gente 45. La mar bonança y llana. «A
Dios», dize, «muchas gracias sean dadas». El aire muy dulçe y
temprado. Yerva ninguna, aves pardelas muchas; peçes golon-
drinos volaron en la nao muchos.

Sábado, 6 de Otubre

Navegó su camino al Vueste o Güeste, qu'es lo mismo. Anduvieron 40 leguas entre día y noche. Contó a la gente 33 leguas.
Esta noche dixo Martín Alonso que sería bien navegar a la
cuarta del Güeste a la parte de Sudueste, y al Almirante pareçió que no. Dezía esto Martín Alonso por la isla de Çipango, y
el Almirante vía que si la erravan que no pudieran tan presto
tomar tierra, y que era mejor una vez ir a la tierra firme y después a las islas.

Domingo, 7 de Otubre

Navegó a su camino al Güeste. Anduvieron 12 millas por ora
dos oras, y después 8 millas por ora; y andaría hasta una ora

de sol 23 leguas. Contó a la gente 18. En este día, al levantar del sol, la caravela Niña, que iva delante por ser velera, y andavan quien más podía por ver primero tierra, por gozar de la merced que los Reyes a quien primero la viese avía\<n\> prometido, levantó una vandera en el topo del mástel y tiró una lombarda por señal que veían tierra, porque así lo avía ordenado el Almirante. Tenía también ordenado que al salir del sol y al ponerse se juntasen todos los navíos con él, porque estos dos tiempos son más proprios para que los humores den más lugar a ver más lexos. Como en la tarde no viesen tierra, la que pensavan los de la caravela Niña que avían visto, y por que passavan gran multitud de aves de la parte del Norte al Sueste, por lo cual era de creer que se ivan a dormir a tierra, o huían quiçá del invierno, que en las tierras de donde venían devía de querer venir, por esto el Almirante acordó dexar el camino del Güeste, y pone\<r\> la proa hazia Güesueste[13] con determinación de andar dos días por aquella vía. Esto començó antes una ora del sol puesto. Andaría en toda la noche obra de cinco leguas y XXIII del día; fueron por todas veinte y ocho leguas noche y día.

Lunes, 8 de Otubre

Navegó al Güesudueste y andarían entre día y noche onze leguas y media o doze, y a ratos parece que anduvieron en la noche quinze millas por ora, si no está mentirosa la letra. Tuvieron la mar como el río de Sevilla. «Gracias a Dios», dize el Almirante. Los aires muy dulces, como en Abril en Sevilla, qu'es plazer estar a ellos, tan olorosos son. Pareció la yerva muy fresca; muchos paxaritos de campo, y tomaron uno, que ivan huyendo al Sueste, grajaos y ánades y un alcatraz.

13. Cambio de ruta que parece debido a la indicación de Martín Alonso Pinzón, según consta en los Pleitos. De no haber virado, la expedición hubiera llegado a la Florida.

Martes, 9 de Otubre

Navegó al Sudueste. Anduvo 5 leguas. Mudóse el viento y corrió al Güeste cuarta del Norueste y anduvo 4 leguas; después con todas XI leguas de día y a la noche XX leguas y media. Contó a la gente 17 leguas. Toda la noche oyeron passar páxaros.

Miércoles, 10 de Otubre

Navegó al Güesudueste. Anduviero<n> a diez millas por ora y a ratos 12 y algún rato a 7, y entre día y noche 59 leguas. Contó a la gente 44 leguas no más. Aquí la gente ya no lo podía çufrir[14] quexávase del largo viaje, pero el Almirante los esforçó lo mejor que pudo, dándoles buena esperança de los provechos que podrían aver, y añadía que por demás era quexarse, pues que él avía venido a las Indias, y que así lo avía de proseguir hasta hallarlas con el ayuda de Nuestro Señor.

Jueves, 11 de Otubre

Navegó al Güesudueste. Tuvieron mucha mar, más que en todo el viaje avían tenido. Vieron pardelas y un junco verde junto a la nao. Vieron los de la caravela Pinta una caña y un palo, y tomaron otro palillo labrado a lo que parecía con hierro, y un pedaço de caña y otra yerva que naçe en tierra y una tablilla. Los de la caravela Niña también vieron otras señales

14. La idea del motín que Las Casas insinúa en varios pasajes se ve avalada por Fernández de Oviedo; también en los Pleitos se dice que los maestres de los tres navíos dieron un plazo de tres días a Colón para descubrir tierra y, si no, regresar a Castilla.

de tierra y un palillo cargado d'escaramojos. Con estas señales respiraron y alegráronse todos. Anduvieron en este día, hasta puesto el sol, 27 leguas. Después del sol puesto, navegó a su primer camino al Güeste. Andarían doze millas cada ora, y hasta dos oras después de media noche andarían 90 millas, que son 22 leguas y media. Y porque la caravela Pinta era más velera e iva delante del Almirante, halló tierra y hizo las señas qu'el Almirante avía mandado. Esta tierra vido primero un marinero que se dezía Rodrigo de Triana[15], puesto que el Almirante, a las diez de la noche, estando en el castillo de popa, vido lumbre; aunque fue cosa tan çerrada que no quiso affirmar que fuese tierra, pero llamó a Pero Gutiérrez repostero d'estrados del Rey e díxole que parecía lumbre, que mirasse él, y así lo hizo, y vídola. Díxolo también a Rodrigo Sánchez de Segovia, qu'el Rey y la Reina embiavan en el armada por veedor, el cual no vido nada porque no estava en lugar do la pudiese ver. Después qu'el Almirante lo dixo, se vido una vez una vez o dos, y era como una candelilla de cera que se alçava y levantava, lo cual a pocos pareçiera ser indiçio de tierra; pero el Almirante tuvo por çierto estar junto a la tierra. Por lo cual, cuando dixeron la *Salve,* que la acostumbran dezir e cantar a su manera todos los marineros y se hallan todos, rogó y amonestólos el Almirante que hiziesen buena guarda al castillo de proa, y mirasen bien por la tierra, y que al que le dixese primero que vía tierra le daría luego un jubón de seda, sin las otras mercedes que los Reyes avían prometido, que eran diez mill maravedís de juro a quien primero le viese[16]. A las dos oras después de media noche pareçió la tierra, de la cual estarían dos leguas. Amainaron todas las velas, y quedaron con el treo que es la vela grande, sin bonetas, y pusiéron-

15. Su nombre verdadero era Juan Rodríguez de Bermejo.
16. «Juro» es una pensión perpetua que se concedía sobre las rentas públicas, que cobró Colón durante toda su vida con cargo a las carnicerías de la ciudad de Córdoba y que parece fueron usufructuadas por Beatriz Enríquez de Arana, madre de Hernando Colón.

se a la corda, temporizando hasta el día viernes que llegaron a una isleta de los lucayos, que se llamava en lengua de indios Guanahaní[17]. Luego vieron gente desnuda, y el Almirante salió a tierra en la barca armada y Martín Alonso Pinçón y Viceinte Anes, su hermano, que era capitán de la Niña. Sacó el Almirante la vandera real y los capitanes con dos vanderas de la Cruz Verde, que llevava el Almirante en todos los navíos por seña, con una F y una I, ençima de cada letra su corona, una de un cabo de la + y otra de otro. Puestos en tierra vieron árboles muy verdes y aguas muchas y frutas de diversas maneras. El Almirante llamó a los dos capitanes y a los demás que saltaron en tierra, y a Rodrigo d'Escobedo escrivano de toda el armada, y a Rodrigo Sánches de Segovia, y dixo que le diesen por fe y testimonio cómo él por ante todos tomava, como de hecho tomó, possessión de la dicha isla por el Rey e por la Reina sus señores, haziendo las protestaçiones que se requirían, como más largo se contiene en los testimonios que allí se hizieron por escripto. Luego se ayuntó allí mucha gente de la isla. Esto que se sigue son palabras formales del Almirante en su libro de su primera navegaçión y descubrimiento d'estas Indias. «Yo», dize él, «porque nos tuviesen mucha amistad, porque cognosçí que era gente que mejor se libraría y convertiría a nuestra sancta fe con amor que no por fuerça, les di a algunos d'ellos unos bonetes colorados y unas cuentas de vidrio que se ponían al pescueço, y otras cosas muchas de poco valor, con que ovieron mucho plazer y quedaron tanto nuestros que era maravilla. Los cuales después venían a las barcas de los navíos adonde nos estávamos, nadando, y nos traían papagayos y hilo de algodón en ovillos y azagayas y otras cosas muchas, y nos las trocavan por otras cosas que nos les dávamos, como cuentezillas de vidrio y cascaveles. En fin, todo tomavan y daban de aquello que tenían de buena voluntad, mas me pareció que era gente muy pobre de todo.

17. A la que Colón llamó San Salvador, hoy Watling.

Ellos andan todos desnudos como su madre los parió, y también las mugeres, aunque no vide más de una farto moça, y todos los que yo vi eran todos mançebos, que ninguno vide de edad de más de XXX años, muy bien hechos, de muy fermosos cuerpos y muy buenas caras, los cabellos gruessos cuasi como sedas de cola de cavallos e cortos. Los cabellos traen por ençima de las cejas, salvo unos pocos detrás que traen largos, que jamás cortan. D'ellos se pintan de prieto, y <d'>ellos son de la color de los canarios[18], ni negros ni blancos, y d'ellos se pintan de blanco y d'ellos de colorado y d'ellos de lo que fallan; y d'ellos se pintan las caras, y d'ellos todo el cuerpo, y d'ellos solos los ojos, y d'ellos solo el nariz. Ellos no traen armas ni las cognoscen, porque les amostré espadas y las tomavan por el filo y se cortavan con ignorançia. No tienen algún fierro sus azagayas son unas varas sin fierro; y algunas d'ellas tienen al cabo un diente de peçe, y otras de otras cosas. Ellos todos a una mano son de buena estatura de grandeza y buenos gestos, bien hechos. Yo vide algunos que tenían señales de feridas en sus cuerpos, y les hize señas qué era aquello, y ellos me amostraron cómo allí venían gente de otras islas que estavan açerca y les querían tomar y se defendían. Y yo creí e creo que aquí vienen de tierra firme a tomarlos por captivos. Ellos deven ser buenos servidores y de buen ingenio, que veo que muy presto dizen todo lo que les dezía. Y creo que ligeramente se harían cristianos, que me pareçió que ninguna secta tenían. Yo plaziendo a Nuestro Señor levaré de aquí al tiempo de mi partida seis a Vuestras Altezas para que deprendan fablar. Ninguna bestia de ninguna manera vide, salvo papagayos en esta isla. Todas son palabras del Almirante.

---

18. Varias veces se compara el color de los indios con el de los habitantes de Canarias; en un paralelo inferior a dichas islas esperaba Colón encontrarse con hombres negros.

Sábado, 13 de Otubre

Luego que amaneció, vinieron a la playa muchos d'estos hombres, todos mançebos, como dicho tengo y todos de buena estatura, gente muy fermosa; los cabellos no crespos, salvo corredíos y gruessos como sedas de cavallo, y todos de la frente y cabeça muy ancha, más que otra generación que fasta aquí aya visto; y los ojos muy fermosos y no pequeños; y ellos ninguno prieto, salvo de la color de los canarios, ni se deve esperar otra cosa, pues está Lestegüeste con la isla del Fierro en Canaria, so una línea. Las piernas muy derechas, todos a una mano, y no barriga, salvo muy bien hecha. Ellos vinieron a la nao con almadías, que son hechas del pie de un árbol como un barco luengo y todo de un pedaço y labrado muy a maravilla según la tierra, y grandes, en que en algunas venían 40 y 45 hombres, y otras más pequeñas, fasta aver d'ellas en que venía un solo hombre. Remavan con una pala como de fornero, y anda a maravilla, y si se les trastorna, luego se echan todos a nadar y la endereçan y vazían con calabaças que traen ellos. Traían ovillos de algodón filado y papagayos y azagayas y otras cositas que sería tedio de escrevir, y todo davan por cualquiera cosa que se los diese. Y yo estava atento y trabajava de saber si avía oro, y vide que algunos d'ellos traían un pedaçuelo colgado en un agujero que tienen a la nariz. Y por señas pude entender que, yendo al Sur o bolviendo la isla por el Sur, que estava allí un Rey que tenía grandes vasos d'ello y tenía muy mucho. Trabajé que fuesen allá, y después vide que no entendían en la ida. Determiné de aguardar fasta mañana en la tarde y después partir para el Subdeste –que según muchos d'ellos me enseñaron dezían que avía tierra al Sur y al Sudueste y al Norueste; y qu'estas del Norueste les venían a combatir muchas vezes–, y así ir al Sudueste a buscar el oro y piedras preçiosas. Esta isla es bien grande y muy llana y de árboles muy verdes y muchas aguas y una laguna en medio muy grande, sin ninguna montaña, y toda ella

gente infarbon

verde, qu'es plazer de mirarla. Y esta gente farto mansa, y por
la gana de aver de nuestras cosas, y temiendo que no se les a
de dar sin que den algo y no lo tienen, toman lo que pueden y
se echan luego a nadar, más todo lo que tiene\<n\> lo dan por
cualquiera cosa que les den, que fasta los pedaços de las escudillas y de las taças de vidrio rotas rescataran, fasta que vi dar
16 ovillos de algodón por tres çeotís de Portugal, que es una
blanca de Castilla, y en ellos avría más de un arrova de algodón filado. Esto defendiera y no dexara tomar a nadie salvo
que yo lo mandara tomar todo para Vuestras Altezas, si oviera en cantidad. Aquí naçe en esta isla, mas por el poco tiempo
no pude dar así del todo fe. Y también aquí naçe el oro que
traen colgado a la nariz, mas, por no perder tiempo, quiero ir
a ver si puedo topar a la isla de Çipango. Agora como fue noche todos se fueron a tierra con sus almadías.

grun into

Domingo, 14 de Otubre

En amaneçiendo mandé adereçar el batel de la nao y las barcas
de las caravelas, y fue al luengo de la isla en el camino del Nornordeste para ver la otra parte, que era de la parte del Leste, qué
avía, y también para ver las poblaçiones, y vide luego dos o tres,
y la gente que venía todos a la playa llamándonos y dando gracias a Dios. Los unos nos traían agua; otros otras cosas de comer; otros, cuando veían que yo no *trad* curava de ir a tierra, se
echavan a la mar nadando y venían y entendíamos que nos pre-
guntavan si éramos venido\<s\> del çielo. Y vino uno viejo en el
batel dentro, y otros a bozes grandes llamavan todos, hombres
y mugeres: «Venid a ver los hombres que vinieron del çielo,
traedles de comer y de bever». Vinieron muchos y muchas mugeres, cada uno con algo, dando gracias a Dios echándose al
suelo, y levantavan las manos al cielo y después a bozes nos llamavan que fuesemos a tierra, mas yo tenía de ver una grande
restinga de piedras que çerca toda aquella isla alrededor, y en-

tremedias queda hondo y puerto para cuantas naos ay en toda
la cristiandad, y la entrada d'ello muy angosta. Es verdad que
dentro d'esta çintha ay algunas baxas, mas la mar no se mueve
más que dentro en un pozo. Y para ver todo esto me moví esta
mañana, porque supiese dar de todo relación a Vuestras Altezas, y también adónde pudiera hazer fortaleza, y vide un pedaço de tierra que se haze como isla, aunque no lo es, en que avía
seis casas, el cual se pudiera atajar en dos días por islas aunque
yo no veo ser neçessario, porque esta gente es muy símplice en
armas, como verán Vuestras Altezas de siete que yo hize tomar
para le llevar y deprender nuestra fabla y bolvellos, salvo que
Vuestras Altezas cuando mandaren puédenlos todos llevar a
Castilla o tenellos en la misma isla captivos, porque con cincuenta hombres los terná<n> todos sojuzgados, les hará<n>
hazer todo lo que quisiere<n>. Y después, junto con la dicha
Isleta, están güertas de árboles, las más hermosas que yo vi, e
tan verdes y con sus hojas como las de Castilla[s] en el mes de
Abril y de Mayo, y mucha agua. Yo miré todo aquel puerto y
después me bolví a la nao y di la vela, y vide tantas islas que yo
no sabía determinarme a cuál iría primero. Y aquellos hombres
que yo tenía toma[n]do me dezían por señas que eran tantas y
tantas que no avía número y anombraron por su nombre más
de ciento. Por ende yo miré por la más grande, y <a> aquella
determiné andar, y así hago, y será lexos d'esta de Sant Salvador
cinco leguas; y las otras d'ellas más, d'ellas menos. Todas son
muy llanas, sin montañas y muy fértiles y todas pobladas, y se
hazen guerra la una a la otra, aunque estos son muy símpliçes y
muy lindos cuerpos de hombres.

Lunes, 15 de Otubre

Avía temporejado esta noche con temor de no llegar a tierra
a sorgir antes de la mañana, por no saber si la costa era limpia de baxas, y en amaneçiendo cargar velas. Y como la

isla[19] fuese más lexos de cinco leguas, antes será siete, y la marea me detuvo, sería mediodía cuando llegué a la dicha isla, y fallé que aquella haz, que es de la parte de la isla de San Salvador, se corre Norte Sur y an en ella 5 leguas, y la otra, que yo seguí, se corría Leste Güeste, y an en ella más de diez leguas. Y como d'esta isla vide otra mayor al Güeste, cargué las velas por andar todo aquel día fasta la noche, porque aún no pudiera aver andado al cabo del Güeste, a la cual puse nombre de isla de Sancta María de la Conçepción; y cuasi al poner del sol sorgi açerca del dicho cabo por saber si avía allí oro, porque estos que yo avía hecho tomar en la isla de San Salvador me dezían que aí traían manillas de oro muy grandes a las piernas y a los braços. Yo bien creí que todo lo que dezían era burla para se fugir. Con todo, mi voluntad era de no passar por ninguna isla de que no tomase possessión, puesto que, tomado de una, se puede dezir de todas. Y sorgi e estuve hasta oy martes que, en amaneciendo, fue a tierra con la barcas armadas, y salí; y ellos, que eran muchos, así desnudos y de la misma condición de la otra isla de San Salvador, nos dexaron ir por la isla y nos davan lo que les pedía. Y porque el viento cargava a la través Sueste, no me quise detener y partí para la nao. Y una almadía grande estava a bordo de la caravela Niña, y uno de los hombres de la isla de Sant Salvador, que en ella era, se echó a la mar, y se fué en ella, y la noche de antes, †a me dio echado el otro, y fue atrás la almadía; la cual fugió que jamás fue barca que le pudiese alcançar: puesto que le teníamos grande avante, con todo, dio en tierra y dexaron la almadía; y alguno de los de mi compañía salieron en tierra tras ellos, y todos fugeron como gallinas, y la almadía que avían dexado la llevamos a bordo de la caravela Niña, adonde ya, de otro cabo, venía otra almadía pequeña con un hombre que venía a rescatar un ovillo de algodón, y se echaron algunos marineros a la mar, porque él no quería entrar en la caravela,

19. A la que llamó Santa María de la Concepción, hoy Cayo Rum.

y le tomaron. Y yo qu'estaba a la popa de la nao, que vide
todo, enbié por él y le di un bonete colorado y unas cuentas de
vidro verdes, pequeñas, que le puse al braço, y dos cascaveles,
que le puse a las orejas, y le mandé bolver a su almadía que
también tenía en la barca, y le enbié a tierra. Y di luego la vela
para ir a la otra isla grande que yo vía al Güeste, y mandé lar-
gar también la otra almadía que traía la caravela Niña por
popa. Y vide después en tierra, al tiempo de la llegada del otro
a quien yo avía dado las cosas susodichas y no le avía querido
tomar el ovillo de algodón, puesto qu'él me lo quería dar, y todos los otros se llegaron a él, y tenía a gran maravilla, e bien le
pareció que éramos buena gente, y que el otro que se avía fugido nos avía hecho algún daño, y que por esto lo llevábamos.
Y a esta razón usé esto con él, de le mandar alargar, y le di las
dichas cosas, porque nos tuviese en esta estima, porque otra
vez cuando Vuestras Altezas aquí tornen a enbiar no hagan
mala compañía; y todo lo que yo le di no valía cuatro maravedíes. Y así partí, que serían las diez oras, con el viento Sueste,
y tocava de Sur, para passar a estotra isla, la cual es grandíssima, y adonde todos estos hombres que yo traigo de la de San
Salvador hazen señas que ay muy mucho oro, y que lo traen
en los braços en manillas y a las piernas y a las orejas y al nariz y al pescueço. Y avía d'esta isla de Sancta María a esta otra
nueve leguas Leste Güeste, y se corre toda esta parte de la isla
Norueste Sueste. Y se pareçe que bien avría en esta costa más
de veinte ocho leguas en esta faz. Y es muy llana, sin montaña
ninguna, así como aquella de Sant Salvador y de Sancta María, y todas playas sin roquedos, salvo que a todas ay algunas
peñas açerca de tierra debaxo del agua, por donde es menester abrir el ojo cuando se quiere surgir e no surgir mucho
acerca de tierra, aunque las aguas son siempre muy claras y se
vee el fondo. Y desviado de tierra dos tiros de lombarda, ay en
todas estas islas tanto fondo que no se puede llegar a él. Son
estas islas muy verdes y fértiles y de aires muy dulçes, y puede
aver muchas cosas que yo no sé, porque no me quiero detener

por calar y andar muchas islas para fallar oro. Y pues estas
dan así estas señas, que lo traen a los braços y a las piernas, y
es oro, porque les amostré algunos pedaços del que yo tengo,
no puedo errar con el ayuda de Nuestro Señor que yo no le falle adonde naçe. Y estando a medio golpho d'estas dos islas,
es de saber, de aquella Sancta María y d'esta grande, a la cual
pongo nombre la Fernandina[20], fallé un hombre solo en una
almadía que se passava de la isla de Sancta María a la Fernandina, y traía un poco de su pan, que sería tanto como el puño
y una calabaça de agua, y un pedaço de tierra bermeja hecha
en polvo y después amassada, y unas hojas secas[21], que debe
ser cosa muy apreçiada entr'ellos, porque ya me truxeron en
San Salvador d'ellas en presente; y traía un çestillo a su guisa
en que tenía un ramalejo de cuentezillas de vidro y dos blancas, por las cuales cognosçí qu'él venía de la isla de Sant Salvador, y aví<a> passado a aquella de Sancta María y se passava
a la Fernandina. El cual se llegó a la nao; yo le hize entrar, que
así lo demandava él, y le hize poner su almadía en la nao y
guardar todo lo que él traía, y le mandé dar de comer pan
y miel y de bever. Y así le passaré a la Fernandina y le daré todo
lo suyo, porque dé buenas nuevas de nos, por a Nuestro Señor
aplaziendo, cuando Vuestras Altezas enbíen acá, que aquellos
que vinieren resçiban honra y nos den de todo lo que oviere.

Martes y Miércoles, 16 de Otubre

Partí de las islas de Sancta María de Concepçión, que sería ya
çerca de mediodía, para la isla Fernandina, la cual amuestra
ser grandíssima al Güeste, y navegué todo aquel día con calmería. No pude llegar a tiempo de poder ver el fondo para
surgir en limpio, porque es en esto mucho de aver gran dili-

20. Nombre dado en honor del Rey Católico, hoy Long Island.
21. Primera alusión al tabaco.

gençia por no perder las anclas; y así temporizé toda esta noche hasta el día que vine a una población, adonde yo surgí e adonde avía venido aquel hombre que yo hallé ayer en aquella almadía a medio golfo; el cual avía dado tantas buenas nuevas de nos, que toda esta noche no faltó almadías a bordo de la nao, que nos traían agua y de lo que tenían. Yo a cada uno le mandava dar algo, es a saber, algunas contezillas, diez o doze d'ellas de vidro en un filo, y algunas sonajas de latón d'estas que valen en Castilla un maravedí cada una, y algunas agujetas, de que todo tenían en grandíssima exçelençia, y también les mandava dar para que comiesen cuando venían en la nao, y miel de açúcar. Y después, a oras de terçia, embié el batel de la nao en tierra por agua; y ellos de muy buena gana le enseñavan a mi gente adónde estava el agua, y ellos mesmos traían los barriles llenos al batel y se folgavan mucho de nos hazer plazer. Esta isla es grandíssima y tengo determinado de la rodear, porque según puedo entender, en ella o açerca d'ella ay mina de oro. Esta isla está desviada de la de Santa María 8 leguas cuasi Leste Güeste, y este cabo adonde yo vine y toda esta costa se corre Nornorueste y Sursudueste, y vide bien veinte leguas d'ella, mas aí no acabava. Agora, escriviendo esto, di la vela con el viento Sur para pasar a rodear toda la isla y trabajar hasta que halle Samaet, que es la isla o ciudad adonde es el oro, que así lo dizen todos estos que aquí vienen en la nao, y nos lo dezían los de la isla de San Salvador y de Sancta María. Esta gente es semejante a aquella de las dichas islas, y una fabla y unas costumbres, salvo qu'estos ya me pareçen algún tanto más domésticos gente y de tracto y más sotiles, porque veo que an traído algodón aquí a la nao y otras cositas, que saben mepor refetar el pagamento que no hazían los otros. Y aun en esta isla vide paños de algodón fechos como mantillos, y la gente más dispuesta, y las mugeres traen por delante su cuerpo una cosita de algodón que escassamente les cobija su natura. Ella es isla muy verde y llana y fertilíssima, y no pongo duda que todo el año siembran panizo y co-

gen, y así todas otras cosas. Y vide muchos árboles muy difor-
mes de los nuestros, d'ellos muchos que tenían los ramos de
muchas maneras y todo en un pie, y un ramito es de una manera y otro de otra; y tan disforme, que es la mayor maravilla
del mundo cuánta es la diversidad de la una manera a la otra.
Verbigracia: un ramo tenía las fojas de manera de canas, y
otro de manera de lantisco y así en un solo árbol de çinco o
seis d'estas maneras, y todos tan diversos; ni estos son enxeri-
dos porque se pueda dezir que el enxerto lo haze, antes son
por los montes, ni cura d'ellos esta gente. No le cognozco secta ninguna y creo que muy presto se tornarían cristianos,
porque ellos son de muy buen entender. Aquí son los peçes
tan disformes de los nuestros, qu'es maravilla. Ay algunos hechos como gallos, de las más finas colores del mundo, azules,
amarillos, colorados y de todas colores y otros pintados de
mill maneras, y las colores son tan finas, que no ay hombre
que no se maraville y no tome gran descanso a verlos; también ay vallenas. Bestias en tierra no vide ninguna de ninguna manera salvo papagayos y lagartos. Un moço me dixo que
vido una grande culebra. Ovejas ni cabras ni otra ninguna
bestia vide, aunque yo e estado aquí muy poco, que es medio
día; mas si las oviese, no pudiera errar de ver alguna. El çerco
d'esta isla escriviré después que yo la oviere inrrodeada.

Miércoles, 17 de Otubre

A mediodía partí de la poblaçión adonde yo estaba surgido y
adonde tomé agua para ir a rodear esta isla Fernandina y el
viento era Sudueste y Sur. Y como mi voluntad fuese de seguir
esta costa d'esta isla adonde yo estava al Sueste, porque así se
corre toda Nornorueste y Sursueste, y quería llevar el dicho
camino del Sur y Sueste, porque aquella parte <parten> todos estos indios que traigo y otro de quien ove señas en esta
parte del sur a la isla que ellos llaman Samoet, adonde es el

oro, y Martín Alonso Pinçón, capitán de la caravela Pinta, en el cual yo mandé a tres d'estos indios, vino a mí y me dixo que uno d'ellos muy çertificadamente le avía dado a entender que por la parte del Nornorueste muy más presto arrodearía la isla. Yo vide que el viento no me ayudava por el camino que yo quería llevar y era bueno por el otro. Di la vela al Nornorueste, y cuando fue açerca del cabo de la isla, a dos leguas, hallé un muy maravilloso puerto con una boca, aunque dos bocas se le puede dezir, porque tiene un isleo en medio, y son ambas muy angostas y dentro muy ancho para cien navíos, si fuera fondo y limpio y fondo al entrada. Parecióme razón de l<o> ver bien y sondear, y así surgí fuera d'él y fui en él con todas las barcas de los navías y vimos que no avía fondo. Y porque pensé cuando yo le vi que era boca de algún río, avía mandado llevar barriles para tomar agua, y en tierra hallé unos ocho o diez hombres que luego vinieron a nos y nos amostraron aí çerca la población, adonde yo enbié la gente por agua, una parte con armas, otros con barriles; y así la tomaron. Y porque era lexuelos me detuve por espaçio de dos oras; en este tiempo anduve así por aquellos árboles, que eran la cosa más fermosa de ver que otra que se aya visto, veyendo tanta verdura en tanto grado como en el mes de Mayo en el Andaluzía, y los árboles todos están tan disformes de los nuestros como el día de la noche, y así las frutas y así las yervas y las piedras y todas las cosas. Verdad es que algunos árboles eran de la naturaleza de otros que ay en Castilla; porende avía muy gran diferençia, y los otros árboles de otras maneras eran tantos que no ay persona que lo pueda dezir ni asemejar a otros de Castilla. La gente toda era una con los otros ya dichos, de las mismas condiçiones, y así desnudos y de la misma estatura, y davan de lo que tenían por cualquiera cosa que les diesen, y aquí vide que unos moços de los navíos les trocaron <a> azagayas unos pedaçuelos de escudillas rotas y de vidrio. Y los otros que fueron por el agua me dixeron cómo avían estado en sus casas, y que eran de dentro muy ba-

rridas y limpias, y sus camas[22] y paramentos de cosas que son
como redes de algodón; ellas, las casas, son todas a manera de
alfaneques y muy altas y buenas chimeneas, mas no vide entre muchas poblaçiones que yo vide ninguna que passasse de
doze hasta quinze casas. Aquí fallaron que las mugeres casa-
das traían bragas de algodón, las moças no, sino salvo algunas que eran ya de edad de diez y ocho años. Y aí avía perros
mastines y branchetes[23], y aí fallaron uno que avía al nariz un
pedaço de oro que sería como la mitad de un castellano, en el
cual vieron letras. Reñí yo con ellos porque no se lo resgataron y dieron cuanto pedía, por ver qué era y cúya esta mone-
da era, y ellos me respondieron que nunca se lo osó resgatar.
Después de tomada la agua, bolví a la nao, y di la vela y salí al
Norueste, tanto que yo descubrí toda aquella parte de la isla
hasta la costa que se corre Leste Güeste. Y después todos estos
indios tornaron a dezir qu'esta isla era más pequeña que no la
isla Samoet y que sería bien bolver atrás por ser en ella más
presto. El viento allí luego nos calmó y començó a ventar
Güesnorueste, el cual era contrario para donde avíamos venido, y así tomé la buelta y navegué toda esta noche passada al
Leste Sueste, y cuando al Leste todo, cuando al Sueste, y esto
para apartarme de la tierra, porque hazía muy gran çerrazón
y el tiempo muy cargado; él era poco y no me dexó llegar a
tierra a surgir. Así que esta noche llovió muy fuerte después
de medianoche hasta cuasi el día, y aún está nublado para llover, y nos, al cabo de la isla de la parte de Sueste, adonde espero surgir fasta que aclaresca, para ver las otras islas adonde
tengo de ir. Y así todos estos días, después que en estas Indias
estoy, a llovido poco o mucho. Crean Vuestras Altezas que es
esta tierra la mejor e más fértil y temperada y llana que aya en
el mundo.

22. Se trata de las hamacas, como dice al margen Las Casas.
23. No existían en el Nuevo Mundo ni mastines ni branchetes; estos que
Colón vio pequeños y silenciosos servían como alimento a los indios, que
los cebaban con pescado.

Jueves, 18 de Otubre

Después que aclaresció seguí el viento, y fui en derredor de la isla cuanto pude, y surgí al tiempo que ya no era de navegar, mas no fui en tierra, y en amaneçiendo di la vela.

Viernes, 19 de Otubre

En amaneciendo levanté las anclas y enbié la caravela Pinta al Leste y Sueste, y la caravela Niña al Sursueste, y yo con la nao fui al Sueste, y dado orden que llevasen aquella buelta fasta mediodía, y después que ambas se mudasen las derrotas, y se recogieron para mí. Y luego, antes que andássemos tres oras, vimos una isla al Leste sobre la cual descargamos. Y llegamos a ella todos tres los navíos antes de mediodía a la punta del Norte, adonde haze un isleo y un restringe de piedra fuera d'él al Norte y otro entre él y la isla grande, la cual anombraron estos hombres de San Salvador que yo traigo la isla Saomete, a la cual puse nombre la Isabela[24]. El viento era Norte y quedava el dicho isleo en derrota de la isla Fernandina, de adonde yo avía partido Leste Güeste, y se corría después la costa desde el isleo al Güeste, y avía en ella doze leguas fasta un cabo, [y] aquí yo llamé el cabo Hermoso, que es de la parte del Güeste. Y así es, fermoso, redondo y muy fondo, sin baxas fuera d'él, y al comienço es de piedra y baxo y más adentro es playa de arena como cuasi la dicha costa es. Y aí surgí esta noche viernes hasta la mañana. Esta costa toda y la parte de la isla que yo vi es toda cuasi playa, y la isla la más fermosa cosa que yo vi, que si las otras son muy hermosas, esta es más. Es de muchos árboles y muy verdes y muy grandes, y esta tierra es más alta que las otras islas falladas, y en ella algún[o] al-

24. Aunque en el manuscrito dice Islabela, hemos transcrito el nombre correcto que Colón dio a la isla en honor de la Reina.

cabo-end

tillo, no que se le pueda llamar montaña, mas cosa que afermosea lo otro, y pareçe de muchas aguas. Allá, al medio de la isla, d'esta parte al Nordeste haze una grande angla, y a muchos arboledos y muy espessos y muy grandes. Yo quise ir a surgir en ella para salir a tierra y ver tanta fermosura, mas era el fondo baxo y no podía surgir salvo largo de tierra, y el viento era muy bueno para venir a este cabo, adonde yo surgí agora, al cual puse nombre Cabo Fermoso, porque así lo es. Y así no surgí en aquella angla, y aun porque vide este cabo de allá tan verde y tan fermoso, así como todas las otras cosas y tierras d'estas islas que yo no sé adónde me vaya primero, ni me se cansan los ojos de ver tan fermosas verduras y tan diversas de las nuestras, y aun creo que a en ellas muchas yervas y muchos árboles que valen mucho en España para tinturas y para medicinas de espeçería, mas yo no los cognozco, de que llevo grande pena. Y llegando yo aquí a este cabo, vino el olor tan bueno y suave de flores o árboles de la tierra, que era la cosa más dulçe del mundo. De mañana, antes que yo de aquí vaya[25], iré en tierra a ver qué es; aquí en el cabo no es la población salvo allá más dentro, adonde dizen estos hombres que yo traigo qu'está el rey y que trae mucho oro. Y yo de mañana quiero ir tanto avante que halle la población y vea o aya lengua con este rey que, según estos dan las señas, él señorea todas estas islas comarcanas, y va vestido y trae sobre sí mucho oro, aunque no doy mucha fe a us dezires, así por no los entender yo bien como en cognoscer qu'ellos son tan pobres de oro que cualquiera poco qu'este rey traiga los pareçe a ellos mucho. Este, a qui yo digo Cabo Fermoso, creo que es isla apartada de Samoeto y aun a [y] ya otra entremedias pequeña. Yo no curo así de ver tanto por menudo, porque no lo podría fazer en çincuenta años, porque quiero ver y descubrir lo más que yo pudiere para bolver a Vuestras Altezas, a Nuestro Señor aplaziendo, en Abril. Verdad es que fallando adónde

---

25. Es la primera ocasión que Colón piensa en una fecha para volver.

aya oro o espeçería en cantidad, me deterné fasta que yo aya
d'ello cuanto pudiere, y por esto no fago sino andar para ver
de topar en ello.

Sábado, 20 de Otubre

Oy, al sol salido, levanté las anclas de donde yo estava con la
nao surgido en esta isla de Saometo al cabo del Sudueste,
adonde yo puse nombre el Cabo de la Laguna y a la isla la Isabela, para navegar al Nordeste y al Leste de la parte del Sueste
y Sur, adonde entendí d'estos hombres que yo traigo que era
la poblaçión y el rey d'ella. Y fallé todo tan baxo el fondo, que
no pude entrar ni navegar a ella, y vide que siguiendo el camino del Sudueste era muy gran rodeo, y por esto determiné
de me bolver por el camino que yo avía traído del Nornordeste de la parte del Güeste, y rodear esta isla para aí. Y el viento
me fue tan escasso, que yo no nunca pude aver la tierra al lon-
go de la costa, salvo en la noche. Y porqu'es peligro surgir en
estas islas salvo en el día, que se vea con el ojo adónde se echa
el ancla, porque es todo manchas, una de limpio y otra de
non, yo me puse a temporejar a la vela toda esta noche del domingo. Las caravelas surgieron porque hallaron en tierra
temprano y pensaron que a sus señas, que eran costumbradas
de hazer, iría a surgir, mas no quise.

Domingo, 21 de Otubre

A las diez oras llegué aquí a este cabo del Isleo y surgí, y asimismo las caravelas. Y después de aver comido fui en tierra,
adonde aquí no avía otra poblaçión que una casa, en la cual
no fallé a nadie, que creo que con temor se avían fugido, porque en ella estavan todos sus adereços de casa. Yo no le dexé
tocar nada, salvo que me salí con estos capitanes y gente a ver

la isla, que si las otras ya vistas son muy fermosas y verdes y fértiles, esta es mucho más y de grandes arboledos y muy verdes. Aquí es unas grandes lagunas, y sobre ellas y a la rueda es el arboledo en maravilla, y aquí y en toda la isla son todos verdes y las yervas como en el Abril en el Andaluzía y el cantar de los paxaritos que pareçe qu'el hombre nunca se querría partir de aquí, y las manadas de los papagayos que ascureçen el sol, y aves y paxaritos de tantas maneras y tan diversas de las nuestras que es maravilla. Y después ha árboles de mill maneras y todos <dan> de su manera fruto, y todos güelen qu'es maravilla, que yo estoy el más penado del mundo de no los cognosçer, porque soy bien cierto que todos son cosa de valía y d'ellos traigo la demuestra, y asimismo de las yervas. Andando así en çerco de una d'estas lagunas, vide una sierpe, la cual matamos y traigo el cuero a Vuestras Altezas. Ella como nos vido se echó en la laguna, y nos le seguimos dentro, porque no era muy fonda, fasta que con lanças la matamos; es de siete palmos en largo; creo que d'estas semejantes ay aquí en estas lagunas muchas. Aquí cognosçí del lignáloe y mañana e determinado de hazer traer a la nao diez quintales, porque me dizen que vale mucho. También andando en busca de muy buena agua, fuimos a una población aquí çerca, adonde estoy surto media legua, y la gente d'ella, como nos sintieron, dieron todos a fugir y dexaron las casas y escondieron su ropa y lo que tenían por el monte. Yo no dexé tomar nada ni la valía de un alfiler. Después se llegaron a nos unos hombres d'ellos, y uno se llegó a qui yo di unos cascaveles y unas cuentezillas de vidro y quedó muy contento y muy alegre; y porque la amistad creçiese más y los requiriese algo, le hize pedir agua, y ellos, después que fui en la nao, vinieron luego a la playa con sus calabaças llenas y folgaron mucho de dárnosla. Y yo les mandé dar otro ramalejo de cuentezillas de vidro y dixeron que de mañana vernían acá. Yo quería hinchar aquí toda la vasija de los navíos de agua; porende, si el tiempo me da lugar, luego me partiré a rodear esta isla fasta que yo aya

lengua con este rey y ver si puedo aver del oro que oyo que
trae, y después partir para otra isla grande mucho, que creo
que deve ser Çipango, según las señas que me dan estos indios que yo traigo, a la cual ellos llaman Colba[26], en la cual dizen que a naos y mareantes muchos y muy grandes, y d'esta
isla <a> otra que llaman Bofío[27], que también dizen qu'es
muy grande. Y a las otras que son entremedio veré así de passada, y según yo fallare recaudo de oro o especería, determi-
naré lo que e de fazer. Más todavía, tengo determinado de ir a
la tierra firme y a la ciudad de Quisay[28] y dar las cartas de
Vuestras Altezas al Gran Can y pedir respuesta y venir con
ella.

Lunes, 22 de Otubre

Toda esta noche y oy estuve aquí aguardando si el rey de aquí
o otras personas traherían oro o otra cosa de sustancia, y vinieron muchos d'esta gente, semejantes a los otros de las
otras islas, así desnudos y así pintados, d'ellos de blanco,
d'ellos de colorado, d'ellos de prieto y así de muchas maneras.
Traían azagayas y algunos ovillos de algodón a resgatar, el
cual trocavan aquí con algunos marineros por pedaços de vidro, de taças quebradas, y por pedaços d'escudillas de barro.
Algunos d'ellos traían algunos pedaços de oro colgado al nariz, el cual de buena gana davan por un cascavel d'estos de pie
de gavilano y por cuentezillas de vidro, mas es tan poco que
no es nada, que es verdad que cualquier poca cosa que se les

---

26. Cuba. Error del copista o del mismo Colón que lo entendió así a los
indios.

27. Haití, nombre indígena de La Española.

28. Nombre que Marco Polo dio a la ciudad de Kin-See y que figuraba en
el mapa que Toscanelli hizo del Océano Atlántico, símbolo de las riquezas
orientales que Colón esperaba encontrar.

dé. Ellos también tenían a gran maravilla nuestra venida y
creían que éramos venidos del cielo. Tomamos agua para los
navíos en una laguna que aquí está çerca del cabo del Isleo,
que así anombré, y en la dicha laguna Martín Alonso Pinçón,
capitán de la Pinta, mató otra sierpe, tal como la otra de ayer
de siete palmos. Y fize tomar aquí del liñáloe cuanto se falló.

Martes, 23 de Otubre

Quisiera oy partir para la isla de Cuba, que creo que deve ser
Çipango[29], según las señas que dan esta gente de la grandeza
d'ella y riqueza, y no me deterné más aquí ni <iré> esta isla
alrededor para ir a la población, como tenía determinado, para
aver lengua con este rey o señor, que es por no me detener
mucho, pues veo que aquí no ay mina de oro, y al rodear
d'estas islas a menester muchas maneras de viento, y no vienta
así como los hombres querrían. Y pues es de andar adonde aya
trato grande, digo que no es razón de se detener, salvo ir a
camino y calar mucha tierra fasta topar en tierra muy
provechosa, aunque mi entender es qu'esta sea muy provechosa
de espeçería, mas que yo no la cognozco, que llevo la mayor
pena del mundo, que veo mill maneras de árboles que tienen
cada uno su manera de fruta y verde agora como en España en
el mes de Mayo y Junio y mill maneras de yervas, eso mesmo
con flores; y de todo no se cognosció salvo este liñáloe de que
oy mandé también traer a la nao mucho para levar a Vuestras
Altezas. Y no e dado ni doy la vela para Cuba porque no ay
viento salvo calma muerta, y llueve mucho y llovió ayer mucho
sin hazer ningún frío, antes el día haze calor y las noches
temperadas como en Mayo en España, en el Andaluzía.

29. El Japón de los sueños colombinos.

Miércoles, 24 de Otubre

Esta noche a media noche levanté las anclas de la isla Isabela del cabo del Isleo, qu'es de la parte del Norte, adonde y<o> estaba posado para ir a la isla de Cuba, adonde oí d'esta gente que era muy grande y de gran trato y avía en ella oro y especerías y naos grandes y mercaderes, y me amostró que al Güesudueste iría a ella; y yo así lo tengo, porque creo que, si es así como por señas que me hicieron todos los indios distas islas y aquellos que llevo yo en los navíos, porque por lengua no los entiendo, es la isla de Çipango de que se cuentan cosas maravillosas; y en las esperas que yo vi y en las pinturas de mapamundos es ella en esta comarca. Y así navegué fasta el día al Güesudueste, y amaneciendo calmó el viento y llovió, y así cassi toda la noche. Y estuve así con poco viento fasta que passava de mediodía y estonçes tornó a ventar muy amoroso, y llevava todas mis velas de la nao: maestra y dos bonetas y trinquete y çebadera y mezana y vela de gávia, y el bátel por popa. Así anduve al camino fasta que anocheçió, y estonçes me quedava el Cabo Verde de la isla Fernandina, el cual es de la parte de sur a la parte de Güeste, me quedava al Norueste, y hazía de mí a él siete leguas. Y porque ventaya ya rezio y no sabía yo cuánto camino oviese fasta la dicha isla de Cuba, y por no la ir a demandar de noche, porque todas estas islas son muy fondas a no hallar fondo todo enderredor salvo a tiro de dos lombardas, y esto es todo manchado: un pedaço de roquedo y otro de arena, y por esto no se puede seguramente surgir salvo a vista de ojo, y por tanto acordé de amainar las velas todas, salvo el trinquete, y andar con él, y de a un rato creçía mucho el viento y hazía mucho camino de que dudava, y hera muy gran çerrazón y llovía. Mandé amainar el trinquete y no anduvimos esta noche dos leguas, etc.

dicha · happiness; lord

Jueves, 25 de Otubre

Navegó después del sol salido al Güeste Sudueste hasta las
nueve oras. Andarían 5 leguas. Después mudó el camino al
Güeste. Andavan 8 millas por ora hasta la una después de mediodía, y de allí hasta las tres <5> y andarían 44 millas. Entonçes vieron tierra, y eran siete o ocho islas en luengo todas
de Norte a Sur; distavan d'ellas 5 leguas, etc.

Viernes, 26 de Otubre

Estuvo de las dichas islas de la parte del Sur. Era todo baxo
çinco o seis leguas; surgió por allí. Dixeron los indios que llevava que avía d'ellas a Cuba andadura de día y medio con sus
almadías, que son navetas de un madero adonde no llevan
vela. (Estas son las canoas.) Partió de allí para Cuba, porque por las señas que los indios le daban de la grandeza y
del oro y perlas d'ella pensaba que era ella, conviene a saber: Çipango.

Sábado, 27 de Otubre

anchas

Levantó las anclas salido el sol de aquellas islas, que llamó las
islas de Arena, por el poco fondo que tenían de la parte del
Sur hasta seis leguas. Andubo ocho millas por ora hasta la
una del día al Sursudueste, y avrían andado 40 millas; y hasta
la noche andarían 28 millas al mesmo camino, y antes de noche vieron tierra. Estuvieron la noche al *reparo* con mucha
lluvia que llovió. Anduvieron el sábado fasta el poner del sol
17 leguas al Sursudueste.

Domingo, 28 de Otubre

Fue de allí en demanda de la isla de Cuba al Sursudueste a la
tierra d'ella más çercana, y entró en un río muy hermoso y
muy sin peligro de baxas ni de otros inconvenientes, y toda la
costa que anduvo por allí era muy hondo y muy limpio fasta
tierra. Tenía la boca del río doze braças, y es bien ancha para
barloventear. Surgió dentro, diz que a tiro de lombarda. Dize
el Almirante que nunca tan hermosa cosa vido, lleno de árboles todo cercado el río, fermosos y verdes y diversos de los
nuestros, con flores y con su fruto cada uno de su manera,
aves muchas y paxaritos que cantavan muy dulçemente;
avía gran cantidad de palmas de otra manera que las de Guinea y de las nuestras, de una estatura mediana y los pies sin
aquella camisa y las hojas muy grandes, con las cuales cobijan
las casas; la tierra muy llana. Saltó el Almirante en la barca y
fue a tierra, y llegó a dos casas que creyó ser de pescadores
y que con temor se huyeron, en una de la<s> cuales halló un
perro que nunca ladró, y en ambas casas halló redes de hilo
de palma y cordeles y anzuelo de cuerno y fisgás de güesso y
otros aparejos de pescar y muchos huegos dentro, y creyó que
en cada una casa se ayuntan muchas personas. Mandó que no
se tocase en cosa de todo ello y así se hizo. La yerva era grande, como en el Andaluzía por Abril y Mayo. Halló vérdelagas
muchas y bledos. Tornóse a la barca y anduvo por el río arriba un buen rato y era diz que gran plazer ver aquellas verduras y arboledas y de las aves que no podía dexallas para se bolver. Dize que es aquella isla la más hermosa que ojos ayan visto, llena de muy buenos puertos y ríos hondos, y la mar que
pareçía que nunca se devía de alçar, porque la yerva de la playa llegava hasta cuasi el agua, lo cual no suele llegar adonde la
mar es brava. Hasta entonçes no avía experimentado en todas
aquellas islas que la mar fuese brava. La isla dize qu'es llena de
montañas muy hermosas, aunque no son muy grandes en
longura, salvo altas, y toda la otra tierra es alta de la manera

de Çeçilia. Llena es de muchas aguas, según pudo entender de los indios que consigo lleva, que tomó en la isla de Guanahaní, los cuales le dizen por señas que ay diez ríos grandes y que con sus canoas no la pueden cercar en XX días. Cuando iva a tierra con los navíos, salieron dos almadías o canoas, y como vieron que los marineros entravan en la barca y remaban para ir a ver el fondo del río para saber dónde avían de surgir, huyeron las canoas. Dezían los indios que en aquella isla avía minas de oro y perlas y vido el Almirante lugar apto para ellas y almejas, qu'es señal d'ellas. Y entendía el Almirante que allí venían naos del Gran Can y grandes, y que de allí a tierra firme avía jornada de diez días. Llamó el Almirante aquel río y puerto de San Salvador.

Lunes, 29 de Otubre

Alçó las anclas de aquel puerto y navegó al Poniente para ir diz que a la ciudad donde le pareçía que le dezían los indios qu'estava aquel rey. Una punta de la isla le salía al Norueste seis leguas de allí; otra punta le salía al Leste diez leguas. Andaba otra legua, vido un río no tan grande <de> entrada, al cual puso nombre el río de la Luna. Anduvo hasta ora de bísperas. Vido otro río muy más grande que los otros, y así se lo dixeron por señas los indios; y açerca d'él vido buenas poblaçiones de casas; llamó al río el río de Mares. Enbió dos barcas a una poblaçión por aver lengua, y a una d'ellas un indio de los que traía, porque ya los entendían algo y mostravan estar contentos con los cristianos; de las cuales todos los hombres y mugeres y criaturas huyeron, desmanparando las casas con todo lo que tenían, y mandó el Almirante que no se tocase en cosa. Las casas diz que eran ya más hermosas que las que avía visto, y creía que cuanto más se allegase a la tierra firme serían mejores. Eran hecha<s> a manera de alfaneques muy grandes, y pareçían tiendas en real, sin concierto de calles, sino una acá y otra acullá y de dentro muy barridas y limpias y sus adereços muy compuestos. Todas son de ramos de palma, muy hermosas. Hallaron muchas estatuas en figura de mugeres y muchas cabeças en manera de cara<n>tona muy bien labradas; no sé si esto tienen por hermosura o adoran en ellas. Avía perros que jamás ladraron. Avía avezitas salvajes mansas por sus casas. Avía maravillosos adereços de redes y anzuelos y artifiçios de pescar. No le tocaron en cossa d'ello. Creyó que todos los de la costa devían de ser pescadores que llevan el pescado la tierra dentro, porque aquella isla es muy grande y tan hermosa que no se hartava <de> dezir bien d'ella. Dize que halló árboles y frutas de muy maravilloso sabor, y dize que deve aver vacas en ella y otros ganados, porque vido cabeças de güesso que le pareçieron de vaca[30]. Aves y paxaritos y el cantar de los grillos en toda la noche con que se holgavan todos. Los aires sabrosos y dulçes de toda la noche, ni frío ni caliente; mas por el camino de las otras islas <a> aquella diz que hazía gran calor y allí no, salvo templado como en Mayo. Atribuye el calor de las otras islas por ser muy llanas y por el viento que traían hasta allí ser Levante y por eso cálido. El agua de aquellos ríos era salada a la boca, no supieron de dónde bevían los indios, aunque tenían en sus casas agua dulçe. En este río podía<n> los navíos boltejar para entrar y para salir; y tienen muy buenas señas o marcas; tienen siete o ocho braças de fondo a la boca y dentro çinco. Toda aquella mar dize que le pareçe que deve ser siempre mansa como el río de Sevilla y el agua aparejada para criar perlas. Halló caracoles grandes, sin sabor, no como los d'España. Señala la dispoçición del río y del puerto que arriba dixo y ñombró San Salvador, que tiene sus montañas hermosas y altas como la Peña de los Enamorados, y una d'ellas tiene encima otro montecillo a manera de una hermosa mezquita. Este otro río y puerto en que agora estava tiene de la parte del

---

30. Como advierte Las Casas al margen, debía de ser el manatí.

Sueste dos montañas así redondas y de la parte del Güesteno-
rueste un hermoso cabo llano que sale fuera.

Martes, 30 de Otubre

Salió del río de Mares al Norueste, y árido cabo lleno de palmas y púsole Cabo de Palmas, después de aver andado quize
leguas. Los indios que ivan en la caravela Pinta dixeron que
detrás de aquel cabo avía un río y del río a Cuba avía cuatro
jornadas; y dixo el capitán de la Pinta que entendía que esta
Cuba era çiudad y que aquella tierra era tierra firme muy
grande, que va mucho al Norte, y qu'el rey de aquella tierra tenía guerra con el Gran Can, al cual ellos llamavan Cami, y a
su tierra o ciudad, Faba y otros muchos nombres. Determinó
el Almirante de llegar a aquel río y enbiar un presente al rey
de la tierra y enbiarle la carta de los Reyes, y para ella tenía un
marinero, que avía andado en Guinea en lo mismo, y ciertos
indios de Guanahaní que querían ir con él con que después
los tornasen a su tierra. Al pareçer del Almirante, distava de la
línea equinocial 42[31] grados hazia la vanda del Norte, si no
está corrupta la letra de donde trasladé esto; y dize que avía de
trabajar de ir al Gran Can, que pensava qu'estava por allí o a
la ciudad de Cathay, qu'es del Gran Can, que diz que es muy
grande, según le fue dicho antes que partiese de España. Toda
aquesta tierra dize ser baxa y hermosa y fonda la mar.

Miércoles, 31 de Otubre

Toda la noche martes anduvo barloventeando, y vido un río
donde no pudo entrar por ser baxa la entrada, y pensaron los
indios que pudieran entrar los navíos como entrava<n> sus

31. Probablemente se deba a un falseamiento intencionado de Colón,
que había visto en sus mapas el Cipango al que quería llegar a 42° N.

canas. Y navegando adelante, halló un cabo que salía muy
fuera y çercado de baxos, y vido una concha o baía donde podían estar navío\<s\> pequeños; y no lo pudo encabalgar porqu'el viento se avía tirado del todo al Norte y toda la costa se
corría al Nornorueste y Sueste, y otro cabo que vido adelante
le salía más afuera. Por esto y porqu'el çielo mostrava de ventar rezio se ovo de tornar el río de Mares.

Jueves, 1 de Noviembre

En saliendo del sol enbió el Almirante las barcas a tierra a
las casas que allí estavan, y hallaron que eran toda la gente
huida; y desde a buen rato pareció un hombre y mandó el
Almirante que lo dexasen asegurar, y bolviéronse las barcas.
Y después de comer tornó a enbiar a tierra uno de los indios
que llevava, el cual desde lexos le dio bozes diziendo que no
oviesen miedo porque eran buena gente y no hazían mal a
nadie, ni eran del Gran Can, antes davan de lo suyo en muchas islas que avían estado; y echase a nadar el indio y fue a
tierra, y dos de los de allí lo tomaron de braços y lleváronlo
a una casa donde se informaron d'él; y como fueron çiertos
que no se les avía de hazer mal, se aseguraron y vinieron luego a los navíos más de diez y seis almadías o canoas con algodón hilado y otras cosillas suyas; de las cuales mandó el Almirante que no se tomasse nada, porque supiesen que no buscava el Almirante salvo oro, a que ellos llaman «nucay»[32].
    Y así en todo el día anduvieron y vinieron de tierra a los
navíos y fueron de los cristianos a tierras muy seguramente.
El Almirante no vido a alguno d'ellos oro, pero dize el Almirante que vido a uno d'ellos un pedaço de plata labrado colgado a la nariz, que tuvo por señal que en la tierra avía plata. Di-

---

32. Error por *caona*, como comenta Las Casas.

xeron por señas que antes de tres días vernían muchos mercaderes de la tierra dentro a comprar de las cosas que allí llevan
los cristianos y darían nuevas del rey de aquella tierra, el cual,
según se pudo entender por las señas que davan, qu'estava de
allí cuatro jornadas, porque ellos avían enbiado muchos por
toda la tierra a le hazer saber del Almirante. «Esta gente», dize
el Almirante, «es de la misma calidad y costumbre de los
otros hallados, sin ninguna secta que yo cognozca, que fasta
oy <a> aquestos que traigo no e visto hazer ninguna oración,
antes dizen la *Salve* y el *Ave María* con las manos al çielo
como le amuestran, y hazen la señal de la Cruz. Toda la lengua también es una y todos amigos, y creo que sean todas es-
tan islas, y que tengan guerra con el Gran Chan, a que ellos
llaman Cavila y a la población Bafan. Y así andan también
desnudos como los otros». Esto dize el Almirante. El río dize
qu'es muy hondo, y en la boca pueden llegar los navío<s>
con el bordo hasta tierra; no llega el agua dulçe a la boca con
una legua, y es muy dulçe: «Y es cierto», dize el Almirante,
«qu'esta es la tierra firme, y qu'estoy», dize él, «ante Zaitó y
Quinsay, cien leguas poco más o poco menos lexos de lo uno
y de lo otro, y bien se amuestra por la mar, que viene de otra
suerte que fasta aquí no a venido; y ayer que iva al Norueste
fallé que hazía frío»[33].

Viernes, 2 de Noviembre

Acordó el Almirante enbiar dos hombres españoles: el uno se
llamava Rodrigo de Xerez, que bivía en Ayamonte, y el otro
era un Luis de Torres, que avía bivido con el Adelantado de

---

33. Muy alabado por Marco Polo, Zaiton es uno de los puertos chinos, y
el deseo de estar ante Quinsay hace a Colón sentir frío.
     El pasaje es tan confuso que exclama Las Casas: «Esta algarabía no en-
tiendo yo».

Murcia y avía sido judío, y sabía diz que ebraico y caldeo y aun algo arávigo; y con estos enbió dos indios: uno de los que consigo traía de Guanahaní y el otro de aquellas casas que en el río estavan poblados. Dióles sartas de cuentas para comprar de comer si les faltase, y seis días de término para que bolviesen. Dióles muestras de especería para ver si alguna d'ella tópasen. Dióles instruçión de cómo avían de preguntar por el rey de aquella tierra y lo que le avían de hablar de parte[s] de los Reyes de Castilla, cómo enbiaban al Almirante para que les diese de su parte sus cartas y un presente y para saber de su estado y cobrar amistad con él, y favoreçelle en lo que oviese d'ellos menester, etc., y que supiesen de çiertas provinçias y puertos y ríos de que el Almirante tenía notiçia y cuánto distavan de allí, etc. Aquí tomó el Almirante el altura con un cuadrante esta noche, y halló qu'estava 42 grados de la línea equinoçial y dize que por su cuenta halló que avía andado desde la isla del Hierro mill y çiento y cuarenta y dos leguas, y todavía afirma que aquella es tierra firme.

Sábado, 3 de Noviembre

En la mañana entró en la barca el Almirante, y porque haze el río en la boca un gran lago, el cual haze un singularíssimo puerto muy hondo y limpio de piedras, muy buena playa para poner navíos a monte y mucha leña, entró por el río arriba hasta llegar al agua dulçe, que sería cerca de dos leguas y subió en un montezillo por descubrir algo de la tierra, y no pudo ver nada por las grandes arboledas, las cuales muy frescas, odoríferas, por lo cual dize no tener duda que no aya yervas aromáticas. Dize que todo era tan hermoso lo que vía, que no podía cansar los ojos de ver tanta lindeza y los cantos de las aves y paxaritos. Vinieron en aquel día muchas almadías o canoas a los navíos a resgatar cosas de algodón filado y redes en que dormían, que son hamacas.

Domingo, 4 de Noviembre

Luego, en amaneciendo, entró el Almirante en la barca y salió a tierra a caçar de las aves qu'el día antes avía visto. Después de buelto, vino a él Martín Alonso Pinçón con dos pedaços de canela, y dixo que un portugués que tenía en su navío avía visto a un indio que traía dos manojos d'ella grandes, pero que no se la osó resgatar por la pena qu'el Almirante tenía puesta que nadie resgatase. Dezía más, que aquel indio traía unas cosas bermejas como nuezes. El contramaestre de la Pinta dixo que avía hallado árboles de canela. Fue el Almirante luego allá y halló que no eran. Mostró el Almirante a unos indios de allí canela y pimienta parez que de la que llevava de Castilla para muestra, y cognosciéronla, diz que, y dixeron por señas que cerca de allí avía mucho de aquello al camino del Sueste. Mostróles oro y perlas y respondieron ciertos viejos que en un lugar que llamaron Bohío avía infinito y que lo traían al cuello y a las orejas y a los braços y a las piernas, y también perlas. Entendió más, que dezían que avía naos grandes y mercaderías, y todo esto era al Sueste. Entendió también que lexos de allí avía hombres de un ojo y otros con hoçicos de perros que comían los hombres, y que en tomando uno lo degollavan y le bevían la sangre y le cortavan su natura. Determinó de bolver a la nao el Almirante a esperar los dos hombres que avía enbiado, para determinar de partirse a buscar aquellas tierras, si no truxesen aquellos alguna buena nueva de lo que deseavan. Dize más el Almirante: «Esta gente es muy mansa y muy temerosa, desnuda como dicho tengo, sin armas y sin ley. Estas tierras son muy fértiles. Ellos las tienen llenas de mames[34] que son como çanahorias, que tienen sabor de castañas, y tienen faxones y favas muy diversas de las nuestras, y mucho algodón, el cual no siembran, y nace por los montes árboles grandes, y creo que en

---

34. Se trata de ñames, ajes o batatas, como aclara Las Casas, que aunque son plantas distintas se confundían con facilidad.

todo tiempo lo aya para coger, porque vi lo<s> cogujos abiertos y otros que se abrían y flores, todo en un árbol, y otras mill
maneras de frutas que me no es possible escrivir, y todo deve
de ser cosa provechosa». Todo esto dize el Almirante.

Lunes, 5 de Noviembre

En amaneciendo, mandó poner la nao a monte y los otros navíos, pero no todos juntos, sino que quedasen siempre dos en
el lugar donde estavan por la seguridad, aunque dize que
aquella gente era muy segura y sin temor se pudieran poner
todos los navíos junto en monte. Estando así vino el contramaestre de l<a> Niña a pedir albriçias al Almirante porque
avía hallado almáciga, mas no traía la muestra porque se le
avía caído, prometióselas el Almirante y enbió a Rodrigo Sánchez y a maestre Diego a los árboles y truxeron un poco
d'ella, la cual guardó para llevar a los Reyes y también del árbol; y dize que se cognosció que era almáciga, aunque se a de
coger a sus tiempos, y que avía en aquella comarca para sacar
mill quintales cada año. Halló diz que allí mucho de aquel
palo que le pareció lignáloe. Dize más, que aquel puerto de
Mares es de los mejores del mundo, y porque tiene un cabo
de peña altillo, se puede hazer una fortaleza, para que, si
aquello saliese rico y cosa grande, estaría<n> allí los mercaderes seguros de cualquiera otras naciones. Y dize: «Nuestro
Señor, en cuyas manos están todas las victorias, adereza todo
lo que fuere su servicio». Diz que dixo un indio por señas que
el almáciga era buena para cuando les dolía el estómago.

Martes, 6 de Noviembre

Ayer en la noche, dize el Almirante, vinieron los dos hombres que avía enbiado a ver la tierra dentro, y le dixeron
cómo avían andado doze leguas que avía hasta una pobla-

çión de cincuenta casas, donde diz que avría mill vezinos
porque biven muchos en una casa. Estas casas son de manera de alfaneques grandíssimos. Dixeron que los avían
resçibido con gran solenidad, según su costumbre, y todos,
así hombres como mugeres, los venían a ver, y aposentá-
ronlos en las mejores casas; los cuales los tocavan y les be-
saban las manos y los pies maravillándose y creyendo que
venían del cielo, y así se lo davan a entender. Dávanles de
comer de lo que tenían. Dixeron que en llegando los llevaron de braços los más honrados del pueblo a la casa principal, y diéronles dos sillas en que se assentaron, y ellos todos
se assentaron en el suelo en derredor d'ellos. El indio que
con ellos iva les notificó la manera de bibir de los cristianos
y cómo eran buena gente. Después saliéronse los hombres,
y entraron las mugeres y sentáronse de la misma manera en
derredor d'ellos, besándoles las manos y los pies palpándo-
los, atentándolos si eran de carne y de güesso como ellos.
Rogávanles que se estuviesen allí con ellos al menos por
cinco días. Mostraron la canela y pimienta y otras espeçias
qu'el Almirante les avía dado, y dixéronles por señas que
mucha d'ella avía çerca de allí al Sueste, pero que en allí no
sabían si la avía. Visto cómo no tenían recaudo de ciudad se
bolvieron, y que si quisieran dar lugar a los que con ellos se
querían venir, que más de quinientos hombres y mugeres
vinieran con ellos, porque pensaban que se bolvían al cielo.
Vino, empero, con ellos un principal del pueblo y un su
hijo y un hombre suyo. Habló con ellos el Almirante, hízo-
les mucha honra, señalóle muchas tierras e islas que avía en
aquellas partes. Pensó de traerlo a los Reyes, y diz que no
supo qué se le antojó parez que de miedo, y de noche escu-
ro quísose ir a tierra; y el Almirante diz que porque tenía la
nao en seco en tierra, no le queriendo enojar, le dexó ir, diziendo que en amaneciendo tornaría, el cual nunca tornó.
Hallaron los dos cristianos por el camino mucha gente que
atravesaba a sus pueblos, mugeres y hombres, con un ti-

zón[35] en la mano, <y> yervas para tomar sus sahumerios que acostumbravan. No hallaron poblaçión por el camino de más de çinco casas, y todos les hazían el mismo acatamiento. Vieron muchas maneras de árboles, yervas y flores odoríferas. Vieron aves de muchas maneras diversas de las d'España, salvo perdizes y suiseñores que cantavan y ánsares, que d'estos ay allí hartos; bestias de cuatro pies no vieron, salvo perros que no ladravan. La tierra muy fértil y muy labrada de aquellos mames y faxoes y habas muy diversas de las nuestras, eso mismo panizo y mucha cantidad de algodón cogido y filado y obrado; y que en una sola casa avían visto más de quinientas arrovas y que se pudiera aver allí cada año cuatro mill quintales. Dize el Almirante que le pareçía que no lo sembravan y que da fruto todo el año: es muy fino, tiene el capillo grande. Todo lo que aquella gente tenía diz que dava por muy vil preçio, y que una gran espuerta de algodón dava por cabo de agujeta o otra cosa que se le dé. Son gente, dize el Almirante, muy sin mal ni de guerra, desnudos todos, hombres y mugeres, como sus madres los parió. Verdad es que las mugeres traen una cosa de algodón solamente, tan grande que le cobija su natura y no más. Y son ellas de muy buen acatamiento ni muy negro[s] salvo menos que Canarias. «Tengo por dicho, Sereníssimos Prínçipes», dize aquí el Almirante, «que sabiendo la lengua dispuesta suya personas devotas religiossas, que luego todos se tornarían cristianos, y así espero en Nuestro Señor que Vuestras Altezas se determinarán a ello con mucha diligençia para tornar a la Iglesia tan grandes pueblos, y las convertirán así como an destruido aquellos que no quisieron confessar el Padre y el Hijo y el Espíritu Sancto; y después de

35. Cfr. Las Casas (I, 46): «siempre los hombres con un tizón en las manos... unas hierbas secas metidas en una hoja seca también, y encendido por una parte d'él por la otra lo chupan o sorben o reciben con el resuello para adentro aquel humo con el cual se adormecen las carnes y cuasi emborracha, y así diz que no sienten el cansancio. Estos mosquetes llaman ellos tabacos... no sé qué sabor o provecho hallaban en ello».

sus días, que todos somos mortales, dexarán sus reinos en muy tranquilo estado y limpios de heregía y maldad y serán bien resçebidos delante del Eterno Criador, al cual plega de les dar larga vida y acreçentamiento grande de mayores reinos y señoríos, y voluntad y disposiçión para acreçentar la sancta religión cristiana, así como hasta aquí tienen fecho. Amén. Oy tiré la nao de monte y me despacho para partir el jueves en nombre de Dios e ir al Sueste a buscar del oro y espeçerías y descobrir tierra». Estas todas son palabras del Almirante, el cual pensó partir el jueves, pero porque le hizo el viento contrario no pudo partir hasta doze días de Noviembre.

Lunes, 12 de Noviembre

Partió del puerto y río de Mares al rendir del cuarto de alva, para ir a una isla que mucho affirmavan los indios que traía que se llamava Baveque[36], adonde, según dizen por señas, que la gente d'ella coge el oro con candelas de noche en la playa y después con martillo diz que hazían vergas d'ello, y para ir a ella era menester poner la proa al Leste cuarta del Sueste. Después de aver andado ocho leguas por la costa delante halló un río, y dende andadas otras cuatro halló otro río que parecía muy caudaloso y mayor que ninguno de los otros que avía hallado. No se quiso detener ni entrar en alguno d'ellos por dos respectos: el uno y principal porqu'el tiempo y viento era bueno para ir en demanda de la dicha isla de Babeque; lo otro, porque, si en él oviera alguna populosa ciudad cerca de la mar, se pareçiera, y para ir por el río arriba eran menester navíos pequeños, lo que no eran los que llevava; y así se perdiera también mucho tiempo, y los semejantes ríos son cosa para descobrirse por sí. Toda aquella costa era poblada mayormente çerca del río, a quien puso por nombre el río del

---

36. ¿Boriquen? (Puerto Rico).

Sol. Dixo qu'el domingo antes, onze de Noviembre, le avía parecido que fuera bien tomar algunas personas de las de aquel río para llevar a los Reyes porque aprendieran nuestra lengua, para saber lo que ay en la tierra y porque bolviendo sean lenguas de los cristianos y tomen nuestras costumbres y las cosas de la fe, «porque yo vi e cognozco», dize el Almirante, «qu'esta gente no tiene secta ninguna ni son idólatras, salvo muy mansos y sin saber qué sea mal ni matar a otros ni prender, y sin armas y tan temerosos que a una persona de los nuestros fuyen ciento d'ellos, aunque burlen con ellos, y crédulos y cognosçedores que ay Dios en el çielo, e firmes que nosotros avemos venido del çielo, y muy presto<s> a cualquiera oración que nos les digamos que digan y hazen el señal de la Cruz. Así que deben Vuestras Altezas determinarse a los hazer cristianos, que creo que si comiençan, en poco tiempo acabará<n> de los aver convertido a nuestra sancta fe multidumbre de pueblos, y cobrando grandes señoríos y riquezas, y todos sus pueblos de la España. Porque sin duda es en estas tierras grandíssima suma de oro, que no sin causa dizen estos indios que yo traigo que ha estas islas lugares adonde cavan el oro y lo traen al pescueço, a las orejas y a los braços e a las piernas, y son manillas muy gruessas, y también ha piedras y ha perlas preciosas y infinita especería. Y en este río de Mares, de adonde partí esta noche, sin duda ha grandíssima cantidad de almáçiga y mayor, si mayor se quisiere hazer porque los mismo árboles plantándolos prenden de ligero, y ha muchos y muy grandes, y tienen la hoja como lentisco y el fruto, salvo que es mayor así los árboles como la hoja, como dize Plinio[37] e yo e visto en la isla de Xío en el Arcipiélago, y mandé sangrar muchos d'estos árboles para ver si echaría resina para la traer, y como aya siempre llovido el tiempo que yo e estado en el dicho río, no e podido aver d'ella, salvo muy poquita que traigo a Vuestras Altezas; y también puede ser que

---

37. *Historia Natural*, caps. XIII y XXIII.

no es el tiempo para lo sangrar, que esto creo que conviene al tiempo que los árboles comiençan a salir del invierno y quieren echar la flor y acá ya tienen el fruto cuasi maduro agora; y también aquí se avría grande suma de algodón y creo que se vendería muy bien acá sin le llevar a España, salvo a las grandes ciudades del Gran Can que se descubrirán sin duda y otras muchas de otros señores que avrán en dicha servir a Vuestras Altezas, y adonde se les darán de otras cosas de España y de las tierras de Oriente, pues estas son a nos en Poniente. Y aquí ha también infinito lignáloe, aunque no es cosa para hazer gran caudal; mas del almáçiga es de entender bien, porque no lo ha salvo en la dicha isla de Xío, y creo que sacan d'ello bien cincuenta mill ducados, si mal no me acuerdo. Y ha aquí, en la boca del dicho río, el mejor puerto que fasta oy vi, limpio e ancho e fondo y buen lugar y asiento para hazer una villa e fuerte, e que cualesquier navíos se puedan llegar el bordo a los muros, e tierra muy temperada y alta y muy buenas aguas. Así que ayer vino a bordo de la nao una almadía con seis mançebos, y los cinco entraron en la nao; estos mandé detener e los traigo. Y después enbié a una casa que es de la parte del río del Poniente, y truxeron siete cabeças de mugeres entre chicas e grandes y tres niños. Esto hize porque mejor se comportan los hombres en España aviendo mugeres de su tierra que sin ellas, porque ya otras muchas vezes se acaesçió traer hombres de Guinea para que deprendiesen la lengua en Portugal, y después que bolvían y pensaban de se aprovechar d'ellos en su tierra por la buena compañía que le avían hecho y dádibas que se les avían dado, en llegando en tierra jamás pareçía<n> otros, no lo hazían así. Así que, teniendo sus mugeres, ternán gana de negoçiar lo que se les encargare y también estas mugeres mucho enseñarán a los nuestros su lengua, la cual es toda una en todas estas islas de India, y todos se entienden y todas las andan con sus almadías, lo que no han en Guinea, adonde es mill maneras de lenguas que la una no entiende la otra. Esta noche vino a bordo en una almadía el marido de una d'estas mugeres y padre de tres fijos, un macho y dos hembras, y dixo que lo dexase venir con ellos, y a mí me aplogo mucho, y quedan agora todos consolados con él, que deben todos ser parientes, y él ya hombre de 45 años». Todas estas palabras son formales del Almirante. Dize también arriba que hazía algún frío y por esto que no le fuera buen consejo en invierno navegar al Norte para descubrir. Navegó este lunes hasta el sol puesto 18 leguas al Leste cuarta del Sueste, hasta un cabo a que puso por nombre el cabo de Cuba.

Martes, 13 de Noviembre

Esta noche toda estuvo a la corda, como dizen los marineros, que es andar barloventeando y no andar nada, por ver un abra, que es un abertura de sierras como entre sierra y sierra, que le començó a ver al poner del sol, adonde se mostravan dos grandíssimas montañas, y pareçía que se apartava la tierra de Cuba con aquella de Bofío; y esto dezían los indios que consigo llevavan por señas. Venido el día claro, dio las velas sobre la tierra y passó una punta que le pareçió anoche obra de dos leguas, y entró en un grande golpho cinco leguas al Sur Sudueste; y le quedavan otras çinco para llegar al cabo, adonde en medio de dos grandes montes hazía un degollado, el cual no pudo determinar si era entrada de mar. Y porque deseava ir a la isla que llamavan Baneque, adonde tenía nueva, según él entendía, que avía mucho oro, la cual isla le salía al Leste, como no vido alguna grande poblaçión para ponerse al rigor del viento que le creçía más que nunca hasta allí, acordó de hazerse a la mar y andar al Leste con el viento que era Norte; y andava 8 millas cada ora, y desde las diez del día que tomó aquella derrota hasta el poner del sol anduvo 56 millas, que son 14 leguas al Leste desde el cabo de Cuba. Y de la otra tierra de Bohío que le quedava a sotaviento començando del cabo del sobredicho golpho, descubrió a su pareçer 80 millas, que son XX leguas, y corríase toda aquella costa Lesueste y Güesnorueste.

Miércoles, 14 de Noviembre

Toda la noche de ayer anduvo al reparo y barloventeando, porque dezía que no era razón de navegar entre aquellas islas de noche hasta que las oviese descubierto; y porque los indios que traía le dixeron ayer martes que avría tres jornadas desde el río de Mares hasta la isla de Baneque, que se deve entender jornadas de sus almadías, que pueden andar 7 leguas, y el viento también le escaseava, y aviendo de ir al Leste no podía sino a la cuarta del Sueste, y por otros inconvenientes que allí refiere, se ovo <de> detener hasta la mañana. Al salir del sol determinó de ir a buscar puerto porque de Norte se avía mudado el viento al Nordeste y si puerto no hallara, fuérale neçessario bolver atrás a los puertos que dexava en la isla de Cuba. Llegó a tierra aviendo andado aquella noche 24 millas al Leste cuarta del Sueste. Anduvo al Sur *** millas hasta tierra, adonde vio muchas entradas y muchas isletas y puertos; y porque el viento era mucho y la mar muy alterada no osó acometer a entrar, antes corrió por la costa al Norueste cuarta del Güeste, mirando si avía puerto; y vido que avía muchos, pero no muy claros. Después de aver andado así 64 millas halló una entrada muy honda, ancha un cuarto de milla, y buen puerto y río, donde entró y puso la proa al Sursudueste y después al Sur hasta llegar al Sueste, todo de buena anchura y muy fondo, donde vido tantas islas que no las pudo contar todas, de buena grandeza, y muy altas tierras llenas de diversos árboles de mill maneras e infinitas palmas. Maravillóse en gran manera ver tantas islas y tan altas y çertifica a los Reyes que desde las montañas que desde antier a visto por estas costas y las d'estas islas, que le pareçe que no las ay más altas en el mundo ni tan hermosas y claras, sin niebla ni nieve, y al pie d'ellas grandíssimo fondo; y dize que cree que estas islas son aquellas innumerables que en los mapamundos en fin de Oriente se ponen. Y dixo que creía que avía grandíssimas riquezas y piedras preçiosas y espeçería en ellas, y que duran muy mucho al Sur y se ensanchan a toda parte. Púsoles nombre la mar de Nuestra Señora. Dize tantas y tales cosas de la fertilidad y hermosura y altura distas islas que halló en este puerto, que dize a los Reyes que no se maravillen de encareçellas tanto, porque les çertifica que cree que no dize la çentéssima parte: algunas d'ellas que parecía que llegan al çielo y hechas como puntas de diamantes; otras que sobre su gran altura tienen ençima como una mesa, y al pie d'ellas fondo grandíssimo, que podrá llegar a ellas una grandíssima carraca, todas llenas de arboledas y sin peñas.

Jueves, 15 de Noviembre

Acordó de andallas estas islas con las barcas de los navíos, y dize maravillas d'ellas y que halló almáciga e infinito lignáloe; y algunas d'ellas eran labradas de las raízes de que hazen su pan[38] los indios, y halló aver encendido huego en algunos lugares. Gente avía alguna y huyeron. En todo lo que anduvo halló hondo de quinze y diez y seis braças, y todo basa, que quiere dezir que el suelo de abaxo es arena y no peñas, lo que mucho desean los marineros, porque las peñas cortan los cables de las anclas de las naos.

Viernes, 16 de Noviembre

Porque en todas las partes, islas y tierras donde entrava dexava siempre puesta una cruz, entró en la barca y fue a la boca de aquellos puertos y en una punta de la tierra halló dos maderos muy grandes, uno más largo que el otro, y el uno sobre

---

38. Pan de yuca, raíz que en guaraní se llamó mandioca.

el otro hechos cruz[39], que diz que un carpintero no los pudiera poner más proporcionados; y, adorada aquella cruz, mandó hazer de los mismos maderos una muy grande y alta cruz. Halló cañas por aquella playa que no sabía dónde naçían, y creía que las trería algun río y las echava a la playa, y tenía en esto razón. Fue a una cala dentro de la entrada del puerto de la parte de Sueste (cala es una entrada angosta que entra el agua del mar en la tierra). Allí hazía un alto de piedra y peña como cabo y al pie d'él era muy fondo, que la mayor carraca del mundo pudiera poner el bordo en tierra, y avía un lugar o rincón donde podían estas seis navíos sin anclas como en una cala[40]. Pareçióle que se podía hazer allí una fortaleza a poca costa, si en algún tiempo en aquella mar de islas resultase algún resgate famoso. Bolviéndose a la nao, halló los indios que consigo traía que pescavan caracoles muy grandes que en aquellas mares ay. Y hizo entrar la gente allí e buscar si avía nácaras, que son las hostias donde crean las perlas; y hallaron muchas, pero no perlas, y atribuyólo a que no devía de ser el tiempo d'ellas, que creía él que era por mayo y junio. Hallaron los marineros un animal que pareçía taso o taxo. Pescaron también con redes y hallaron un peçe, entre otros muchos, que pareçía proprio puerco, no como tonina; el cual diz que era todo concha muy tiesta, y no tenía cosa blanda sino la cola y los ojos y un agujero debaxo d'ella para expeler sus superfluidades. Mandólo salar para llevar que lo viesen los Reyes.

Sábado, 17 de Noviembre

Entró en la barca por la mañana y fue a ver las islas que no avía visto por la vanda del Sudueste. Vido muchas otras y muy fértiles y muy graçiosas y entremedio d'ellas muy gran

39. Podría ser el símbolo del huracán, dios de las tormentas, los cuatro brazos representando los cuatro vientos en acción.
40. En el manuscrito *sala*.

fondo. Algunas d'ellas dividían arroyos de agua dulçe, y creía
que aquella agua y arroyos salían de algunas fuentes que ma-
navan en los altos de las tierras de las islas. De aquí yendo
adelante halló una ribera d'agua muy hermosa y dulçe, y salía
muy fría por lo enxuto d'ella; avía un prado muy lindo y palmas muchas y altíssimas más que las que avía visto. Halló
nuezes grandes de las de India, creo que dize, y ratones[41]
grandes de los de India también, y cangrejos grandíssimos.
Aves vido muchas y olor vehemente de almizque, y creyó que
lo debía de aver allí. Este día, de seis mançebos que tomó en el
río de Mares, que mandó que fuesen en la caravela Niña, se
huyeron los dos más viejos.

Domingo, 18 de Noviembre

Salió en las barcas otra vez con mucha gente de los navíos y
fue a poner la gran Cruz, que avía mandado hazer de los dichos dos maderos, a la boca de la entrada del dicho Puerto del
Prínçipe, en un lugar vistoso y descubierto de árboles, ella
muy alta y muy hermosa vista. Dize que la mar creçe y descre-
çe allí mucho más que en otro puerto de lo que por aquella
tierra aya visto, y que no es más maravilla por las muchas islas, y que la marea es al revés de las nuestras, porque allí la
luna al Sudueste cuarta del Sur es baxamar en aquel puesto.
No partió de aquí por ser domingo.

Lunes, 19 de Noviembre

Partió antes qu'el sol saliese y con calma, y después al mediodía entó algo el Leste y navegó al Nornordeste. Al poner del
sol le quedava el Puerto del Prínçipe al Sursudueste, y estaría

41. Hutías.

d'él siete leguas. Vido la isla de Baneque al Leste justo de la cual
estaría 60 millas. Navegó toda este noche al Nordeste escasso;
andaría 6 millas y hasta las diez del día martes otras doze que
son por todas 18 leguas, y al Nordeste cuarta del Norte.

Martes, 20 de Noviembre

Quedávanle el Baneque o las islas del Baneque al Lesueste, de
donde salía el viento que llevava contrario; y viendo que no se
mudava y la mar se alterava determinó de dar la buelta al Puerto del Príncipe, de donde avía salido, que le quedava XXV leguas. No quiso ir a la isleta que llamó Isabela, que le estava 12
l[u]eguas, que pudiera ir a surgir aquel día, por dos razones: la
una porque vido dos islas al Sur, las quería ver; la otra, porque
los indios que traía, que avía tomado en Guanahaní, que llamó
San Salvador, que estaba ocho leguas de aquella Isabela, no se le
fuesen, de los cuales diz que tiene neçessidad y por traellos a
Castilla, etc. Tenían diz que entendido que en hallando oro los
avía el Almirante de dexar tornar a su tierra. Llegó en paraje del
Puerto del Príncipe, pero no lo pudo tomar, porque era de noche y porque lo decayeron las corrientes al Norueste. Tornó a
dar la buelta y puso la proa al Nordeste con viento rezio, aman-
só y mudóse el viento al tercero cuarto de la noche; puso la proa
en el Leste cuarta del Nordeste, el viento era Susueste y mudóse
al alva de todo en Sur y tocava en el Sueste. Salido el <sol> marcó el Puerto del Príncipe y quedávale al Sudueste y cuasi a la
cuarta del Güeste y estaría d'él 48 millas, que son 12 leguas.

Miércoles, 21 de Noviembre

Al sol salido navegó al Leste con viento Sur. Anduvo poco por
la mar contraria. Hasta oras de bísperas ovo andado 24 millas.
Después se mudó el viento al Leste y anduvo al Sur cuarta del

Sueste, y al poner del sol avía andado 12 millas. Aquí se halló el Almirante en 42 grados de la línea equinoçial a la parte del Norte, como en el puerto de Mares, pero aquí dice que tiene suspenso el cuadrante hasta llegar a tierra que lo adobe. Por manera que le pareçía que no devía distar tanto y tenía razón, porque no era possible como no estén estas islas sino en *** grados. Para creer qu'el cuadrante andava bueno, le movía ver diz que el Norte tan alto como en Castilla. Y si esto es verdad, mucho a llegado y alto andava con la Florida; pero ¿dónde están luego agora estas islas que entre manos traía? Ayudava a esto que hazía diz que gran calor, pero claro es que si estuviera en la costa de la Florida que no oviera calor, sino frío; y es también manifiesto que en cuarenta y dos grados en ninguna parte de la tierra se cree hazer calor, si no fuese por alguna causa de *per accidens,* lo que hasta oy no creo yo que se sabe. Por este calor que allí el Almirante dice que padecía, arguye que en estas Indias y por allí donde andava devía de aver mucho oro[42]. Este día se apartó Martín Alonso Pinçón con la caravela Pinta[43], sin obediençia y voluntad del Almirante, por cudiçia, diz que pensando que un indio que el Almirante avía mandado poner en aquella caravela le avía de dar mucho oro. Y así se fue sin esperar, sin causa de mal tiempo, sino porque quiso. Y dice aquí el Almirante: «Otras muchas me tiene hecho y dicho».

Jueves, 22

Miércoles en la noche navegó al Sur cuarta del Sueste con el viento Leste, y era cuasi calma. Al terçero cuarto ventó Nornordeste. Todavía iba al Sur por ver aquella tierra que por allí

42. Que los rayos del sol tenían poder de engendrar metales y piedras preciosas fue creencia general durante toda la Edad Media; por tanto, el lugar era idóneo para encontrarlos.
43. Hasta el 6 de enero se separó la *Pinta* de la expedición, efectuando exploraciones por su cuenta. Colón nunca le perdonó.

le quedava. Y cuando salió el sol se halló tan lexos como el día passado por las corrientes contrarias, y quedávale la tierra cuarenta millas. Esta noche Martín Alonso siguió el camino del Leste para ir a la isla de Baneque, donde dizen los indios que ay mucho oro, el cual iva a vista del Almirante y avría hasta él 16 millas. Anduvo el Almirante toda la noche la buelta de tierra y hizo tomar algunas de las velas y tener farol toda la noche, porque le pareçió que venía hazia él, y la noche hizo muy clara y el ventezillo bueno para venir a él si quisiera.

Viernes, 23 de Noviembre

Navegó el Almirante todo el día hazia la tierra al Sur, siempre con poco viento, y la corriente nunca le dexó llegar a ella, antes estava oy tan lexos d'ella al poner del sol como en la mañana. El viento era Lesnordeste y razonable para ir al Sur, sino que era poco. Y sobre este cabo encavalga otra tierra o cabo que va también al Leste, a quien aquellos indios que llevava llamavan Bohío, la cual decían que era muy grande y que avía en ella gente que tenía un ojo en la frente, y otros que se llamavan caníbales, a quien mostravan tener gran miedo; y desque vieron que lleva este camino diz que no podían hablar, porque los comían y que son gente muy armada. El Almirante dize que bien cree que avía algo d'ello, mas que, pues eran armados, serían gente de razón, y creía que avrían captivado algunos y que, porque no bolvían a sus tierras, dirían que los comían. Lo mismo creían de los cristianos y del Almirante, al prinçipio que algunos los vieron.

Sábado, 24 de Noviembre

Navegó aquella noche toda, y a la ora de tercia del día tomó la tierra sobre la isla Llana, en aquel mismo lugar donde avía arribado la semana passada cuando iva a la isla de Baneque.

Al principio no osó llegar a la tierra, porque le pareçió qu'e<n> aquella abra de sierras rompía la mar mucho en ella. Y en fin, llegó a la mar de Nuestra Señora, donde avía las muchas islas, y entró en el puerto qu'está junto a la boca de la entrada de las islas. Y dize que si él antes supiera este puerto y no se ocupara en ver las islas de la mar de Nuestra Señora, no le fuera neçessario bolver atrás, aunque dize que lo da por bien empleado, por aver visto las dichas islas. Así que llegando a tierra enbió la barca y tentó el puerto y halló muy buena barra, honda de seis braços y hasta veinte y limpio, todo basa. Entró en él, poniendo la proa al Sudueste y después bolviendo al Güeste, quedando la isla Llana de la parte del Norte; la cual, con otra su vezina, hazen una laguna de mar en que cabrían todas las naos d'España y podían estar seguras, sin amarras, de todos los vientos. Y esta entrada de la parte del Sueste, que se entra poniendo la proa al Susudueste, tiene la salida al Güeste muy honda y muy ancha, así que se puede passar entre medio de las dichas islas. Y por cognoscimiento d'ellas a quien viniese de la mar de la parte del Norte, qu'es su travesía d'esta costa, están las dichas islas al pie de una grande montaña, qu'es su longura de Leste Güeste, y es harto luenga y más alta y luenga que ninguna de todas las otras que están en esta costa, adonde ay infinitas; y haze fuera una restringa al luengo de la dicha montaña como un banco que llega hasta la entrada, todo esto de la parte del Sueste; y también de la parte de la isla Llana haze otra restringa, aunqu'esta es pequeña, y así entremedias de ambas ay grande anchura y fondo grande, como dicho es. Luego a la entrada, a la parte del Sueste, dentro en el mismo puerto, vieron un río grande y muy hermoso, y de más agua que hasta entonçes avían visto, y que benía el agua dulçe hasta la mar. A la entrada tiene un banco, mas después dentro es muy hondo, de ocho y nueve braças. Está todo lleno de palmas y de muchas arboledas como los otros.

Domingo, 25 de Noviembre

Antes del sol salido, entró en la barca y fue a ver un cabo o
punta de tierra al Sueste de la isleta Llana, obra de una legua y
media, porque le pareçía que devía de aver algún río bueno.
Luego a la entrada del cabo, de la parte del Sueste, andando
dos tiros de ballesta vio venir un grande arroyo de muy linda
agua que deçendía de una montaña abaxo, y hazía gran ruido. Fue al río y vio en él unas piedras reluzir, con unas manchas en ellas de color de oro, y acordóse que, en el río Tejo, al
pie d'él, junto a la mar, se halla oro, y pareçióle que cierto devía de tener oro, y mandó coger çiertas de aquellas piedras
para llevar a los Reyes. Estando así, dan bozes los moços
grumetes diziendo que vían pinales. Miró por la sierra y ví-
dolos tan grandes y tan maravillosos, que no podía encareçer
su altura y derechura como husos, gordos y delgado<s>,
donde cognosçió que se podían hazer navíos e infinita tabla-
zón y másteles para las mayores naos d'España. Vido robles y
madroños, y un buen río y aparejo para hazer sierras de agua.
La tierra y los aires más templados que hasta allí, por la altura y hermosura de las sierras. Vido por la playa muchas otras
piedras de color de hierro, y otras que dezían algunos que
eran minas de plata, todas las cuales trae el río. Allí cojó una
entena y mástel para la mezana de la caravela Niña. Llegó a la
boca del río y entró en una cala, al pie de aquel cabo de la parte del Sueste, muy honda y grande, en que cabrían çient naos
sin alguna amarra ni anclas, y el puerto, que los ojos otro
tal nunca vieron. La<s> sierras altíssimas de las cuales des-
cendían muchas aguas lindíssimas, todas las sierras llenas
de pinos y por todo aquello diversíssimas y hermosíssimas
florestas de árboles. Otros dos o tres ríos le quedavan atrás.
Encareçe todo esto en gran manera a los Reyes y muestra aver
resçebido de verlo, y mayormente los pinos, inextimable alegría y gozo, porque se podían hazer allí cuantos navíos desea-
ren, trayendo los adereços si no fuere madera y pez, que allí se

ha harta. Y afirma no encareçello la çentéssima parte de lo
que es, y que plugo a Nuestro Señor de le mostrar siempre
una cosa mejor que otra, y siempre en lo que hasta allí avía
descubierto iva de bien en mejor, ansí en las tierras y arboledas y yervas y frutos y flores como en las gentes, y siempre de
diversa manera, y así en un lugar como en otro, lo mismo en
los puertos y en las aguas. Y finalmente dize que, cuando el
que lo vee le es tan grande admiración, cuánto más será a
quien lo oyere, y que nadie lo podrá creer si no lo viere.

Lunes, 26 de Noviembre

Al salir del sol levantó las anclas del puerto de Sancta Catha-
lina, adonde estava dentro de la isla Llana, y navegó de luengo
de la costa con poco viento Sudueste al camino del cabo del
Pico, que era al Sueste. Llegó al cabo tarde porque le calmó el
viento. Y llegado vido al Sueste cuarta del Leste otro cabo
qu'estaría d'él 60 millas; y de allí vido otro cabo qu'estaría hazia el navío al Sueste cuarta del Sur, y parecióle qu'estaría d'él
20 millas, al cual puso nombre el cabo de Campana, al cual no
pudo llegar de día porque le tornó a calmar del todo el viento.
Andaría en todo aquel día 32 millas, que son 8 leguas; dentro
de las cuales notó y marcó nueve puertos muy señalados, los
cuales todos los marineros hazían maravillas, y çinco ríos
grandes, porque iva siempre junto con tierra para verlo bien
todo. Toda aquella tierra es montañas altíssimas muy hermosas, y no secas ni de peñas, sino todas andables y valles her-
mosíssimos; y así los valles como la montañas eran llenos de
árboles altos y frescos, que era gloria mirarlos, y pareçía que
eran muchos pinales. Y ta<m>bién detrás del dicho cabo
del Pico, de la parte del Sueste, están dos isletas que terná
cada una en çerco dos leguas, y dentro d'ellas tres maravillosos puertos y dos grandes ríos. En toda esta costa no vido
poblado ninguno desde la mar; podría ser averlo, y ay señales

d'ello, porque dondequiera que saltavan en tierra hallavan señales de aver gente y huegos muchos. Estimava que la tierra
que oy vido de la parte del Sueste del cabo de Campana era la
isla que llamavan los indios Bohío. Y parécelo porque el dicho
cabo está apartado de aquella tierra. Toda la gente que hasta
oy a hallado diz que tiene grandíssimo temor de los de Caniba o Canima, y dizen que biven en esta isla de Bohío, la cual
debe de ser muy grande, según le pareçe, y cree que van a tomar a aquellos a sus tieras y casas, como sean muy cobardes y
no saber de armas; y a esta causa le parece que aquellos indios
que traía no suelen poblarse a la costa de la mar, por ser vezinos a esta tierra, los cuales diz que después que le vieron tomar la buelta d'esta tierra no podían hablar, temiendo que los
avían de comer, y no les podía quitar el temor, y dezían que no
tenían sino un ojo y la cara de perro; y creía[44] el Almirante
que mentían, y sentía el Almirante que devían de ser del señorío del Gran Can que los captibavan.

Martes, 27 de Noviembre

Ayer al poner del sol llegó cerca de un cabo que llamó Campana, y porqu'el çielo claro y el viento poco, no quiso ir a tierra a surgir, aunque tenía de sotavento cinco o seis puertos
maravillosos, porque se detenía más de lo que quería por el
apetito y delectaçión que tenía y rescebía de ver y mirar la
hermosura y frescura de aquellas tierras dondequiera que entrava, y por no se tardar en proseguir lo que pretendía. Por estas razones se tuvo aquella noche a la corda y temporejar hasta el día. Y porque los aguajes y corrientes lo avían echado
aquella noche más de çinco o seis leguas al Sueste adelante de
donde avía anocheçido, y le avía pareçido la tierra de Campa-

---

44. Es evidente que Colón no entendía lo que los indios trataban de ex-
plicarle, como apunta Las Casas al margen: «No los entendían».

na; y allende aquel cabo pareçía una grande entrada que mostrava dividir una tierra de otra y hazía como isla en medio, acordó bolver atrás con viento Sudueste, y vino adonde le avía pareçido el abertura, y halló que no era sino una grande baía, y al cabo d'ella, de la parte del Sueste, un cabo en el cual ay una montaña alta y cuadrada que pareçía isla. Saltó el viento en el Norte y tornó a tomar la buelta del Sueste, por correr la costa y descubrir todo lo que por allí oviese; y vido luego al pie de aquel cabo de Campana un puerto maravilloso y un gran río, y de a un cuarto de legua, otro río, y de allí a media legua, otro río, y dende a otra media legua, otro río; y dende a una legua, otro río, y dende a otra, otro río; y dende a otro cuarto, otro río; y dende a otra legua, otro río grande, desde el cual hasta el cabo de Campana avría 20 millas y le quedan al Sueste. Y los más d'estos ríos tenían grandes entradas y anchas y limpias, con sus puertos maravillosos para naos grandíssimas, sin bancos de arena ni de piedras ni restringas. Viniendo así por la costa a la parte del Sueste del dicho postrero río, halló una grande población, la mayor que hasta oy aya hallado, y vido venir infinita gente a la ribera de la mar dando grandes bozes, todos desnudos, con sus azagayas en la mano. Deseó de hablar con ellos y amainó las velas y surgió, y enbió las barcas de la nao y de la caravela, por manera ordenados que no hiziesen daño alguno a los indios ni lo resçibiesen, mandando que les diesen algunas cosillas de aquellos resgates. Los indios hizieron adamanes de no los dexar saltar en tierra y resistillos. Y viendo que las barcas se allegaban más a tierra y que no les avían miedo, se apartaron de la mar, y creyendo que saliendo dos o tres hombres de las barcas no temieran, salieron tres cristianos diziendo que no oviesen miedo en su lengua, porque sabían algo d'ella, por la conversaçión de los que traen consigo. En fin dieron todos a huir, que ni grande ni chico quedó. Fueron los tres cristianos a las casas, que son de paja y de la hechura de las otras que avían visto, y no hallaron a nadie ni cosa en alguna d'ellas. Bolviéron-

se a los navíos y alçaron velas a mediodía para ir a un cabo hermoso que quedava al Leste, que avría hasta él ocho leguas.
Aviendo andado media legua por la misma baía, vido el Almirante a la parte del Sur un sigularíssimo puerto[45], y de la parte
del Sueste unas tierras hermosas a maravilla, así como una
vega montuosa dentro en estas montañas; y pareçían grandes
humos y grandes poblaçiones en ellas, y las tierras muy labradas; por lo cual determinó de se baxar a este puerto y provar si
podía aver lengua o prática con ellos; el cual era tal que, si a los
otros puertos avía alabado, este dize que alabava más con las
tierras y templança y comarca d'ellas y poblaçión. Dize maravillas de la lindeza de la tierra y de los árboles, donde ay pinos y
palmas, y de la grande vega, que aunque no es llana de llano
que va al Sursueste, pero es llana de montes llanos y baxos, la
más hermosa cosa del mundo, y salen por ella muchas riberas
de aguas que desçienden d'estas montañas. Después de surgida
la nao, saltó el Almirante en la barca para soldar el puerto, qu'es
como una escodilla; y cuando fue frontero de la boca al Sur halló una entrada de un río que tenía de anchura que podía entrar
una galera por ella, y de tal manera que no se vía hasta que se
llegase a ella, y, entrando por ella tanto como longura de la barca tenía çinco braços † y ocho de hondo. Andando por ella fue
cosa maravillosa, y las arboledas y frescuras y el agua claríssima y las aves y amenidad, que dize que le pareçía que no quisiera salir de allí. Iva diziendo a los hombres que llevava en su
compañía que, para hazer relaçión a los Reyes de las costas que
vían, no bastaran mill lenguas a referillo ni su mano para lo escrevir, que le pareçía qu'estava encantado. Deseava que aquello
vieran muchas otras personas prudentes y de crédito, de las
cuales dize ser çierto que no encareçieran estas cosas menos
que él. Dize más el Almirante aquí estas palabras: «Cuánto será
el benefiçio que de aquí se puede aver, yo no lo escrivo. Es çierto, Señores Prínçipes, que donde ay tales tierras que deve de

45. Al que llamará Puerto Santo el 1 de diciembre.

aver infinitas cosas de provecho, mas yo no me detengo en ningund puerto, porque querría ver todas las más tierras que yo
pudiese para hazer relación d'ellas a Vuestras Altezas; y también no sé la lengua, y la gente d'estas tierras no me entienden,
ni yo ni otro que yo tenga a ellos; y estos indios que yo traigo,
muchas vezes le entiendo una cosa por otra al contrario, ni fío
mucho d'ellos, porque muchas vezes an provado a fugir. Mas
agora, plaziendo a Nuestro Señor, veré lo más que yo pudiere, y
poco a poco andaré entendiendo y cognosçiendo y faré ense-
ñar esta lengua a personas de mi casa, porque veo qu'es toda la
lengua una fasta aquí. Y después se sabrán los benefiçios y se
trabajará de hazer todos estos pueblos cristianos, porque de ligero se hará, porque ellos no tienen secta ninguna ni son idólatras. Y Vuestras Altezas mandarán hazer en estas partes çiudad
e fortaleza y se convertirán estas tierras. Y çertifico a Vuestras
Altezas que debaxo del sol no me pareçe que las pueda aver mejores en fertilidad, en temperancia de frío y calor, en abundan-
çia de aguas buenas y sanas, y no como los ríos de Guinea, que
son todos pestilençia, porque, loado Nuestro Señor, hasta oy
de toda mi gente no a avido persona que le aya mal la cabeça ni
estado en cama por dolençia, salvo un viejo de dolor de piedra, de que él estava toda su vida appassionado, y luego sanó
al cabo de dos días. Esto que digo es en todos los tres navíos.
Así que plazerá a Dios que Vuestras Altezas embiarán acá o ver-
nán hombres doctos y verán después la verdad de todo. Y porque atrás tengo hablado del sitio de villa e fortaleza en el río de
Mares, por el buen puerto y por la comarça, es çierto que todo
es verdad lo que yo dixe; mas no a ninguna comparaçión de
allá aquí ni de la mar de Nuestra Señora, porque aquí deve aver
infra la tierra grandes poblaciones y gente innumerable y cosas
de grande provecho, porque aquí y en todo lo otro, descubierto y tengo esperança de descubrir antes que yo vaya a Castilla,
digo que terná toda la cristiandad negociación en ellas, cuanto
más la España, a quien deve estar subjeto todo. Y digo que
Vuestras Altezas no deven consentir que aquí trate ni faga pie

ningund estrangero, salvo cathólicos cristianos, pues esto fue el
fin y el comienço del propósito, que fuese por acreçentamiento
y gloria de la religión cristiana, ni venir a estas partes ninguno
que no sea buen cristiano». Todas son sus palabras. Subió allí
por el río arriba y halló unos braços del río, y, rodeando el
puerto, halló a la boca del río estavan unas arboledas muy gra-
ciosas, como una muy deleitable güerta; y allí halló una almadía o canoa, hecha de un madero tan grande como una fusta de
doze bancos, muy hermosa, varada debaxo de una ataraçana o
ramada hecha de madera y cubierta de grandes hojas de palma, por manera que ni el sol ni el agua le podían hazer daño.
Y dize que allí era el proprio lugar para hazer una villa o çiudad
y fortaleza, por el buen puerto, buenas aguas, buenas tierras,
buenas comarcas y mucha leña.

Miércoles, 28 de Noviembre

Estúvose en aquel puerto aquel día porque llovía y hazía gran
çerrazón, aunque podía correr toda la costa con el viento, que
era Sudueste, y fuera a popa; pero porque no pudiera ver bien
la tierra, y no sabiéndola es peligrosa a los navíos, no se partió. Salieron a tierra la gente de los navíos a lavar su ropa. Entraron algunos d'ellos un rato por la tierra dentro. Hallaron
grandes poblaçiones y las casas vazías, porque se avían huido
todos. Tornáronse por otro río abaxo, mayor que aquel donde estavan en el puerto.

Jueves, 29 de Noviembre

Porque llovía y el cielo estava de la manera çerrado, que ayer
no se partió, llegaron algunos de los cristianos a otra población cerca de la parte de Norueste, y no hallaron en las casas a
nadie ni nada. Y en el camino toparon con un viejo que no les

pudo huir; tomáronle y dixéronle que no le querían hazer
mal, y diéronle algunas cosillas del resgate y dexáronlo. El Almirante quisiera vello para vestillo y tomar lengua d'él, porque
le contentava mucho la felicidad de aquella tierra y disposición
que para poblar en ella avía, y juzgava que devía de aver grandes poblaciones. Hallaron en una casa un pan de çera[46], que
truxo a los Reyes, y dize que adonde çera ay también deve aver
otras mil cosas buenas. Hallaron también los marineros en
casa una cabeça de hombre[47] dentro en un çestillo cubierto con
otro çestillo y colgado de un poste de la casa, y de la misma manera hallaron otra en otra población. Creyó el Almirante que
devía ser de algunos prinçipales de linaje, porque aquellas casas eran de manera que se acojen en ellas mucha gente en una
sola, y deven ser parientes descendientes de uno solo.

Viernes, 30 de Noviembre

No se pudo partir, porqu'el viento era Levante, muy contrario
a su camino. Enbió ocho hombres bien armados y con ellos
dos indios de los que traía para que viesen aquellos pueblos
de la tierra dentro y por aver lengua. Llegaron a muchas casas
y no hallaron a nadie ni nada, que todos se avían huido. Vieron cuatro mançebos qu'estavan cavando en su<s> heredades; así como vieron los cristianos, dieron a huir; no los pudieron alcançar. Anduvieron diz que mucho camino. Vieron
muchas poblaciones y tierra fertilíssima y toda labrada, y
grandes riberas de agua; y çerca de una vieron una almadía o
canoa de noventa y çinco palmos de longura de un solo madero, muy hermosa, y que en ella cabrían y navegarían çiento
y çincuenta personas.

---

46. Anota Las Casas al margen: «Esta cera vino por allí de Yucatán».
47. Una demostración más de que en la religión arauaca existía el culto a
los antepasados.

Sábado, 1 de Diziembre

No se partió por la misma causa del viento contrario y porque
llovía mucho. Asentó una cruz grande a la entrada de aquel
puerto, que creo llamó el Puerto Santo, sobre unas peñas bi-
bas. La punta es aquella qu'está de la parte del Sueste, a la entrada del puerto, y quien oviere de entrar en este puerto se
deve llegar más sobre la parte del Norueste de aquella punta
que sobre la otra del Sueste, puesto que al pie de ambas, junto
con la peña, ay doze braços de hondo y muy limpio. Más a la
entrada del puerto, sobre la punta del Sueste, ay una baxa que
sobreagua, la cual dista de la punta tanto que se podría passar
entremedias, aviendo neçessidad, porque al pie de la baxa y
del cabo todo es fondo de doze y de quinze braços; y a la entrada se a de poner la proa al Sudueste.

Domingo, 2 de Diziembre

Todavía fue contrario el viento y no pudo partir. Dize que todas las noches del mundo vienta terral y que todas las naos
que allí estuvieren no ayan miedo de toda la tormenta del
mundo, porque no puede recalar dentro por una baxa que
está al principio del puerto, etc. En la boca de aquel río diz
que halló un grumete ciertas piedras que pareçen tener oro.
Trúxolas para mostrar a los Reyes. Dize que ay por allí, a tiro
de lombarda, grandes ríos.

Lunes, 3 de Diziembre

Por causa de que hazía siempre tiempo contrario no partía de
aquel puerto, y acordó de ir a ver un cabo muy hermoso un
cuarto de legua del puerto de la parte del Sueste. Fue con las
barcas y alguna gente armada; al pie del cabo avía una boca

de un buen río, puesta la proa al Sueste para entrar, y tenía
cient passos de anchura; tenía una braça de fondo a la entrada o en la boca, pero dentro avía doze braças y çinco y cuatro
y dos, y cabrían en él cuantos navíos ay en España. Dexando
un braço de aquel río fue al Sueste y halló una caleta, en que
vido cinco muy grandes almadías que los indios llaman canoas, como fustas, muy hermosas y labradas, que era, diz que
era plazer vellas, y al pie del monte vido todo labrado. Estavan
debaxo de árboles muy espessos, y yendo por un camino que
salía a ellas, fueron a dar a una ataraçana muy bien ordenada
y cubierta, que ni sol ni agua no les podía hazer daño, y debaxo d'ella avía otra canoa hecha de un madero como las otras,
como una fusta de diez y siete bancos, que era plazer ver las
labores que tenía y su hermosura. Subió una montaña arriba
y después hallóla toda llana y sembrada de muchas cosas de la
tierra y calabaças, que era gloria vella; y en medio d'ella estava una gran población; dio de súbito sobre la gente del pueblo. Y como los vieron, hombres y mugeres dan de huir; ase-
gurólos el indio que llevaba consigo de los que traía, diziendo
que no oviesen miedo, que gente buena era; hízolos dar el Almirante cascaveles y sortijas de latón y contezuelas de vidro
verdes y amarillas, con que fueron muy contentos. Visto que
no tenían oro ni otra cosa preçiosa y que bastava dexallos seguros, y que toda la comarca era poblada y huidos los demás
de miedo (y certifica el Almirante a los Reyes que diez hombres hagan huir a diez mill, tan cobardes y medrosos son, que
ni traen armas, salvo unas varas y en el cabo d'ellas un palillo
agudo tostado), acordó bolverse. Dize que las varas se las quitó todas con buena manera, resgatándoselas, de manera que
todas las dieron. Tornados adonde avían dexado las barcas,
enbió ciertos cristianos al lugar por donde subieron, porque
le avía pareçido que avía visto un gran colmenar. Antes que
viniesen los que avía enbiado, ayuntáronse muchos indios y
vinieron a las barcas, donde ya se avía el Almirante recogido
con su gente toda. Uno d'ellos se adelantó en el río junto con

la popa de la barca y hizo una grande plática que el Almirante no entendía, salvo que los otros indios de cuando en cuando alçavan las manos al çielo y davan una grande boz. Pensava el Almirante que lo aseguravan y que les plazía de su venida, pero vido al indio que consigo traía demudarse la cara y
amarillo como la çera, y temblaba mucho, diziendo por señas
que el Almirante se fuese fuera del río, que los querían matar,
y llegóse a un cristiano que tenía una ballesta armada y mos-
tróla a los indios; y entendió el Almirante que les dezía que los
matarían todos, porque aquella ballesta tirava lexos y matava,
también tomó una espada y la sacó de la vaina mostrándose-
la, diziendo lo mismo. Lo cual oído por ellos, dieron todos a
huir, quedando todavía temblando el dicho indio de cobardía
y poco coraçón. No quiso el Almirante salir del río, antes hizo
remar en tierra hazia donde ellos estavan, que eran muy muchos, todos tintos de colorado y desnudos como sus madres
los parió, y algunos d'ellos con penachos en la cabeça y otras
plumas todos con sus manojos de azagayas. «Lleguéme a ellos
y diles algunos bocados de pan y demandéles las azagayas, y
dávales por ellas a unos un cascavelito, a otros una sortizuela
de latón, a otros unas contezuelas, por manera que todos se
apaziguaron y vinieron todos a las barcas y daban cuanto tenían por quequequiera que les davan. Los marineros avían
muerto una tortuga y la cáscara estava en la barca en pedaços,
y los grumetes dávanles d'ella como la uña, y los indios les davan un manojo de azagayas. Ellos son gente como los otros
que e hallado (dize el Almirante) y de la misma creencia, y
creían que veníamos del cielo, y de lo que tienen luego lo dan
por cualquiera cosa que les den, sin dezir qu'es poco, y creo
que así harían de especería y de oro si lo tuviesen. Vide una
casa hermosa no muy grande y de dos puertas, porque así son
todas, y entré en ella y vide una obra maravillosa, como cá-
maras hechas por una cierta manera que no lo sabría dezir, y
colgado al çielo d'ella caracoles y otras cosas; yo pensé que era
templo, y los llamé y dixe por señas si hazían en ella oración;

dixeron que no, y subió uno d'ellos arriba y me dava todo cuanto allí avía, y d'ello tomé algo.»

Martes, 4 de Diziembre

Hízose a la vela con poco viento y salió de aquel puerto que nombró Puerto Santo. A las dos leguas vido un buen río de que ayer habló. Fue de luengo de costa, y corríase toda la tierra, passado el dicho cabo Lesueste y Güesnorueste hasta el Cabo Lindo, qu'esta al cabo del Monte al Leste cuarta del Sueste, y ay de uno a otro cinco leguas. Del cabo del Monte a la legua y media ay un gran río algo angosto. Pareçió que tenía buena entrada, y era muy hondo. Y de allí a tres cuartos de legua vido otro grandíssimo río, y deve venir de muy lexos. En la boca tenía bien cien passos y en ella ningún banco, y en la boca ocho braças y buena entrada, porque lo enbié a ver y sondar con la barca; y viene el agua dulçe hasta dentro en la mar, y es de los caudalosos que avía hallado y deve aver grandes poblaçiones. Después del Cabo Lindo ay una grande baía que sería buen pozo por Lesnordeste y Suest<e> y Sursudueste.

Miércoles, 5 de Diziembre

Toda esta noche anduvo a la corda sobre el Cabo Lindo, adonde anocheció, por ver la tierra que iba al Leste. Y al salir del sol vido otro cabo al Leste a dos leguas y media; passado aquel, vido que la costa bolvía al Sur y tomava del Sudueste, y vido luego un cabo muy hermoso y alto a la dicha derrota, y distava dest'otro siete leguas. Quisiera ir allá, pero por el deseo que tenía de ir a la isla de Baneque que le quedava, según dezían los indios que llevava, al Nordeste, lo dexó. Tampoco pudo ir al Baneque, porqu'el viento que llevava era Nordeste.

Yendo así, miró al Sueste y vido tierra y era una isla muy
grande, de la cual ya tenía diz que información de los indios, a que llamavan ellos Bohío, poblada de gente. D'esta
gente diz que los de Cuba o Juana y de todas estas otras islas
tienen gran miedo porque diz que comían los hombres.
Otras cosas le contavan los dichos indios, por señas, muy
maravillosas; mas el Almirante no diz que las creía, sino que
devían tener más astucia y mejor ingenio los de aquella isla
Bohío para los captivar qu'ellos, porque eran muy flacos de
coraçón. Así que porqu'el tiempo era Nordeste y tomava del
Norte, determinó de dexar a Cuba o Juana, que hasta entonces avía tenido por tierra firme por su grandeza, porque bien
avría andado en un paraje ciento y veinte leguas, y partió al
Sueste cuarta del Leste. Puesto que la tierra qu'el avía visto se
hazía al Sueste, dava este reguardo, porque siempre el viento
rodea del Norte para el Nordeste y de allí al Leste y Sueste.
Cargó mucho el viento y llevava todas sus velas, la mar llana y
la corriente que le ayudava, por manera que hasta la una después de mediodía desde la mañana hazía de camino 8 millas
por ora, y eran seis oras aún no cumplidas, porque dize que
allí eran las noches çerca de quinze oras. Después anduvo
diez millas por ora, y así andaría hasta el poner del sol 88 millas, que son 22 leguas. todo al Sueste. Y porque se hazía noche, mandó a la caravela Niña que se adelantasse para ver
con día el puerto, porque era velera; y llegando a la boca del
puerto que era como la baía de Caliz y, porque era ya de noche, enbió a su barca que sondase el puerto, la cual llevó lumbre de candela; y antes qu'el Almirante llegasse adonde la caravela estava barloventeando y esperando que la barca le hiziese señas para entrar en el puerto, apagósele la lumbre a la
barca; la caravela, como no vido lumbre, corrió de largo y
hizo lumbre al Almirante, y, llegado a ella, contaron lo que
avía acaeçido. Estando en esto, los de la barca hizieron otra
lumbre: la caravela fue a ella, y el Almirante no pudo, y estu-
bo toda aquella noche barloventeando.

Jueves, 6 de Diziembre

Cuando amaneció se halló cuatro leguas del puerto. Púsole nombre Puerto María[48] y vido un cabo hermoso y al Sur cuarta del Sudueste, al cual puso nombre Cabo de Estrella, y pareçiole que era la postrera tierra de aquella isla hazia el Sur y estaría el Almirante d'él XXVIII millas. Pareçíale otra tierra como isla[49] no grande al Leste, y estaría d'él 40 millas. Quedávale otro cabo muy hermoso y bien hecho, a quien puso nombre Cabo del Elefante, al Leste cuarta del Sueste y distaba ya 54 millas. Quedávale otro cabo al Lessueste al que puso nombre el Cabo de Cinquin; estaría d'él 28 millas. Quedávale una gran scisura o abertura o abra a la mar, que le pareçió ser río, al Sueste y tomava de la cuarta del Leste; avría d'él a la abra 20 millas. Pareçíale que entre el cabo del Elifante del de Cinquin avía una grandíssima entrada, y algunos de los marineros dezían que era apartamiento de isla; <a> aquella puso por nombre la isla de la Tortuga. Aquella isla grande pareçía altíssima tierra, no cerrada con montes, sino rasa como hermosas campiñas, y pareçe toda labrada o grande parte d'ella, y pareçían las sementeras como trigo en el mes de Mayo en la campiña de Córdova. Viéronse muchos huegos aquella noche y de día muchos humos como atalayas, que parecía estar sobre aviso de alguna gente con quien tuviesen guerra. Toda la costa d'esta tierra va al Leste. A oras de bísperas, entró en el puerto dicho, y púsole nombre Puerto de San Nicolao, porque era día de Sant Nicolás, por honra suya, y a la entrada d'él se maravilló de su hermosura y bondad. Y aunque tiene mucho alabados los puertos de Cuba, pero sin duda dize él que no es menos éste, antes los sobrepuja y ninguno le es semejante. En boca y entrada tiene legua y media de ancho, y se

48. Debe de tratarse de un error de transcripción porque más adelante añade al margen: «No entiendo cómo a este puerto puso arriba Puerto María y ahora de San Nicolás».
49. La Tortuga.

pone la proa al Sursueste, puesto que por la grande anchura
se puede poner la proa adonde quisieren; va d'esta manera al
Sursueste dos leguas y a la entrada d'él, por la parte del Sur, se
haze como una angla, y de allí se sigue así igual hasta el cabo,
adonde está una playa muy hermosa y un campo de árboles
de mill maneras y todos cargados de frutas, que creía el Almirante ser de espeçerías y nuezes moscadas, sino que no esta-
ba<n> maduras y no se cognoscían, y un río en medio de la
playa. El hondo d'este puerto es maravilloso, que hasta llegar
a la tierra en longura de una <nao> no llegó la sondaresa o
plomada al fondo con cuarenta braças, y ay hasta esta longura el hondo de XV braças y muy limpio; y así es todo el dicho
puerto de cada cabo, hondo dentro una passada † de tierra de
15 braças y limpio, y d'esta manera es toda la costa, muy hon-
dable y limpia, que no pareçe una sola baxa, y al pie d'ella,
tanto como longura de un remo de barca de tierra, tiene cinco braças. Y después de la longura del dicho puerto, yendo al
Sursueste (en la cual longura puedan barloventear mill carracas), bojó un braço del puerto al Nordeste por la tierra dentro
una grande media legua, y siempre en una misma anchura
como que lo hizieran por un cordel; el cual queda de manera
qu'estando en aquel braço, que será de anchura de veinte y
cinco passos, no se puede ver la boca de la entrada grande, de
manera que queda puerto çerrado, y el fondo d'este braço es
así en el comienço hasta la fin de onze braços, y todo basa o
arena limpia, y hasta tierra y poner los bordos en las yervas
tiene ocho braças. Es todo el puerto muy airoso y desabahado
de árboles, raso. Toda esta isla le pareçió de más peñas que
ninguna otra que aya hallado; los árboles más pequeños y
muchos d'ellos de la naturaleza de España, como carrascos
y madroños y otros, y lo mismo de las yervas. Es tierra muy
alta, y toda campiña o rasa y de muy buenos aires, y no se a
visto tanto frío como allí, aunque no es de contar por frío,
mas díxolo al respecto de las otras tierras; hazía enfrente de
aquel puerto una hermosa vega y en medio d'ella el río suso-

dicho, y en aquella comarca, dize, deve aver grandes poblaciones, según se vían las almadías con que navegan, tantas y
tan grandes, d'ellas como una fusta de 15 bancos. Todos los
indios huyeron y huían como vían los navíos. Los que consi-
guo de las isletas traía, tenían tanta gana de ir a su tierra, que
pensaba, dize el Almirante, que después que se partiese de
allí, los tenía de llevar a sus casas, y que ya lo tenían por sospechoso, porque no lleva el camino de su casa, por lo cual
dize que ni les creía lo que le dezían ni los entendía bien, ni
ellos a él, y diz que avían el mayor miedo del mundo de la gente de aquella isla, así que, por querer aver lengua con la gente
de aquella isla, le fuera neçessario detenerse algunos días en
aquel puerto, pero no lo hazía por ver mucha tierra, y por du-
dar qu'el tiempo le duraría. Esperava en Nuestro Señor que
los indios que traía sabrían su lengua y él la suya, y después
tornaría, y hablará con aquella gente y plazerá a Su Magestad, dize él, que hallará algún buen resgate de oro antes que
buelva.

Viernes, 7 de Diziembre

Al rendir del cuarto del alba, dio las velas y salió de aquel
puerto de Sant Nicolás y navegó con el viento Sudueste al
Nordeste dos leguas hasta un cabo que haze el Cheranero, y
quedávale al Sueste un angla y el cabo de la Estrella al Sudueste, y distava del Almirante 24 millas. De allí navegó al Leste
luengo de costa hasta el cabo Cinquin, que sería 48 millas;
verdad es que las veinte fueron al Leste cuarta del Nordeste. Y
aquella costa es tierra toda muy alta y muy grande fondo; hasta dar en tierra es de veinte y treinta braças, y fuera tanto
como un tiro de lombarda no se halla fondo, lo cual todo lo
provó el Almirante aquel † por la costa, mucho a su plazer
con el viento Sudueste. El angla que arriba dixo llega diz que
al puerto de San Nicolás tanto como tiro de una lombarda,

que si aquel espaçio se atajase o cortase quedaría hecha isla, lo
demás bojaría en el cerco 3 <o> 4 millas. Toda aquella tierra
era muy alta y no de árboles grandes, sino como carrascos y
madroños, propria diz que tierra de Castilla. Antes que llegase al dicho cabo Cinquin con dos leguas, halló un a<n>gre-
zuela como la abertura de una montaña, por la cual descubrió un valle grandíssimo; y vídolo todo sembrado como
cevadas y sintió que devía de aver en aquel valle grandes poblaciones, y a las espaldas d'él avía grandes montañas y muy
altas. Y cuando llegó al cabo de Cinquin, le demorava el cabo
de la isla Tortuga al Nordeste, y avría treinta y dos millas; y sobre este cabo Cinquin, a tiro de una lombarda, está una peña
en la mar que sale en alto que se puede ver bien. Y estando el
Almirante sobre el dicho cabo, le demorava el cabo del Elefante al Leste cuarta del Sueste, y avría hasta él 70 millas, y
toda tierra muy alta. Y a cabo de seis leguas halló una grande
angla, y vido por la tierra dentro muy grandes valles y campiñas y montañas altíssimas, todo a semejança de Castilla. Y
dende a ocho millas halló un río muy hondo, sino que era angosto, aunque bien pudiera entrar en él una carraca, y la boca
toda limpia, sin banco ni baxas; y dende a diez y seis millas
halló un puerto muy ancho y muy hondo, hasta no hallar fondo en la entrada ni a las bordas a tres passos, salvo 15 braços,
y va dentro un cuarto de legua. Y puesto que fuese aun muy
temprano, como la una después de mediodía, y el viento era a
popa y rezio, pero porque el cielo mostrava querer llover mucho y avía gran cerrazón, que es peligrosa aun para la tierra
que se sabe, cuanto más en la que no se sabe, acordó de entrar
en el puerto, al cual llamó Puerto de la Conçepción. Y salió a
tierra en un río no muy grande qu'está al cabo del puerto, que
viene por unas vegas y campiñas que era maravilla ver su hermosura. Llevó redes para pescar, y antes que llegase a tierra,
saltó una liça como las de España propria en la barca, que
hasta entonces no avía visto peçe que pareçiese a los de Castilla. Los marineros pescaron y mataron otras, y lenguados y

otros peçes como los de Castilla. Anduvo un poco por aquella tierra, qu'es toda labrada, y oyó cantar el ruiseñor y otros paxaritos como los de Castilla. Vieron cinco hombres, mas no les quisieron aguardar, sino huir. Halló arrayán y otros árboles y yervas como las de Castilla, y así es la tierra y las montañas.

Sábado, 8 de Diziembre

Allí en aquel puerto les llovió mucho con viento Norte muy rezio. El puerto es seguro de todos los vientos excepto Norte, puesto que no le puede hazer daño alguno, porque la resaca es grande que no da lugar a que la nao la bire[50] sobre las amarras ni el agua del río. Después de media noche se tornó el viento al Nordeste y después al Leste, de los cuales vientos es aquel puerto bien abrigado por la isla de la Tortuga, que está frontera a 36 millas.

Domingo, 9 de Diziembre

Este día llovió y hizo tiempo de invierno como en Castilla por Otubre. No avía visto poblaçión sino una casa muy hermosa en el puerto de Sant Nicolás y mejor hecha que en otras partes de las que avía visto. La isla es muy grande, y dize el Almirante no será mucho que boje dozientas leguas. A visto qu'es toda muy labrada; creía que devían ser las poblaciones lexos de la mar, de donde veen cuándo llegava, y así huían todos y llevavan consigo todo lo que tenían y hazían ahumadas como gente de guerra. Este puerto tiene en la boca mill passos, que es un cuarto de legua; en ella ni ay banco ni baxa, antes no se halla cuasi fondo hasta en tierra a la orilla de la mar, y hazía

---

50. *Labore*, dice el manuscrito.

dentro en luengo va tres mill passos todo limpio y basa, que
cualquiera nao puede surgir en él sin miedo y entrar sin reguardo; al cabo d'él tiene dos bocas de ríos que traen poca
agua; enfrente d'él ay unas vegas las más hermosas del mundo y cuasi semejables a las tierras de Castilla, antes estas tienen ventaja, por lo cual puso nombre a la dicha isla la isla Española[51].

Lunes, 10 de Diziembre

Ventó mucho el Nordeste y hízole garrar las anclas medio ca-
ble, de que se maravilló el Almirante, y echólo a que las anclas
estaban mucho a tierra y venía sobre ella el viento; y visto que
era contrario para ir donde pretendía, enbió seis hombres
bien aderecados de armas a tierra, que fuesen dos o tres leguas dentro en la tierra para ver si pudieran aver legua. Fueron y bolvieron no aviendo hallado gente ni casas; hallaron
enpero unas cabañas y caminos muy anchos y lugares donde
avían hecho lumbre muchos; vieron las mejores tierras del
mundo y hallaron árboles de almáciga muchos, y truxeron
d'ella y dixeron que avía mucha, salvo que no es agora el tiempo para cogella, porque no cuaja.

Martes, 11 de Diziembre

No partió por el viento, que todavía era Leste y Nordeste.
Frontero de aquel puerto, como está dicho, está la isla de la
Tortuga, y pareçe grande isla y va la costa d'ella cuasi como la
Española, y puede aver de la una a la otra o lo más diez leguas,
conviene a saber, desde el cabo de Cinquin a la cabeça de la

51. Nombre que duró durante toda la dominación española y fue el centro de irradiación colonial en las Indias.

Tortuga; después la costa d'ella se corre al Sur. Dize que quería ver aquel entremedio d'estas dos islas, por ver la isla Española, qu'es la más hermosa cosa del mundo, y porque, según
le dezían los indios que traía, por allí se avía de ir a la isla de
Baneque, los cuales le dezían que era isla muy grande y de
muy grandes montañas y ríos y valles, y dizían que la isla
de Bohío era mayor que la Juana, a que llaman Cuba, y que no
está çercada de agua, y pareçe dar a entender ser tierra firme,
qu'es aquí detrás dista Española, a que ellos llaman Caritaba,
y que es cosa infinita, y cuasi traen razón qu'ellos sean traba-
jados de gente astuta, porque todas estas islas biven con gran
miedo de los Caniba, «y así torno a dezir como otras vezes
dixe», dize él, «que Caniba no es otra cosa sino la gente del
Gran Can, que deve ser aquí muy vezino; y terná navíos y ver-
nán captivarlos, y como no buelven, creen que se los <han>
comido. Cada día entendemos más a estos indios y ellos a nosotros, puesto que muchas vezes ayan entendido uno por
otro», dize el Almirante. Enbió gente a tierra. Hallaron mucha almáciga sin cuajarse; dize que las aguas lo deven hazer, y
que en Xío la cogen por Março y que en Enero la cogerían en
aquellas tierras, por ser tan templadas. Pescaron muchos pescados como los de Castilla: albures, salmones, pijotas, gallos,
pámpanos, lisas, corvinas, camarones y vieron sardinas. Hallaron mucho lignáloe.

Miércoles, 12 de Diziembre

No partió aqueste día por la misma causa del viento contrario
dicha. Puso un<a> gran cruz a la entrada del puerto de la
parte del Hueste en un alto muy vistoso, en señal (dize él) que
Vuestras Altezas tienen la tierra por suya, y principalmente
por señal de Jesucristo Nuestro Señor y honra de la cristiandad; la cual puesta, tres marineros metiéronse por el monte a
ver los árboles y yervas; y oyeron un gran golpe de gente, to-

dos desnudos, como los de atrás, a los cuales llamaron e fueron tras ellos, pero dieron los indios a huir. Y finalmente tomaron una muger, que no pudieron más, «porque yo», él dize, «les avía mandado que tomasen algunos para honrallos y hazelles perder el miedo y se oviese alguna cosa de provecho, como no parece poder ser otra cosa, segund la fermosura de la tierra; y así truxeron la muger, muy moça y hermosa, a la nao, y habló con aquellos indios, porque todos tenían una lengua». Hízola el Almirante vestir y diole cuentas de vidro y cascaveles y sortijas de latón y tornóla enbiar a tierra muy honradamente, según su costumbre, y enbió algunas personas de la nao con ella, y tres de los indios que llevava consigo, porque hablasen con aquella gente. Los marineros que iban en la barca, cuando la llevavan a tierra, dixeron al Almirante que ya no quisiera salir de la nao, sino quedarse con las otras mugeres indias que avía hecho tomar en el Puerto de Mares de la isla Juana de Cuba. Todos estos indios que venían con aquella india diz que venían en una canoa, qu'es su caravela en que navegan, de alguna parte, y cuando asomaron a la entrada del puerto y vieron los navíos, bolviéronse atrás y dexaron la canoa por allí en algún lugar y fuéronse camino de su población. Ella mostrava el paraje de la población. Traía esta muger un pedacito de oro en la nariz, que era señal que avía en aquella isla oro.

Jueves, 13 de Diziembre

Volviéronse los tres hombres que avía enbiado el Almirante con la muger a tres oras de la noche, y no fueron con ella hasta la población, porque les pareçió lexos o porque tuvieron miedo. Dixeron que otro día vernían mucha gente a los navíos, porque ya debían d'estar asegurados por las nuevas que daría la muger. El Almirante, con deseo de saber si avía alguna cosa de provecho en aquella tierra y por aver alguna len-

gua con aquella gente, por ser la tierra tan hermosa y fértil y
tomasen gana de servir a los Reyes, determinó de tornar a
embiar a la población, confiando en las nuevas que la india
avría dado de los cristianos ser buena gente, para lo cual esco-
gió nueve hombres bien adereçados de armas y aptos para semejante negocio, con los cuales fue un indio de lo<s> que
traía. Estos fueron a la población qu'estava cuatro leguas y media al Sueste, la cual hallaron en un grandíssimo valle, y va-
zía, porque como sintieron ir los cristianos, todos huyeron
dexando cuanto tenían la tierra dentro. La población era de
mill casas y de más de tres mill hombres. El indio que llevavan
los cristianos corrió tras ellos dando bozes, diziendo que no
oviesen miedo, que los cristianos no eran de Caniba, mas antes eran del cielo y que daban muchas cosas hermosas a todos
los que hallavan. Tanto les imprimió lo que dezía, que se aseguraron y vinieron juntos d'ellos más de dos mill, y todos venían a los cristianos y les ponían las manos sobre <la> cabeça, que era señal de gran reverencia y amistad, los cuales
estavan todos temblando hasta que mucho los aseguraron.
Dixeron los cristianos que, después que ya estaban sin temor,
ivan todos a sus casas y cada uno les traía de lo que tenía de
comer, que es pan de niamas, que son unas raízes como rá-
banos grandes que naçen, que siembran y naçen y plantan en
todas estas tierras, y es su vida, y hazen d'ellas pan y cuezen y
asan y tienen sabor proprio de castañas, y no ay quien no
crea, comiéndolas, que no sean castañas. Dávanles pan y pescados y de lo que tenían. Y porque los indios que traía en el
navío tenían entendido qu'el Almirante deseava tener algún
papagayo, parez que aquel indio que iba con los cristianos díxoles algo d'esto, y así les truxeron papagayos y les davan
cuanto les pedían, sin querer nada por ello. Rogávanles que
no se viniesen aquella noche y que les darían cras muchas cosas que tenían en la sierra. Al tiempo que toda aquella gente
estava junta con los cristianos, vieron venir una gran batalla o
multitud de gente con el marido de la muger que avía el Almi-

rante honrado y enbiado, la cual traían cavallera sobre sus
hombros, y venían a dar graçias a los cristianos por la honra
qu'el Almirante le avía hecho y dádivas que le avía dado. Dixeron los cristianos al Almirante que era toda gente más hermosa y de mejor condiçión que ninguna otra de las que avían
hasta allí hallado, porque dize el Almirante que no sabe cómo
puedan ser de mejor condiçión que las otras, dando a entender que todas las que avían en las otras islas hallado era<n>
de muy buena condiçión. Cuanto a la hermosura, dezían los
cristianos que no avía comparaçión, así en los hombres como
en las mugeres, y que son blancos más que los otros, y que entre los otros vieron dos mugeres moças tan blancas como podían ser en España. Dixeron también de la hermosura de las
tierras que vieron, que ninguna comparaçión tienen las de
Castilla las mejores en hermosura y en bondad, y el Almirante así lo vía por las que a visto y por las que tenía presentes, y
dezíanle que las que vía ninguna comparaçión tenían con
aquellas de aquel valle, ni la campiña de Córdoba llegaba <a>
aquella con tanta differençia como tiene el día de la noche.
Dezían que todas aquellas tierras estavan labradas y que por
medio de aquel valle passava un río muy ancho y grande que
podía regar todas las tierras. Estavan todos los árboles verdes
y llenos de fruta, y las yervas todas floridas y muy altas; los caminos muy anchos y buenos; los aires eran como en Abril en
Castilla; cantava el ruiseñor y otros paxaritos como en el dicho
mes en España, que dizen que era la mayor dulçura del mundo;
las noches cantavan algunos paxaritos suavemente, los grillos y
ranas se oían muchas; los pescados como en España. Vieron
muchos almáçigos y lignáloe y algodonales; oro no hallaron, y
no es maravilla en tan poco tiempo no se halle. Tomó aquí el
Almirante experiençia de qué oras era el día y la noche, y de sol
a sol halló que passaron veinte ampolletas que son de a media
ora, aunque dize que allí puede aver defecto, porque o no la
buelven tan presto o dexa de passar algo. Dize también que halló por el cuadrante qu'está de la línea equinoçial 34 grados.

Viernes, 14 de Diziembre

Salió de aquel Puerto de la Conçepçión con terral, y luego desde a poco calmó, y así lo experimentó cada día de los que por allí estuvo. Después vino Levante. Navegó con él al Nornordeste. Llegó a la isla de la Tortuga; vido una punta d'ella que llamó la Punta Pierna, qu'estava al Lesnordeste de la cabeça de la isla, y avría 12 millas; y de allí descubrió otra punta que llamó la Punta Lançada, en la misma derrota del Nordeste, que avría diez y seis millas. Y así, desde la cabeça de la Tortuga hasta la punta Aguda, avría 44 millas, que son onze leguas al Lesnordeste. En aquel camino avía algunos pedaços de playa grandes. Esta isla de la Tortuga es tierra muy alta, pero no montañosa, y es muy hermosa y muy poblada de gente como la de la isla Española, y la tierra así toda labrada, que pareçía ver la campiña de Córdoba. Visto que el viento le era contrario y no podía ir a la isla Baneque, acordó tornarse al Puerto de la Conçepçión de donde avía salido, y no pudo cobrar un río qu'está de la parte del Leste del dicho puerto dos leguas.

Sábado, 15 de Diziembre

Salió del Puerto de la Conçepçión otra vez para su camino, pero en saliendo del puerto, ventó Leste rezio su contrario, y tomó la buelta de la Tortuga hasta ella; y de allí dio buelta para ver aquel río que ayer quisiera ver y tomar y no pudo, y d'esta buelta tampoco lo pudo tomar, aunque surgió media legua de sotavento en una playa, buen surgidero y limpio. Amarrados sus navíos, fue con las barcas a ver el río y entró por un braço de mar qu'está antes de media legua y no era la boca. Bolvió y halló la boca que no tenía aún una braça, y venía muy rezio; entró con las barcas por él, para llegar a las poblaçiones que los que antier avía enbiado avían visto, y mandó echar la sirga en tierra. Y tirando los marineros d'ella, subieron las barcas dos tiros de lombarda, y no pudo andar más por la reziura de la corriente del río. Vido algunas casas y el valle grande donde están las poblaçiones, y dixo que otra cosa más hermosa no avía visto, por medio del cual valle viene aquel río. Vido también gente a la entrada del río, mas todos dieron a huir. Dize más, que aquella gente deve ser muy caçada pues bibe con tanto temor, porque en llegando que llegan a cualquiera parte, luego hazen ahumadas de las atalayas por toda la tierra, y esto más en esta isla Española y en la Tortuga, que también es grande isla, que en las otras que atrás dexava. Puso nombre al valle Valle del Paraíso, y al río Guadalquivir, porque diz que así viene tan grande como Guadalquivir por Córdoba, y a las veras o riberas d'él, playa de piedras muy hermosas y todo andable.

Domingo, 16 de Diziembre

A la media noche con el ventezuelo de tierra, dio las velas por salir de aquel golpho, y viniendo del bordo de la isla Española yendo a la bolina, porque luego a ora de terçia ventó Leste, a medio golpho halló una canoa con un indio solo en ella, de que se maravillava el Almirante cómo se podía tener sobre el agua siendo el viento grande; hízolo meter en la nao a él y a su canoa, y halagado, dióle cuentas de vidrio, cascaveles y sortijas de latón, y llevólo en la nao hasta tierra a una poblaçión que estava de allí diez y seis millas junto a la mar, donde surgió el Almirante y halló buen surgidero en la playa junto a la poblaçión, que parecía ser de nuevo hecha, porque todas las casas eran nuevas. El indio fuese luego con su canoa a tierra, y da nuevas del Almirante y de los cristianos ser buena gente, puesto que ya las tenían por lo passado de las otras donde avían ido los seis cristianos; y luego vinieron más de quinientos hombres, y desde a poco vino el rey d'ellos, todos en la playa

juntos a los navíos, porqu'estavan surgidos muy cerca de tierra. Luego uno a uno y muchos a muchos venían a la nao, sin
traer consigo cosa alguna, puesto que algunos traían algunos
granos de oro finíssimo a las orejas o en la nariz, el cual luego
davan de buena gana. Mandó hazer honra a todos el Almirante, y dize él, «porque son la mejor gente del mundo y más
mansa y sobre todo», dize, «que tengo mucha esperança en
Nuestro Señor que Vuestras Altezas los harán todos cristianos, y serán todos suyos, que por suyos los tengo». Vido también qu'el dicho rey estava en la playa, y que todos le hazían
acatamiento. Enbióle un presente el Almirante, el cual diz que
rescibió con mucho estado y que sería moço de hasta veinte y
un años, y que tenía un ayo viejo y otros consejeros que le
consejavan y respondían, y qu'él hablava muy pocas palabras.
Uno de los indios que traía el Almirante habló con él, y le dixo
cómo venían los cristianos del çielo, y que andava en busca de
oro y que quería ir a la isla de Baneque, y él respondió que
bien era y que en la dicha isla avía mucho oro; el cual amostró
al alguazil del Almirante, que le llevó el presente, el camino
que avían de llevar, y que en dos días iría de allí a ella, y que si
de su tierra avían menester algo lo daría de muy buena voluntad. Este rey y todos los otros andavan desnudos como sus
madres los parieron, y así las mugeres sin algún empacho, y
son los más hermosos hombres y mugeres que hasta allí ovieron hallado: harto blancos, que, si vestidos anduviesen y se
guardasen del sol y del aire, serían cuasi tan blancos como en
España, porqu'esta tierra es harto fría y la mejor que lengua
pueda dezir. Es muy alta, y sobre el mayor monte podrían
arar bueyes, y hecha toda a campiñas y valles; en toda Castilla
no ay tierra que se pueda comparar a ella en hermosura y
bondad. Toda esta isla y la de la Tortuga son todas labradas
como la campiña de Córdova; tienen sembrado en ellas ajes,
que son unos ramillos que plantan, y al pie d'ellos naçen unas
raízes como çanahorias, que sirven por pan y rallan y amas-
san y hazen pan d'ellas, y después tornan a plantar el mismo

ramillo en otra parte y torna a dar cuatro y cinco de aquellas
raízes que son muy sabrosas: proprio gusto de castañas. Aquí
las ay las más gordas y buenas que avía visto en ninguna <tie-
rra>, porque también diz que de aquellas avía en Guinea; las
de aquel lugar eran tan gordas como la pierna. Y aquella gente todos diz que eran gordos y valientes y no flacos, como los
otros que antes avía hallado, y de muy dulçe conversación sin
secta. Y los árboles de allí diz que eran tan viçiosos que las hojas dexavan de ser verdes y eran prietas de verdura. Era cosas
de maravilla ver aquellos valles y los ríos y buenas aguas y las
tierras para pan, para ganado de toda suerte, de qu'ellos no
tienen alguna, para güertas y para todas las cosas del mundo qu'el hombre sepa pedir. Después a la tarde vino el rey a
la nao; el Almirante le hizo la honra que devía y le hizo dezir
cómo era de los Reyes de Castilla, los cuales eran los mayores Prínçipes del mundo. Mas ni los indios qu'el Almirante
traía, que eran los intérpretes, creían nada, ni el rey tampoco, sino creían que venían del cielo, y que los reinos de los
Reyes de Castilla eran en el cielo y no en este mundo. Pusié-
ronle de comer al rey de las cosas de Castilla y él comía un
bocado y después dávalo todo a sus consejeros y al ayo y a
a los demás que metió consigo. «Crean Vuestras Altezas
qu'estas tierras son en tanta cantidad buenas y fértiles y en
especial estas d'esta isla Española, que no ay persona que lo
sepa dezir y nadie lo puede creer si no lo viese: y crean
qu'esta isla y todas las otras son así suyas como Castilla,
que aquí no falta salvo assiento y mandarles hazer lo que
quisieren, porque yo con esta gente que traigo, que no son
muchos, correría todas estas islas sin afrenta, que ya e visto
sólo tres d'estos marineros descender en tierra y aver multitud d'estos indios y todos huir, sin que les quisiesen hazer
mal. Ellos no tienen armas, y son todos desnudos y de ningún ingenio en las armas y muy cobardes, que mill no
aguardarían tres, y así son buenos para les mandar y les hazer trabajar y sembrar y hazer todo lo otro que fuere me-

nester, y que hagan villas y se enseñen a andar vestidos y a
nuestras costumbres.»

Lunes, 17 de Diziembre

Ventó aquella noche reziamente viento Lesnordeste; no se al-
teró mucho la mar porque lo estorva y escuda la isla de la Tortuga, qu'está frontero y haze abrigo. Así estuvo allí aqueste
día. Enbió a pescar los marineros con redes. Holgáronse mucho con los cristianos los indios, y truxéronles ciertas flechas
de los de Caniba o de los caníbales, y son de las espigas de cañas, y enxiérenles unos palillos tostados y agudos, y son muy
largos. Mostráronles dos hombres que les faltavan algunos
pedaços de carne de su cuerpo y hiziéronles entender que los
caníbales los avían comido a bocados; el Almirante no lo creyó. Tornó a enbiar ciertos cristianos a la población, y a trueque de contezuelas de vidro rescataron algunos pedaços de
oro labrado en hoja delgada. Vieron a uno que tuvo el Almirante por governador de aquella provinçia, que llamavan caçique[52], un pedaço tan grande como la mano de aquella hoja
de oro, y parecía que lo quería resgatar; el cual se fue a su casa
y los otros quedaron en la plaça; y él hazía hazer pedaçuelos
de aquella pieça y, trayendo cada vez un pedaçuelo, resgatáva-
lo. Después que no ovo más, dixo por señas qu'él avía enbiado por más y que otro día lo traerían. «Estas cosas todas y la
manera d'ellos y sus costumbres y mansedumbre y consejo
muestra de ser gente más despierta y entendida que otros que
hasta allí oviese hallado», dize el Almirante. En la tarde vino
allí una canoa de la isla de la Tortuga con bien cuarenta hombres y, en llegando a la playa, toda la gente del pueblo qu'estava junta se assentaron todos en señal de paz, y algunos de la
canoa y cuasi todos descendieron en tierra. El caçique se levantó solo y con palabras que pareçían de amenazas los hizo

52. Primera documentación de la palabra.

bolver a la canoa; y les echaba agua y tomava piedras de la playa y las echava en el agua, y después que ya todos con mucha obediencia se pusieron y enbarcaron en la canoa, él tomó una piedra y la puso en la mano a mi alguazil para que la tirase, al cual yo avía enbiado a tierra y al escrivano y a otros para ver si traían algo que aprovechase, y el alguazil no les quiso tirar. Allí mostró mucho aquel caçique que se favoreçía con el Almirante. La canoa se fue luego, y dixeron al Almirante, después de ida, que en la Tortuga avía más oro que en la isla Española, porque es más cerca de Baneque; dixo el Almirante que no creía que en aquella isla Española ni en la Tortuga oviese minas de oro, sino que lo traían de Baneque, y que traen poco, porque no tiene<n> aquellos qué dar por ello. Y aquella tierra es tan gruessa que no a menester que trabajen mucho para sustentarse ni para vestirse, como anden desnudos. Y creía el Almirante qu'estava muy cerca de la fuente y que Nuestro Señor le avía de mostrar dónde nasce el oro. Tenía nueba que de allí al Baneque avía cuatro jornadas, que podrían ser XXX o XL leguas, que en un día de buen tiempo se podían andar.

Martes, 18 de Diziembre

Estuvo en aquella playa surto este día porque no avía viento y también porque avía dicho el caçique que avía de traer oro, no porque tuviese en mucho el Almirante el oro diz que podía traer, pues allí no avía minas, sino por saber mejor de dónde lo traían. Luego, en amaneçiendo, mandó ataviar la nao y la caravela de armas y vanderas por la fiesta que era este día de Santa María de la O o conmemoración de la Anunçiaçión. Tiráronse muchos tiros de lombardas, y el rey[53] de aquella isla

---

53. Había varios caciques en La Española; el del lugar donde se encontraba el Almirante se llamaba Guacanarí.

Española, dize el Almirante, avía madrugado de su casa, que
devía de distar cinco leguas de allí, según pudo juzgar, y llegó
a ora de terçia a aquella población, donde ya estavan algunos
de la nao qu'el Almirante avía enbiado para ver si venía oro;
los cuales dixeron que venían con el rey más de doszientos
hombres y que lo traían en unas andas cuatro hombres, y era
moço como arriba se dixo. Oy estando el Almirante comiendo debaxo del castillo, llegó a la nao con toda su gente. Y dize
el Almirante a los Reyes: «Sin duda pareçiera bien a Vuestras
Altezas su estado y acatamiento que todos le tienen, puesto
que todos andan desnudos. Él, así como entró en la nao, halló
qu'estava comiendo a la mesa debaxo del castillo de popa, y
él, a buen andar, se vino a sentar a par de mí y no me quiso
dar lugar que yo me saliese a él ni me levantase de la mesa, salvo que yo comiese; yo pensé qu'él ternía a bien de comer de
nuestras viandas; mandé luego traerle cosas qu'él comiesse; y,
cuando entró debaxo del castillo, hizo señas con la mano que
todos los suyos quedasen fuera, y así lo hizieron con la mayor
priesa y acatamiento del mundo, y se assentaron todos en la
cubierta, salvo dos hombres de una edad madura, que yo es-
timé por sus consejeros y ayo, que vinieron y se assentaron a
sus pies; y de las viandas que yo le puse delante, tomava de
cada una tanto como se toma para hazer la salva, y después
luego lo demás enbiávalo a los suyos, y todos comían d'ella; y
así hizo en el bever, que solamente llegava a la boca y después así lo dava a los otros, y todo con un estado maravilloso y muy pocas palabras; y aquellas que él dezía, según yo
podía entender, eran muy assentadas y de seso, y aquellos
dos le miravan a la boca y hablavan por él y con él y con
mucho acatamiento. Después de comido, un escudero traía
un cinto, que es proprio como los de Castilla en la hechura,
salvo que es de otra obra, que él tomó y me lo dio, y dos pedaços de oro labrados que eran muy delgados, que creo que
aquí alcançan poco d'él, puesto que tengo qu'están muy vezinos de donde naçe y ay mucho; yo vide que le agradava

un arambel que yo tenía sobre mi cama; yo se lo di y unas cuentas muy buenas de ámbar, que yo traía al pescueço, y unos çapatos colorados y una almarraxa de agua de azahar, de que quedó tan contento que fue maravilla; y él y su ayo y consejeros llevan grande pena porque no me entendían, ni yo a ellos. Con todo, le cognoscí que me dixo que si me compliese algo de aquí, que toda la isla estava a mi mandar. Yo enbié por unas cuentas mías adonde por un señal tengo un exçelente de oro en que está<n> esculpido<s> Vuestras Altezas y se lo amostré, y le dixe otra vez como ayer que Vuestras Altezas mandavan y señoreavan todo lo mejor del mundo, y que no avía tan grandes prínçipes, y le mostré las vanderas reales y las otras de la Cruz, de que él tuvo en mucho, «y ¡qué grandes señores serían Vuestras Altezas!», dezía él contra sus consejeros, «pues de tal lexos y del cielo me avían enbiado hasta aquí sin miedo». Y otras cosas muchas se passaron que yo no entendía, salvo que «bien vía que todo tenía a grande maravilla». Después que ya fue tarde y él se quiso ir, el Almirante le enbió en la barca muy honradamente y hizo tirar muchas lombardas. Y puesto en tierra, subió en sus andas y se fue con sus más de dozientos hombres, y su hijo le llevavan atras en los hombros de un indio, hombre muy honrado. A todos los marineros y gente de los navíos dondequiera que lo topava les mandava dar de comer y hazer mucha honra. Dixo un marinero que le avía topado en el camino y visto, que todas las cosas que le avía dado el Almirante y cada una d'ellas llevava delante del rey un hombre, a lo que pareçía, de los más honrados; iva su hijo atrás del rey buen rato, con tanta compañía de gente como él, y otro tanto un hermano del mismo rey, salvo que iba el hermano a pie, y llevábanlo de braço dos hombres honrados. Este vino a la nao después del rey, al cual dio el Almirante algunas cosas de los dichos resgates, y allí supo el Almirante que al rey llamavan en su lengua «caçique». En este día se resgató diz que poco oro, pero supo el Almirante de un hombre viejo que avía muchas islas comarcanas a cient leguas y más, según pudo entender, en las cuales nasçe mucho oro, hasta dezirle que avía isla que era toda oro, y en las otras que ay tanta cantidad que lo cogen y ciernen como con çedaço y lo funden y hazen vergas y mill labores; figurava por señas la hechura. Este viejo señaló al Almirante la derrota y el paraje donde estava. Determinóse el Almirante de ir allá y dixo que, si no fuera el dicho viejo tan prinçipal persona de aquel rey, que lo detuviera y llevara consigo, o si supiera la lengua que se lo rogara; y creía, según estava bien con él y con los cristianos, que se fuera con él de buena gana; pero, porque tenía ya aquellas gentes por de los Reyes de Castilla, y no era razón de hazelles agravio, acordó de dexallo. Puso una cruz muy poderosa en medio de la plaça de aquella población, a lo cual ayudaron los indios mucho y hizieron diz que oración y la adoraron; y por la muestra que dan, espera en Nuestro Señor el Almirante que todas aquellas islas an de ser cristianas.

Miércoles, 19 de Diziembre

Esta noche se hizo a la vela por salir de aquel golpho que haze allí la isla de la Tortuga con la Española, y siendo de día tornó el viento Levante y con el cual todo este día no pudo salir de entre aquellas dos islas, y a la noche no pudo tomar un puerto que por allí pareçía. Vido por allí cuatro cabos de tierra y una grande baía y río, y de allí vido una angla muy grande y tenía una población y a las espaldas un valle entre muchas montañas altíssimas, llenas de árboles que juzgó ser pinos; y sobre los Dos Hermanos ay una montaña muy alta y gorda que va de Nordeste a Sudueste, y del cabo de Torres al Lesueste está una isla pequeña, a la cual puso nombre Sancto Thomás, porque es mañana su vigilia. Todo el cerco de aquella isla tiene cabos y puertos maravillosos, según juzgava él desde la mar. Antes de la isla, de la parte del Güeste, ay un cabo que entra mucho en la mar alto y baxo y por eso le puso el nombre Cabo Alto y Baxo. Del cabo de Torres la Leste cuarta de Sueste ay 60 millas hasta una montaña más alta que otra, que entra en la mar y pareçe desde lexos isla por sí por un degollado que tiene de la parte de tierra; púsole nombre Monte Caribata, porque aquella provinçia se llamava Caribata. Es muy hermoso y lleno de árboles verdes y claros sin nieve y sin niebla, y era entonçes por allí el tiempo, cuanto a los aires y templança, como por Março en Castilla y, en cuanto a los árboles y yervas, como por Mayo. Las noches diz que eran de quatorce oras.

Jueves, 20 de Diziembre

Oy al poner del sol, entró en un puerto qu'estava entre la isla de Sancto Thomas y el Cabo de Caribata y surgió. Este puerto es hermosíssimo y que cabrían en él cuantas naos ay en cristianos; la entrada d'él pareçe desde la mar impossible a los que no oviesen en él entrado, por unas restringas de peñas que passan desde el monte hasta cuasi la isla, y no puestas por orden, sino unas acá y otra<s> acullá, unas a la mar y otras a la tierra, por lo cual es menester estar despiertos para entrar por unas entradas que tiene muy anchas y buenas para entrar sin temor, y todo muy fondo de siete braços, y passadas las restringas dentro ay doze braças. Puede la nao estar con una cuerda cualquiera amarrada contra cualesquiera vientos que aya. A la entrada diste puerto diz que avía una cañal[54], que queda a la parte del Güeste de una isleta de arena, y en ella muchos árboles; y hasta el pie d'ella ay siete braças, pero ay muchas baxas en aquella comarca, y conviene abrir el ojo hasta entrar en el puerto; después no ayan miedo a toda la tormenta del mundo. De aquel puerto se pareçía un valle

---

54. Las Casas señala al margen «creo que quiere dezir cañaveral». En mi opinión, debe de ser una mala lectura por «canal», que se ajusta mejor al texto.

grandíssimo y todo labrado, que desciende a él del Sueste, todo cercado de montañas altíssimas que pareçe que llegan al cielo, y hermosíssimas, llenas de árboles verdes; y sin duda que ay allí montañas más altas que la isla de Tenerife en Canaria qu'es tenida por de las más altas que puede hallarse. D'esta parte de la isla de Santo Thomás está otra isleta a una legua, y dentro d'ella otra, y en todas ay puertos maravillosos, mas cumple mirar por las baxas. Vido también poblaciones y ahumadas que se hazían.

Viernes, 21 de Diziembre

Oy fue con las barcas de los navíos a ver aquel puerto; el cual vido ser tal que afirmó que ninguno se le iguala de cuantos aya jamás visto, y escúsase diziendo que a loado los passados tanto que no sabe cómo lo encareçer, y que teme que sea juzgado por manificador excessivo más de lo que es la verdad. A esto satisface diziendo qu'él trae consigo marineros antiguos, y estos dizen y dirán lo mismo y todos cuantos andan en la mar, conviene a saber, todas las alabanças que a dicho de los puertos passados ser verdad, y ser este muy mejor que todos ser asimismo verdad. Dize más d'esta manera: «Yo e andado veinte y tres años en la mar[55], sin salir d'ella tiempo que se aya de contar, y vi todo el Levante y Poniente, que dize por ir al camino de Septentrión, que es Inglaterra, y e andado la Guinea, mas en todas estas partidas no se hallará la perfección de los puertos, *** fallados siempre lo mejor del otro; que yo con buen tiento mirava mi escrevir, y torno a decir que affirmo aver bien escripto, y que agora este es sobre todos, y cabrían en él todas las naos del mundo, y serrado, que con una cuerda, la más vieja de la nao, la tuviese amarrada». Desde la en-

---

55. Declaraciones que Colón repetirá con frecuencia, cfr. por ejemplo el prefacio al *Libro de las Profecías*.

trada hasta el fondo avrá cinco leguas. Vido unas tierras muy labradas, aunque todas son así, y mandó salir dos hombres fuera de las barcas que fuesen a un alto para que viesen si avía población, porque de la mar no se vía ninguna, puesto que aquella noche, çerca de las diez oras, vinieron a la nao en una canoa ciertos indios a ver al Almirante y a los cristianos por maravilla, y les dio de los resgates, con que se holgaron mucho. Los dos cristianos bolvieron y dixeron dónde avían visto una población grande, un poco desviada de la mar. Mandó el Almirante remar hazia la parte donde la población estava hasta llegar cerca de tierra, y vio unos indios que venían a la orilla de la mar; y parecía que venían con temor, por lo cual mandó detener las barcas y que les hablasen los indios que traía en la nao que no les haría mal alguno. Entonces se allegaron más a la mar, y el Almirante más a tierra, y después que del todo perdieron el miedo, venían tantos que cobrían la tierra, dando mill gracias, así hombres como mugeres y niños; los unos corrían de acá y los otros de allá a nos traer pan que hazen de niames, a qu'ellos llaman ajes, qu'es muy blanco y bueno, y nos traían agua en calabazas y en cántaros de barro de la hechura de los de Castilla, y nos traían cuanto en el mundo tenían y sabían qu'el Almirante quería y todo con un coraçón tan largo y tan contento que era maravilla. «Y no se diga que porque lo que davan valía poco por eso lo davan liberalmente», dize el Almirante, «porque lo mismo hazían y tan liberalmente los que davan pedaços de oro como los que davan la calabaça del agua, y fácil cosa es de cognoçer», dize el Almirante, «cuándo se da una cosa con muy deseoso coraçón de dar». Estas son sus palabras. «Esta gente no tiene varas ni azagayas ni otras ningunas armas, ni los otros de toda esta isla, y tengo que es grandíssima. Son así desnudos como su madre los parió así mugeres como hombres, que en las otras tierras de la Juana y las otras de las otras islas traían las mugeres delante de sí unas cosas de algodón con que cobijan su natura, tanto como una bragueta de calças de hombre, en espeçial después que passan de edad de doze años; mas aquí ni moça ni vieja, y en los otros lugares todos los hombres hazían esconder sus mugeres de los cristianos por zelos, mas allí no, y ay muy lindos cuerpos de mugeres, y ellas las primeras que venían a dar gracias al cielo y traer cuanto tenían, en espeçial cosas de comer, pan de ajes y gonça avellanada[56] y de cinco o seis maneras frutas», de las cuales mandó curar el Almirante para traer a los Reyes. No menos diz que hazían las mugeres en las otras partes antes que se ascondiesen; y el Almirante mandava en todas partes estar todos los suyos sobre aviso que no enojasen a alguno en cosa ninguna y que nada les tomassen contra su voluntad, y así les pagavan todo lo que d'ellos resçibían. Finalmente dize el Almirante que no puede creer que hombre aya visto gente de tan buenos coraçones y francos para dar y tan temerosos, que ellos deshazían todos por dar a los cristianos cuanto tenían y, en llegando los cristianos, luego corrían a traerlo todo. Después enbió el Almirante seis cristianos a la población, para que la viesen qué era; a los cuales hizieron cuanta honra podían y sabían y les davan cuanto tenían, porque ninguna duda les queda, sino que creían el Almirante y toda su gente aver venido del cielo; lo mismo creían los indios que consigo el Almirante traía de las otras islas, puesto que ya se les avía dicho lo que devían de tener. Después de aver ido los seis cristianos, vinieron ciertas canoas con gente a rogar al Almirante, de parte[s] de un señor, que fuese a su pueblo, cuando de allí se partiese (canoa es una barca en que navegan y son d'ellas grandes y d'ellas pequeñas). Y visto que el pueblo de aquel señor estava en el camino sobre una punta de tierra, esperando con mucha gente al Almirante, fue allá. Y antes que se partiese vino a la playa tanta gente que era espanto, hombres y mugeres y niños dando bozes que no se fuesse, sino que se quedase con ellos. Los

56. Es el cacahuete, al que dice Las Casas que llamaban maní y que comían con pan cazabí.

mensajeros del otro señor que avía venido a conbidar estaban aguardando con sus canoas, porque no se fuese sin ir a
ver al señor. Y así lo hizo; y en llegando que llegó el Almirante adonde aquel señor le estava esperando y tenían muchas cosas de comer, mandó assentar toda su gente†, manda
que lleven lo que tenían de comer a las barcas donde estava
el Almirante, junto a la orilla de la mar. Y como vido qu'el
Almirante avía resçibido lo que le avían llevado, todos o los
más de los indios dieron a correr al pueblo, que debían estar
cerca, para traerle más comida y papagayos y otras cosas de
lo que tenían con tan franco coraçón que era maravilla. El
Almirante les dio cuentas de vidro y sortijas de latón y cascaveles, no porque ellos demandassen algo, sino porque le
parecía que era razón y sobre todo, dize el Almirante, porque los tiene ya por cristianos y por de los Reyes de Castilla
más que las gentes de Castilla, y dize que otra cosa no falta
salvo saber la lengua y mandarles, porque todo lo que se les
mandare harán sin contradiçión alguna. Partióse de allí el
Almirante para los navíos, y los indios davan bozes, así
hombres como mugeres y niños, que no se fuessen y se quedasen con ellos los cristianos. Después que se partían venían tras ellos a la nao canoas llenas d'ellos, a los cuales hizo
hazer mucha honra y dalles de comer y otras cosas que llevaron. Avía también venido antes otro señor de la parte del
Güeste, y aun a nado venían muy mucha gente, y estava la
nao más grande media legua de tierra. El señor que dixe se
avía tornado; enbiéle ciertas personas para que le viesen y le
preguntasen distas islas; él los resçibió muy bien y los llevó
consigo a su pueblo para dalles ciertos pedaços grandes de
oro, y llegaron a un gran río, el cual los indios passaron a
nado; los cristianos no pudieron, y así se tornaron. En toda
esta comarca ay montañas altíssimas, que pareçen llegar al
cielo, que la de la isla de Tenerife pareçe nada en compara-
ción d'ellas en altura y en hermosura, y todas son verdes llenas de arboledas, que es una cossa de maravilla. Entre me-

dias d'ellas ay vegas[57] muy graçiosas y al pie d'este puerto al
Sur ay una vega tan grande, que los ojos no pueden llegar con
la vista al cabo, sin que tenga impedimento de montaña, que
pareçe que deve tener quinze e veinte leguas, por la cual viene
un río, y es toda poblada y labrada, y está tan verde agora
como si fuera en Castilla por Mayo o por Junio, puesto que las
noches tienen catorce oras y sea la tierra tanto Septentrional.
Así, este puerto es muy bueno para todos los vientos que puedan ventar, çerrado y hondo, y todo poblado de gente muy
buena y mansa, y sin armas buenas ni malas; y puede cualquier navío estar sin miedo en él que otros navíos que vengan
de noche a los saltear, porque, puesto que la boca sea bien ancha de más de dos leguas, ese muy çerrada de dos restringas
de piedra que escasamente la veen sobre agua, salvo una entrada muy angosta en esta restringa, que no parece sino que
fue hecho a mano y que dexaron una puerta abierta cuanto
los navíos puedan entrar. En la boca ay siete braças de hondo
hasta el pie de una isleta llana que tiene una playa y árboles; al
pie d'ella de la parte de Güeste tiene la entrada, y se puede llegar una nao sin miedo hasta poner el bordo junto a la peña.
[A]y de la parte del Norueste ay tres islas y un gran río a una
legua del cabo d'este puerto; es el mejor del mundo. Púsole
nombre el Puerto de la mar de Sancto Thomás, porque era oy
su día; díxole mar por su grandeza.

Sábado, 22 de Diziembre

En amaneçiendo, dio las velas para ir su camino a buscar las
islas que los indios le dezían que tenían mucho oro, y de algunas que tenían más oro que tierra. No le hizo tiempo y ovo de
tornar a surgir, y enbió la barca a pescar con la red. El señor
de aquella tierra, que tenía un lugar cerca de allí, le enbió una

---

57. La Vega Real, que aún conserva el mismo nombre.

grande canoa llena de gente, y en ella un principal criado
suyo a rogar al Almirante que fuese con los navíos a su tierra
y que le daría cuanto tuviese; enbióle con aquel un cinto que
en lugar de bolsa traía una carátula que tenía dos orejas grandes de oro de martillo, y la lengua y la nariz. «Y como sea esta
gente de muy franco coraçón, que cuanto le piden dan con la
mejor voluntad del mundo, que les parece que pidiéndoles
algo les hazen grande merced», esto dize el Almirante, toparon la barca y dieron el cinto a un grumete, y vinieron con su
canoa a bordo de la nao con su enbaxada. Primero que los entendiese passó alguna parte del día, ni los indios qu'él traía los
entendían bien, porque tienen alguna diversidad de vocablos
en nombres de las cosas. En fin, acabó de entender por señas
su conbite. El cual determinó de partir el domingo para allá,
aunque no solía partir de puerto en domingo, sólo por su de-
boçión y no por superstición alguna, pero con esperança,
dize él, que aquellos pueblos an de ser cristianos por la voluntad que muestran y de los Reyes de Castilla, y porque los tiene ya por suyos; y porque le sirvan con amor, les quiere y tra-
baja hazer todo plazer. Antes que partiese oy, enbió seis hombres a una poblaçión muy grande, tres leguas de allí de la
parte del Güeste, porqu'el señor d'ella vino el día passado al
Almirante y dixo que tenía ciertos pedaços de oro. En llegando allá los cristianos, tomó el señor de la mano al escrivano
del Almirante, que era uno d'ellos, el cual enbiava el Almirante para que no consintiese hazer a los demás cossa indebida a
los indios, porque como fuessen tan francos los indios y los
españoles tan cudiçiosos y desmedidos, que no les basta que
por un cabo de agujeta, aun por un pedaço de vidrio y d'escudilla y por otra cosas de no nada les davan los indios cuanto
querían, pero, aunque sin dalles algo se los querrían todo aver
y tomar, lo qu'el Almirante siempre prohibía, y aunque también eran muchas cosas de poco valor, sino era el oro, las que
davan a los cristianos, pero el Almirante, mirando al franco
coraçón de los indios, que por seis contezuelas de vidro da-

rían y davan un pedaço de oro, por eso mandava que ninguna cosa se reçibiese d'ellos que no se les diese algo en pago.
Así que tomó por la mano el señor al escrivano y lo llevó a su
casa con todo el pueblo, que era muy grande, que le acompa-
ñava, y les hizo dar de comer, y todos los indios les traían muchas cosas de algodón labradas y en ovillos hilado. Después
que fue tarde, dioles tres ánsares muy gordas el señor y unos
pedaçitos de oro, y vinieron con ellos mucho número de gente, y les traían todas las cosas que allá avían resgatado, y ellos
mismos porfiavan de traellos a cuestas, y de hecho lo hizieron
por algunos ríos y por algunos lugares lodosos. El Almirante
mandó dar al señor algunas cosas, y quedó él y toda su gente
con gran contentamiento, creyendo verdaderamente que
avían venido del cielo, y en ver los cristianos se tenían por biena-
venturados. Vinieron este día más de ciento y veinte canoas a
los navíos, todas cargadas de gente, y todos traen algo, espe-
çialmente de su pan y pescado y agua en cantarillos de barro
y simientes de muchas simientes que son buenas especias.
Echaban un grano en una escudilla de agua y bev<í>énla, y
dezían los indios que consigo traía el Almirante que era cosa
saníssima[58].

Domingo, 23 de Diziembre

No pudo partir con los navíos a la tierra de aquel señor que lo
avía enbiado a rogar y conbidar por falta de viento, pero enbió con los tres mensajeros que allí esperavan las barcas con
gente y al escrivano. Entre tanto que aquellos ivan, enbió dos
de los indios que consigo traía a las poblaciones que estavan
por allí cerca del paraje de los navíos, y bolvieron con un señor a la nao con nuevas que en aquella isla Española avía gran
cantidad de oro, y que a ella lo venían a comprar de otras par-

58. Quizá se trate del cacao.

tes, y dixéronle que allí hallaría cuanto quisiese. Vinieron
otros que confirmavan aver en ella mucho oro, y mostrávan-
le la manera que se tenía en cogello. Todo aquello entendía el
Almirante con pena, pero todavía tenía por cierto que en
aquellas partes avía grandíssima cantidad d'ello, y que hallando el lugar donde se saca, avrá gran barato d'ello, y según
imaginava que por no nada. Y torna a dezir que cree que deve
aver mucho, porque en tres días que avía qu'estava en aquel
puerto, avía avido buenos pedaços de oro, y no puede creer
que allí lo traigan de otra tierra. «Nuestro Señor, que tiene en
las manos todas las cosas, vea de me remediar y dar como
fuere su servicio.» Estas son palabras del Almirante. Dize que
aquella ora cree aver venido a la nao más de mill personas, y
que todos traían algo de lo que posseen, y antes que lleguen a
la nao con medio tiro de ballesta, se levantan en sus canoas en
pie y toman en las manos lo que traen, diziendo: «Tomad, tomad». También cree que más de quinientos vinieron a la nao
nadando por no tener canoas, y estava surta cerca de una legua de tierra. Juzgava que avían venido cinco señores y hijos
de señores, con toda su casa, mugeres y niños a ver los cristianos. A todos mandava dar el Almirante, porque todo diz que
era bien empleado, y dize: «Nuestro Señor me adereçe por su
piedad que halle este oro, digo su mina, que hartos tengo aquí
que dizen que la saben». Estas son sus palabras. En la noche
llegaron las barcas, y dixeron que avía gran camino hasta
donde venían, y que al monte de Caribata<n> hallaron muchas canoas con muy mucha gente que venían a ver al Almirante y a los cristianos del lugar donde ellos ivan. Y tenía por
cierto que si aquella fiesta de Navidad pudiera estar en aquel
puerto, viniera toda la gente de aquella isla, que estima ya por
mayor que Inglaterra, por verlos; los cuales se bolvieron todos con los cristianos a la población; la cual diz que affirmavan ser la mayor y la más conçertada de calles que otra de
las passadas y halladas hasta allí, la cual diz que es de parte
de la Punta Sancta, al Sueste cuasi tres leguas. Y como las ca-

noas andan mucho de remos, fuéronse delante a hazer saber
al caçique, qu'ellos llamaban allí. Hasta entonçes no avía podido entender el Almirante si lo dizen por rey o por governador. También dizen otro nombre por grande que llaman «nitai-
no»; no sabía si lo dezían por hidalgo o governador o juez. Finalmente el cacique vino a ellos y se ayuntaron en la plaça
qu'estava muy barrida todo el pueblo, qu'avía más de dos mill
hombres. Este rey hizo mucha honra a la gente de los navíos, y
los populares cada uno les traía algo de comer y de bever. Después el rey dio a cada uno unos paños de algodón que visten las
mugeres y papagallos para el Almirante y çiertos pedaços de
oro; davan también los populares de los mismos paños y otras
cosas de sus casas a los marineros por pequeña cosa que les davan, la cual, según la reçibían, pareçía que la estimavan por re-
liquias. Ya a la tarde, queriendo despedir, el rey les rogava que
aguardasen hasta otro día, lo mismo todo el pueblo. Visto que
determinavan su venida, venieron con ellos mucho del camino,
trayéndoles a cuestas lo qu'el cacique y los otros les avían dado
hasta las barcas, que quedavan a la entrada del río.

Lunes, 24 de Diziembre

Antes de salido el sol levantó las anclas, con el viento terral.
Entre los muchos indios que ayer avían venido a la nao, que
les avían dado señales de aver en aquella isla oro y nombrado
los lugares donde lo cogían, vido uno pareçe que más dis-
puesto y afiçionado o que con más alegría le hablava, y hala-
gólo rogándole que se fuese con él a mostralle las minas del
oro; este truxo otro compañero o pariente consigo, los cuales
entre los otros lugares que nombravan donde se cogía el oro,
dixeron de Çipango, al cual ellos llaman Çibao[59], y allí affir-

---

59. Cibao es una región de la isla que en efecto tuvo minas de oro. Si Cuba
es tierra firme y esta Española es isla que además tiene minas, no duda
Colón una vez más que se encuentra ante Cipango.

man que ay gran cantidad de oro y qu'el caçique trae las vanderas de oro de martillo[60], salvo que está muy lexos, al Leste.
El Almirante dize aquí estas palabras a los Reyes: «Crean
Vuestas Altezas que en el mundo todo no puede aver mejor
gente ni más mansa, deven tomar Vuestras Altezas grande
alegría porque luego los harán cristianos y los avrán enseña-
do en buenas costumbres de sus reinos, que más mejor gente
ni tierra puede ser, y la gente y la tierra en tanta cantidad que
yo no sé ya cómo lo escriva, porque yo e hablado en superla-
tivo grado <de> la gente y la tierra de la Juana, a que ellos llaman Cuba; mas ay tanta differençia d'ellos y d'ella a esta en
todo como del día a la noche, ni creo que otro ninguno, que
esto oviese visto oviese hecho ni dixesse menos de lo que yo
tengo dicho; y digo que es verdad que es maravilla las cosas de
acá y los pueblos grandes d'esta isla Española, que así la llamé, y ellos le llaman Bohío, y todos de muy singularíssimo
tracto amoroso y habla dulçe, no como los otros, que pareçe
cuando hablan que amenazan, y de buena estatura hombres y
mugeres, y no negros. Verdad es que todos se tiñen, algunos
de negro y otros de otra color, y los más de colorado; he sabido que lo hazen por el sol, que no les haga tanto mal; y las cosas y lugares tan hermosos, y con señorío en todos, como juez
o señor d'ellos, y todos le obedeçen que es maravilla, y todos
estos señores son de pocas palabras y muy lindas costumbres,
y su mando es lo más con hazer señas con la mano, y luego es
entendido que es maravilla». Todas son palabras del Almirante. Quien oviere de entrar en la mar de Sancto Thomé, se
debe meter una buena legua sobre la boca de la entrada sobre
una ileta llana que en el medio ay, que le puso nombre la Amiga, llevando la proa en ella; y después que llegare a ella con el
tiro[61] de una piedra, passe de la parte del Güeste y quédele
ella al Leste, y se llegue a ella y no a la otra parte, porque vie-

---

60. Pan de oro, que afinan golpeando con martillos.
61. En el manuscrito *ot°* que Navarrete corrigió en *tiro*.

ne una restringa muy grande del Güeste, e aun en la mar fuera d'ella ay unas tres bacas; y esta restringa se llega a la Amiga
un tiro de lombarda; y entremedias passará y hallará a lo más
baxo siete braças, y cascajos abaxo, y dentro hallará puerto
para todas las naos del mundo y que estén sin amarras. Otra
restringa y baxas vienen de la parte del Leste a la dicha isla
Amiga, y son muy grandes y salen en la mar mucho y llega
hasta el cabo cuasi dos leguas; pero entr'ellas pareçió que avía
entrada a tiro de dos lombardas. De la Amiga, y al pie del
monte Caribata[n] de la parte del Güeste, ay un muy buen
puerto y muy grande.

Martes, 25 de Diziembre, día de Navidad

Navegando con poco viento el día de ayer desde la mar de
Santo Thomé hasta la Punta Sancta, sobre la cual a una legua
estuvo así hasta passado el primer cuarto, que serían a las
onze oras de la noche, acordó echarse a dormir porque avía
dos días y una noche que no avía dormido. Como fuese calma, el marinero que governava la nao acordó irse a dormir y
dexó el governario a un moço grumete, lo que mucho siempre avía el Almirante prohibido en todo el viaje, que oviese
viento o que oviese calma: conviene a saber, que no dexasen
governar a los grumetes. El Almirante estava seguro de bancos y de peñas, porqu'el domingo, cuando enbió las barcas a
aquel rey, avían passado al Leste de la dicha Punta Sancta bien
tres leguas y media, y avían visto los marineros toda la costa y
los baxos que ay desde la dicha Punta Sancta al Leste Sueste
bien tres leguas, y vieron por dónde se podía passar, lo que
todo este viaje no hizo. Quiso Nuestro Señor que a las doze
oras de la noche, como avían visto acostar y reposar el Almirante y vían que era calma muerta y la mar como en una escudilla, todos se acostaron a dormir, y quedó el governallo en la
mano de aquel muchacho, y las aguas que corrían llevaron la

nao sobre uno de aquellos bancos; los cuales, puesto que
fuesse de noche, sonavan que de una grande legua se oyeran
y vieran, y fue sobre él tan mansamente que casi no se sentía.
El moço, que sintió el governalle y oyó el sonido de la mar, dio
bozes, a las cuales salió el Almirante, y fue tan presto que aún
ninguno avía sentido qu'estuviesen encallados. Luego el
maestre[62] de la nao, cuya era la guardia, salió. Y díxoles el Almirante a él y a los otros que halasen el batel que traían por
popa y tomasen un ancla y la echasen por popa; y él con otros
muchos saltaron en el batel, y pensaba el Almirante que hazían lo que les avía mandado. Ellos no curaron sino de huir a
la caravela, que estava a barlovento media legua. La caravela
no los quiso resçibir haciéndolo virtuosamente, y por esto
bolvieron a la nao, pero primero fue a ella la barca de la caravela. Cuando el Almirante vido que se huían y que era su gente, y las aguas menguavan y estava ya la nao la mar de través,
no viendo otro remedio, mandó cortar el mastel y alijar de la
nao todo cuanto pudieron para ver si podían sacarla; y como
todavía las aguas menguassen, no se pudo remediar, y tomó
lado hazia la mar traviesa, puesto que la mar era poca o nada,
y entonçes se abrieron los conventos y no la nao. El Almirante fue a la caravela para poner en cobro la gente de la nao en la
caravela, y como ventase ya ventezillo de la tierra y también
aún quedava mucho de la noche, ni suppiesen cuanto dura-
van los bancos, temporejó a la corda hasta que fue de día, y
luego fue a la nao por de dentro de la restringa del banco. Primero avía enbiado el batel a tierra con Diego de Arana, de
Córdova, alguazil de la armada, y Pero Gutiérrez, repostero
de la Casa Real, a hazer saber al rey que los avía enbiado a
conbidar y rogar el sábado que se fuese con los navíos a su
puerto, el cual tenía su villa adelante, obra de una legua y media del dicho banco. El cual como lo supo dizen que lloró y

---

62. Juan de la Cosa. Sólo tenemos el testimonio de Colón para culparle
del desastre.

enbió toda su gente de la villa con canoas muy grandes y muchas a descargar todo lo de la nao; y así se hizo y se descargó todo lo de las cubiertas en muy breve espacio; tanto fue el grande aviamiento y diligencia que aquel rey dio. Y él con su persona, con hermanos y parientes, estavan poniendo diligençia, así en la nao como en la guarda de lo que se sacava a tierra, para que todo estuvie<se> a muy buen recaudo. De cuando en cuando enbiava uno de sus parientes al Almirante llorando a lo consolar, diziendo que no rescibiese pena ni enojo, qu'él le daría cuanto tuviese. Certifica el Almirante a los Reyes que en ninguna parte de Castilla tan buen recaudo en todas las cosas se pudiera poner sin faltar un agujeta. Mandólo poner todo junto con las casas, entre tanto que se vaziavan algunas casas que quedía dar, donde se pusiese y guardase todo. Mandó poner hombres armados enrededor de todo, que velasen toda la noche. «Él, con todo el pueblo, lloravan; tanto», dice el Almirante, «son gente de amor y sin cudiçia y convenibles para toda cosa, que certifico a Vuestras Altezas que en el mundo creo que no ay mejor gente ni mejor tierra. Ellos aman a sus próximos como a sí mismos, y tienen una habla la más dulçe del mundo, y mansa y siempre con risa. Ellos andan desnudos, hombres y mugeres, como sus madres los parieron, mas crean Vuestras Altezas que entre sí tienen costumbres muy buenas, y el rey muy maravilloso estado, de una cierta manera tan continente qu'es plazer de verlo todo, y la memoria que tienen, y todo quieren ver, y preguntan qué es y para qué». Todo esto dice así el Almirante.

Miércoles, 26 de Diziembre

Oy, al salir del sol, vino el rey de aquella tierra, qu'estava en aquel lugar, a la caravela Niña donde estava el Almirante, y cuasi llorando le dixo que no tuviese pena, que él le daría cuanto tenía, y que avía dado a los cristianos qu'estavan en

tierra dos muy grandes casas, y que más les daría si fuesen
menester, y cuantas canoas pudiesen cargar y descargar la
nao, y poner en tierra cuanta gente quisiese, y que así lo avía
hecho ayer, sin que se tomase una migaja de pan ni otra cosa
alguna; «tanto», dize el Almirante, «son fieles y sin cudiçia de
lo ageno»; y así era sobre todos aquel rey virtuoso. En tanto
que el Almirante estava hablando con él, vino otra canoa de
otro lugar que traía ciertos pedaços de oro, los cuales quería
dar por un cascavel, porque otra cosa tanto no deseavan
como cascaveles, que aún no llega la canoa a bordo cuando
llamavan y mostravan los pedaços de oro diziendo «chuq
chuq», por cascaveles, que están en puntos de se tornar locos
por ellos. Después de aver visto esto, y partiéndose estas canoas que eran de los otros lugares, llamaron al Almirante y le
rogaron que les mandase guardar un cascavel hasta otro día,
porqu'él traería cuatro pedaços de oro tan grandes como la
mano. Holgó el Almirante al oír esto. Y después un marinero
que venía de tierra dixo al Almirante que era cosa de maravilla las pieças de oro que los cristianos qu'estavan en tierra res-
gatavan por no nada; por una agujeta[63] davan pedaços que
serían más de dos castellanos, y que entonçes no era nada al
respeto de lo que sería dende a un mes. El rey se holgó mucho
con ver al Almirante alegre y entendió que deseava mucho
oro, y díxole por señas que él sabía cerca de allí adónde avía
d'ello muy mucho en grande suma y qu'estuviese de buen coraçón, que él daría cuanto oro quisiese; y d'ello diz que le dava
razón, y en especial que lo avía en Çipango, a que ellos llamavan Çibao, en tanto grado que ellos no lo tienen en nada, y
qu'él lo trahería allí aunque también en aquella isla Española,
a quien llaman Bohío, y en aquella provinçia Caribata lo avía
mucho más. El rey comió en la caravela con el Almirante y
después salió con él en tierra donde hizo al Almirante mucha

---

63. Son los remates de los cordones con los que se atavan los jubones; seguramente, como anota Las Casas, serían de latón.

honra y le dio colaçión de dos o tres maneras de ajes y con camarones y caça y otras viandas qu'ellos tenían, y de su pan
que llamavan caçabí, dende lo llevó a ver unas verduras de árboles junto a las casas. Y andavan con él bien mill personas,
todos desnudos; el señor ya traía camisa y guantes, qu'el Almirante le avía dado, y por los guantes hizo mayor fiesta que
por cosa de las que le dio. En su comer, con su honestidad y
hermosa manera de limpieza, se mostrava bien ser de linaje.
Después de aver comido, que tardó buen rato estar a la mesa,
truxeron ciertas yervas con que se fregó mucho las manos;
creyó el Almirante que lo hazía para ablandarlas, y diéronle
aguamanos. Después que acabaron de comer llevó a la playa
al Almirante, y el Almirante enbió por un arco turquesco y un
manojo de flechas, y el Almirante hizo tirar a un hombre de
su compañía que sabía d'ello; y el señor, como no sepa qué
sean armas, porque no las tienen ni las usan, le pareció gran
cosa, aunque diz que el comienço fue sobre él habla de los Caniba, qu'ellos llaman caribes, que los vienen a tomar, y traen
arcos y flechas sin hierro, que en todas aquellas tierras no avía
memoria d'él ni de otro metal salvo de oro y de cobre, aunque
cobre no avía visto sino poco el Almirante. El Almirante le
dixo por señas que los Reyes de Castilla mandarían destruir a
los caribes y que a todos se los mandarían traer las manos
atadas. Mandó el Almirante tirar una lombarda y una espin-
garda, y viendo el effecto que su fuerça hazían y lo que pene-
travan, quedó maravillado, y cuando su gente oyó los tiros cayeron todos en tierra. Truxeron al Almirante una gran carátula que tenía grandes pedaços de oro en las orejas y en los
ojos y en otras partes, la cual le dio con otras joyas de oro
qu'el mismo rey avía puesto al Almirante en la cabeça y al
pescueço; y a otros cristianos que con él estavan dio también
muchas. El Almirante resçibió mucho plazer y consolación
d'estas cosas que vía, y se templó el angustia y pena que avía
rescibido y tenía de la pérdida de la nao, y cognosció que
Nuestro Señor avía hecho encallar allí la nao porque hiziese

allí asiento. «Y a esto», dize él, «vinieron tantas cosas a la mano, que verdaderamente no fue aquel desastre salvo gran ventura, porque es cierto», dize él, «que si yo no encallara, que yo fuera de largo sin surgir en este lugar, porqu'él está metido acá dentro en una grande baía y en ella dos o más restringas de baxas, ni este viaje dexara aquí gente, ni aunque yo quisiera dexarla no les pudiera dar tan buen aviamiento ni tantos pertrechos ni tantos mantenimientos ni adereço para fortaleza; y bien es verdad que mucha gente d'esta que va aquí me avían rogado y hecho rogar que les quisiese dar licencia para quedarse. Agora tengo ordenado de hazer una torre y fortaleza todo muy bien y una grande cava, no porque crea que aya esto menester por esta gente, porque tengo por dicho que con esta gente que yo traigo sojugaría toda esta isla, la cual creo qu'es mayor que Portugal y más gente al doblo, mas son desnudos y sin armas y muy cobardes fuera de remedio, mas es razón que se haga esta torre y se esté como se a d'estar, estando tan lexos de Vuestras Altezas, y porque cognozcan el ingenio de la gente de Vuestras Altezas y lo que pueden hazer, porque con amor y temor le obedezcan; y así ternán tablas para hazer toda la fortaleza d'ellas y mantenimientos de pan y vino para más de un año y simientes para sembrar y la barca de la nao y un calafate y un carpintero y un lombardero y un tonelero y muchos entr'ellos hombres que desean mucho, por servicio de Vuestras Altezas y me hazer plazer, de saber la ruina donde se coge el oro. Así que, todo es venido mucho a pelo, para que se faga este comienço; y sobre todo que, cuando encalló la nao, fue tan passo que cuasi no se sintió ni avía ola ni viento». Todo esto dize el Almirante. Y añade más para mostrar que fue gran ventura y determinada voluntad de Dios que la nao allí encallase porque dexase allí gente, que si no fuera por la traición del maestre y de la gente, que eran todos o los más de su tierra, de no querer enchar el ancla por popa para sacar la nao, como el Almirante les mandava, la nao se salvara, y así no pudiera saberse la tierra, dize

él, como se supo aquellos días que allí estuvo, y adelante por
los que aquí entendía dexar, porque él iva siempre con intençión de descubrir y no parar en parte más de un día, si no era
por falta de los vientos, porque la nao diz que era muy pesada
y no para el officio de descubrir. Y llevar tal nao diz que cau-
saron los de Palos que no cumplieron con el Rey e la Reina lo
que le avían prometido: dar navíos convenientes para aquella
jornada, y no lo hizieron. Concluye el Almirante diziendo que
de todo lo que en la nao avía no se perdió una agujeta ni tabla
ni clavo, porque ella quedó sana como cuando partió, salvo
que se cortó y rajó algo para sacar la vasija y todas las mercaderías; y pusiéronlas todas en tierra y bien guardadas, como
está dicho. Y dize qu'espera en Dios que, a la buelta que él entendía hazer de Castilla, avía de hallar un tonel de oro, que
avrían resgatado los que avía de dexar, y que avrían hallado la
mina del oro y la espeçería, y aquello en tanta cantidad que
los Reyes antes de tres años emprendiesen y adereçasen para
ir a conquistar la Casa Sancta[64], «que así», dize él, «protesté a
Vuestras Altezas que toda la ganançia d'esta mi empresa se
gastase en la conquista de Hierusalem, y Vuestras Altezas
se rieron y dixeron que les plazía, y que sin esto tenían aquella gana». Estas son palabras del Almirante.

Jueves, 27 de Diziembre

En saliendo el sol, vino a la caravela el rey de aquella tierra, y
dixo el Almirante que avía enbiado por oro, y que lo quería
cobrir todo de oro antes que se fuesse, antes le rogava que no
se fuese; y comieron con el Almirante el rey e un hermano
suyo y otro su pariente muy privado, los cuales dos le dixeron

---

64. Como ya demostró J. Gil («Colón y la "Casa Santa"», *Historiografía y
Bibliografía americanistas*, XXI, pp. 125-135), la conquista de Jerusalén es
una idea fija colombina; otra interpretación en A. Milhou, *Colón y su
mentalidad mesiánica*, Valladolid, 1983.

que querían ir a Castilla con él. Estando en esto, vinieron ciertos indios con nuevas[65] cómo la caravela Pinta estava en un
río al cabo de aquella isla; luego enbió el caçique allá una canoa y en ella el Almirante un marinero, porque amava tanto al
Almirante que era maravilla. Ya entendía el Almirante con
cuanta priesa podía por despacharle para la buelta de Castilla.

Viernes, 28 de Diziembre

Para dar orden y priesa en el acabar de hazer la fortaleza, y en
la gente que en ella avía de quedar, salió el Almirante en tierra
y pareçióle qu'el rey le avía visto cuando iva en la barca; el
cual se entró presto en su casa dissimulando y enbió a un su
hermano que resçibiese al Almirante, y llevólo a una de las casas que tenía dadas a la gente del Almirante, la cual era la mayor y mejor de aquella villa. En ella le tenían aparejado un estrado de camisas de palma donde le hizieron asentar. Después el hermano enbió un escudero suyo a dezir al rey qu'el
Almirante estava allí, como que el rey no sabía que era venido, puesto qu'el Almirante creía que lo dissimulava para ha-
zelle mucha más honra. Como el escudero se lo dixo, dio el
caçique diz que a correr para el Almirante y pasóle al pescueço una gran plasta de oro que traía en la mano. Estuvo allí con
él hasta la tarde, deliberando lo que avía de hazer.

Sábado, 29 de Diziembre

En saliendo el sol, vino a la caravela un sobrino del rey muy
moço y de buen entendimiento y «buenos hígados», como
dize el Almirante; y como siempre trabajase por saber

65. En el manuscrito, *vinieron como;* tomo de Las Casas (I, 61), «ciertos
indios con nuevas».

adónde se cogía el oro, preguntara a cada uno, porque por
señas ya entendía algo; y así aquel mançebo le dixo que a
cuatro jornadas avía una isla al Leste que se llamava Gua-
rionex, y otras que se llamavan Macorix y Mayonic y Fuma
y Çibao y Coroay[66], en las cuales avía infinito oro, los cuales nombres escrivió el Almirante; y supo esto que le avía
dicho un hermano del rey, e riñó con él, según el Almirante entendió. También otras vezes avía el Almirante entendido que el rey trabajava porque no entendiese donde nasçía
y se cogía el oro, porque no lo fuese a resgatar o comprar a
otra parte. «Mas es tanto y en tantos lugares y en esta misma isla Española», dize el Almirante, «que es maravilla».
Siendo ya de noche le enbió el rey una gran carátula de oro
y enbióle a pedir un bacín de aguamanos y un jarro; creyó
el Almirante que lo pedía para mandar hazer otro y así lo
enbió.

Domingo, 30 de Diziembre

Salió el Almirante a comer a tierra, y llegó a tiempo que avían
venido cinco reyes subjectos a aqueste que se llamava Guacanagari, todos con sus coronas, representando muy buen estado, que dize el Almirante a los Reyes que «Sus Altezas ovieran
plazer de ver la manera d'ellos». En llegando en tierra, el rey
vino a resçevir al Almirante y lo llevó de braços a la misma
casa de ayer, a do tenía un estrado y sillas en que asentó al Almirante, y luego se quitó la corona de la cabeça y se la puso al
Almirante, y el Almirante se quitó del pescueço un collar de
buenos alaqueques y cuentas muy hermosas de muy lindos
colores, que parecía muy bien en toda parte, y se lo puso a él,
y se desnudó un capuz de fina grana, que aquel día se avía

---

66. Una vez más malinterpreta Colón a los indios; como advierte Las Casas al margen, «éstas no eran islas sino provincias de la isla Española».

vestido, y se lo vistió, y enbió por unos borceguíes de color
que le hizo calçar, y le puso en el dedo un grande anillo de
plata, porque avían dicho que vieron una sortija de plata a un
marinero y que avía hecho mucho por ella. Quedó muy alegre
y muy contento, y dos de aquellos reyes qu'estavan con él vinieron adonde el Almirante estava con él y truxeron al Almirante dos grandes plastas de oro, cada uno la suya. Y estando
así vino un indio diziendo que avía dos días que dexara la caravela Pinta al Leste en un puerto. Tornóse el Almirante a la
caravela y Viçeinte Anes, capitán d'ella, affirmó que avía visto
ruibarbo, y que lo avía en la isla Amiga, qu'está a la entrada de
la mar de Sancto Thomé, qu'estava seis leguas de allí, e que
avía cognosçido los ramos y raíz. Dizen qu' el ruibarbo echa
unos ramitos fuera de tierra y unos frutos que pareçen moras
verdes cuasi secas, y el palillo qu'está cerca de la raíz es tan
amarillo y tan fino, como la mejor color que puede ser para
pintar, y debaxo de la tierra haze la raíz como una grande
pera.

Lunes, 31 de Diziembre

Aqueste día se ocupó en mandar tomar agua y leña para la
partida a España, por dar noticia presto a los Reyes, para que
enbiase navíos que descubriesen lo que quedava por descubrir, porque ya «el negoçio pareçía tan grande y de tanto
tomo que es maravilla», dixo el Almirante. Y dize que no quisiera partirse hasta que oviera visto toda aquella tierra que iva
hazia el Leste y andaría toda por la costa por saber también
diz que el tránsito de Castilla a ella, para traer ganados y otras
cosas. Mas como oviese quedado con un solo navío, no le
pareçía razonable cosa ponerse a los peligros que le pudieran ocurrir descubriendo. Y quexávase «que todo aquel mal
e inconveniente <venién de> averse apartado d'él la caravela Pinta.

Martes, 1 de Enero

A media noche despachó la barca que fuese a la isleta Amiga
para traer el ruibarbo; bolvió a bísperas con un serón d'ello,
no truxeron más por que no llevaron açada para cavar; aquello llevó por muestra a los Reyes. El rey de aquella tierra diz
que avía enbiado muchas canoas por oro. Vino la canoa que
fue a saber de la Pinta y el marinero y no la hallaron. Dixo
aquel marinero que veinte leguas de allí avían visto un rey que
traía en la cabeça dos grandes plastas de oro, y luego que los
indios de la canoa le hablaron se las quitó, y vido también
mucho oro a otras personas. Creyó el Almirante que el Rey
Guacanagari devía de aver prohibido a todos que no vendie-
sen oro a los cristianos, porque passasse todo por su mano,
mas él avía sabido los lugares, como dixo antier, donde lo avía
en tanta cantidad que no le tenían en preçio. También la espeçería que comen, dize el Almirante, es mucha y más vale que
pimienta y manegueta. Dexava encomendados a los que allí
quería dexar que oviesen cuanta pudiesen.

Miércoles, 2 de Enero

Salió de mañana en tierra para se despedir del rey Guacanagari e partirse en el nombre del Señor, e diole una camisa
suya, y mostróle la fuerça que tenían y effecto que hazían las
lombardas, por lo cual mandó armar una y tirar al costado de
la nao que estava en tierra, porque vino a propósito de plática sobre los caribes, con quien tienen guerra, y vido hasta
dónde llegó la lombarda y cómo passó el costado de la nao y
fue muy lexos la piedra por la mar. Hizo hazer también una
escaramuça con la gente de los navíos armada, diziendo al caçique que no oviese miedo a los caribes aunque viniesen.
Todo esto diz que hizo el Almirante porque tuviese por amigos a los cristianos que dexava, y por ponerle miedo que los

temiese. Llevólo el Almirante a comer consigo a la casa donde
estava aposentado, y a los otros que ivan con él. Encomendó-
le mucho el Almirante a Diego de Arana y a Pero Gutiérrez y
a Rodrigo Escobedo, que dexava juntamente por sus tenientes de aquella gente que allí dexava, porque todo fuese bien
regido y goverado a servicio de Dios y de Sus Altezas. Mostró
mucho amor el caçique al Almirante y gran sentimiento en su
partida, mayormente cuando lo vido ir a embarcarse. Dixo al
Almirante un privado de aquel rey, que avía mandado hazer
un estatua de oro puro tan grande como el mismo Almirante,
y que desde a diez días la avían de traer. Embarcóse el Almirante con propósito de se partir luego, mas el viento no le dio
lugar.

Dexó en aquella isla Española, que los indios diz que llamavan Bohío, treinta y nueve hombres con la fortaleza, y diz
que mucho amigos de aquel rey Guacanagari, e sobre aquellos por sus tenientes a Diego de Arana, natural de Córdova, y
a Pero Gutiérrez, repostero de estrado del Rey, criado del des-
pensero mayor, e a Rodrigo d'Escobedo, natural de Segovia,
sobrino de fray Rodrigo Pérez[67], con todos sus poderes que
de los Reyes tenía. Dexóles todas las mercaderías que los Reyes mandaron comprar para los resgates, que eran muchas,
para que las trocasen y resgatasen por oro, con todo lo que
traía la nao; dexóles también pan vizcocho para un año y
vino y mucha artillería, y la barca de la nao para que ellos,
como marineros que eran los más, fuesen, cuando viessen
que convenía, a descubrir la mina del oro, porque a la buelta que bolviese el Almirante hallase mucho oro; y lugar donde se assentasse una villa, porque aquel no era puerto a su voluntad, mayormente qu'el oro que allí traían venía diz que del
Leste, y cuanto más fuesen al Leste tanto estavan çercanos
d'España. Dexóles también simientes para sembrar y sus offi-

---

67. No sabemos quién pueda ser; quizá como aclara Las Casas se trate del
guardián de la Rábida, fray Juan Pérez.

ciales, escrivano y alguazil, y entre aquellos un carpintero de
naos y calafate y un buen lombardero, que sabe bien de inge-
nios, y un tonelero y un phísico y un sastre y todos diz que
hombres de la mar.

Jueves, 3 de Enero

No partió oy porque anoche diz que vinieron tres de los indios que traía de las islas que se avían quedado, y dixéronle
que los otros y sus mugeres vernían al salir del sol. La mar
también fue algo alterada, y no pudo la barca estar en tierra.
Determinó partir mañana mediante la gracia de Dios. Dixo
que si él tuviera consigo la caravela Pinta, tuviera por cierto
de llevar un tonel de oro, porque osafa seguir las costas d'estas islas, lo que no osava hazer por ser solo, porque no le acae-
çiese algún inconveniente, y se impidiese su buelta a Castilla y
la noticia que devía dar a los Reyes de todas las cosas que avía
hallado. Y si fuera cierto que la caravela Pinta llegara a salvamento en España con aquel Martín Alonso Pinçón, dixo que
no dexara de hazer lo que deseava, pero porque no sabía d'él
y porque, ya que vaya, podrá informar a los Reyes de menti-
ras porque no le manden dar la pena que él merecía, como
quien tanto mal avía hecho y hazía en averse ido sin liçençia y
estorvar los bienes que pudieran hazerse y saberse de aquella
vez dize el Almirante, confiava que Nuestro Señor le daría
buen tiempo y se podía remediar todo.

Viernes, 4 de Enero

Saliendo el sol, lebantó las anclas con poco viento, con la barca por proa, el camino del Norueste para salir fuera de la restringa, por otra canal más ancha de la que entró, la cual y
otras son muy buenas para ir por delante de la Villa de la Na-

vidad, y por todo aquello el más baxo fondo que halló fueron tres braças hasta nueve, y estas dos van de Norueste al Sueste, segund aquellas restringas eran grandes, que duran desde el Cabo Sancto hasta el Cabo de Sierpe, que son más de seis leguas, y fuera en la mar bien tres, y sobre el Cabo Sancto a una legua no ay más de ocho braças de fondo, y dentro del dicho cabo, de la parte del Leste, ay muchos baxos y canales para entrar por ellos; y toda aquella costa se corre Norueste Sueste y es toda playa, y la tierra muy llana hasta bien cuatro leguas la tierra adentro; después ay montañas muy altas, y es toda muy poblada de poblaciones grandes y buena gente, según se mostravan con los cristianos. Navegó así al Leste camino de un monte muy alto, que quiere pareçer isla pero no lo es, porque tiene participación con tierra muy baxa; el cual tiene forma de un alfaneque muy hermoso, al cual puso nombre Monte Cristo, el cual está justamente al Leste de el Cabo Sancto, y avrá diez y ocho leguas. Aquel día, por ser el viento muy poco, no pudo llegar al Monte Cristi con seis leguas. Halló cuatro isletas de arena muy baxas, con una restringa que salía mucho al Norueste y andava mucho al Sueste. Dentro ay un grande golpho que va desde el dicho monte al Sueste bien veinte leguas, el cual deve ser todo de poco fondo y muchos bancos, y dentro d'él en toda la costa muchos ríos no navegables, aunque aquel marinero qu'el Almirante enbió con la canoa a saber nuevas de la Pinta, dixo que vido un río en el cual podían entrar naos. Surgió por allí el Almirante seis leguas de Monte en diez y nueve braças, dando la buelta a la mar por apartarse de muchos baxos y restringas que por allí avía, donde estuvo aquella noche. Da el Almirante aviso que el que oviere de ir a la Villa de la Navidad que cognosciere a Monte Cristo, deve meterse en la mar dos leguas, etc., pero porque ya se sabe la tierra y más por allí no se pone aquí; concluye que Cipango estaba en aquella isla y que ay mucho oro y espeçería y almáciga y ruibarbo.

Sábado, 5 de Enero

Cuando el sol quería salir, dio la vela con el terral. Después ventó Leste, y vido que de la parte del Susueste del Monte Cristo, entre él y una isleta, parecía ser buen puerto para surgir esta noche, y tomó el camino al Lesueste y después al Sursueste bien seis leguas açerca del Monte; y halló, andadas las seis leguas, diez y siete braças de hondo y muy limpio, y anduvo así tres leguas con el mismo fondo. Después abaxó a doze braças hasta el morro del Monte, y sobre el morro del Monte a una legua halló nueve, y limpio todo, arena menuda. Siguió así el camino hasta que entró entre el Monte y la isleta, adonde halló tres braças y media de fondo con baxamar muy singular puerto, adonde surgió. Fue con la barca a la isleta, donde halló huego y rastro que avían estado allí pescadores. Vido allí muchas piedras pintada de colores, o cantera de piedras tales de labores naturales†, muy hermosas diz que para edifiçios de iglesia o de otras obras reales, como las que halló en la isleta de Sant Salvador. Halló también en esta isleta muchos pies de almáciga. Este Monte Cristo diz que es muy hermoso y alto y andable, de muy linda hechura; y toda la tierra çerca d'él es baxa, muy linda, campiña, y él queda así alto que, viéndolo de lexos, pareçe isla que no comunique con alguna tierra. Después del dicho Monte, al Leste vido un cabo a XXVIIII millas, al cual llamó Cabo del Bezerro, desde el cual hasta el dicho Monte passa<n> en la mar bien dos leguas unas restringas de baxos, aunque le pareçió que avía entr'ellas canales para poder entrar; pero conviene que sea de día y vaya soldando con la barca primero. Desd'el dicho Monte al Leste hazia el cabo del Bezerro las cuatro leguas es todo playa y tierra muy baxa y hermosa, y lo otro es todo tierra muy alta y grandes montañas labradas y hermosas; y dentro de la tierra va una sierra de Nordeste al Sueste, la más hermosa que avía visto, que pareçe propria como la sierra de Córdova. Parecen también muy lexos otras montañas muy altas ha-

zia el Sur y del Sueste y muy grandes valles y muy verdes y
muy hermosos y muchos ríos de agua; todo esto en tanta cantidad apazible que no creía encareçerlo la milléssima parte.
Después vido, al Leste del dicho Monte, una tierra que pareçía otro monte así como aquel de Cristo en grandeza y hermosura; y dende a la cuarta del Leste al Nordeste es tierra no
tan alta, y avría bien cien millas o çerca.

Domingo, 6 de Enero

Aquel puerto es abrigado de todos los vientos, salvo de Norte
y Norueste, y dize que poco reinan por aquella tierra, y aun
d'estos se pueden guareçer detrás de la isleta; tiene tres hasta
cuatro braças. Salido el sol, dio la vela por ir la costa delante,
la cual toda corría al Leste, salvo que es menester dar reguardo a muchas restringas de piedra y arena que ay en la dicha
costa. Verdad es que dentro d'ella ay buenos puertos y buenas
entradas por sus canales. Después de mediodía ventó Leste
rezio, y mandó subir a un marinero al topo del mastel para
mirar los baxos, y vido venir la caravela Pinta con Leste a
popa, y llegó el Almirante; y porque no avía donde surgir por
ser baxo, bolvióse el Almirante al Monte Cristi a desandar
diez leguas atrás que avía andado, y la Pinta con él. Vino Martín Alonso Pinçón a la caravela Niña, donde iva el Almirante,
a se escusar diziendo que se avía partido d'él contra su voluntad, dando razones para ello. Pero el Almirante dize que eran
falsas todas, y que con mucha sobervia y cudiçia se avía apartado aquella noche que se apartó d'él, y que no sabía, dize el
Almirante, de dónde le oviese venido las sobervias y desho-
nestidad que avía usado con él aquel viaje, las cuales quiso el
Almirante dissimular, por no dar lugar a las malas obras de
Sathanás, que deseava impedir aquel viaje, como hasta entonçes avía hecho, sino que por dicho de un indio de los qu'el
Almirante le avía encomendado con otros que lleva<va> en

su caravela, el cual le avía dicho que en una isla que se llamava Baneque avía mucho oro, y como tenía el navío sotil y ligero,
se quiso apartar y ir por sí, dexando al Almirante. Pero el Almirante quísose detener y costear la isla Ioana y la Española, pues
todo era un camino del Leste. Después que Martín Alonso fue
a la isla Baneque diz que y no halló nada de oro, se vino a la costa de la Española, por información de otros indios que le dixeron aver en aquella isla Española, que los indios llamavan Bohío, mucha cantidad de oro y muchas minas; y por esta causa
llegó cerca de la villa de La Navidad obra de quinze leguas, y
avía entonçes más de veinte días; por lo cual parece que fueron
verdad las nuevas que los indios davan, por las cuales enbió el
rey Guacanagari la canoa, y el Almirante al marinero, y devía
de ser ida, cuando la canoa llegó. Y dize aquí el Almirante que
resgató la caravela mucho oro, que por un cabo de agujeta le
davan buenos pedaços de oro del tamaño de dos dedos y a veces como la mano, y llevava el Martín Alonso la mitad y la otra
mitad se repartía por la gente. Añade el Almirante, diziendo a
los Reyes: «Así que, Señores Príncipes, que yo cognozco que
milagrosamente mandó quedar allí aquella nao Nuestro Señor,
porqu'es el mejor lugar de toda la isla para hazer al assiento y
más açerca de las minas de oro». También diz que supo que detrás de la isla Ioana, de la parte del Sur, ay otra isla grande, en
que ay mayor cantidad de oro que en esta, en tanto grado que
cogían los pedaços mayores que havas, y en la isla Española se
cogían los pedaços de oro de las minas como granos de trigo.
Llamávase diz que aquella isla Yamaye. También diz que supo
el Almirante que allí hazia el Leste, avía una isla adonde no avía
sino solas mujeres[68], y esto diz que de muchas personas lo sabía, y que aquella isla Española <y> la otra isla Yamaye estava
cerca de tierra firme diez jornadas de canoa, que podía ser sesenta o setenta leguas, y que era la gente vestida allí.

68. Más adelante, el 7 de enero, las situará en la isla de Matininó (Marti-
nica).

Lunes, 7 de Enero

Este día hizo tomar una agua que hazía la caravela <a> cala-
fetalla, y fueron los marineros en tierra a traer leña, y diz que
hallaron muchos almácigos y lináloe.

Martes, 8 de Enero

Por el viento Leste y Sueste mucho que ventava no partió este
día, por lo cual mandó que se guarneciese la caravela de agua
y leña y de todo lo nescessario para todo el viaje, porque, aunque tenía voluntad de costear toda la costa de aquella Española que andando el camino pudiese, pero, porque los que puso
en las caravelas por capitanes, que eran hermanos, conviene a
saber, Martín Alonso Pinçón, y Viçeinte Anes, y otros que les
seguían con soberbia y cudiçia, estimando que todo era ya
suyo, no mirando la honra qu'el Almirante les avía hecho y
dado, no avían obedeçido ni obedeçían sus mandamientos,
antes hazían y dezían muchas cosas no devidas contra él y el
Martín Alonso lo dexó desde 21 de Noviembre hasta seis de
Enero sin causa ni razón, sino por su desobediencia, todo lo
cual el Almirante avía çufrido y callado por dar buen fin a su
viaje; así que, por salir de tan mala compañía, con los cuales
dize que complía dissimular, aunque gente desmandada, y
aunque tenía diz que consigo muchos hombres de bien, pero
no era tiempo de entender en castigo, acordó bolverse y no
parar más con la mayor priesa que le fuesse possible. Entró en
la barca y fue al río, que es allí junto hazia el Sursueste del
Monte Cristo una grande legua, donde ivan los marineros a
tomar agua para el navío, y halló que el arena de la boca del
río, el cual es muy grande y hondo, era diz que toda llena de
oro, y en tanto grado que era maravilla, puesto que era muy
menudo. Creía el Almirante que por venir por aquel río abaxo se desmenuzava por el camino, puesto que dize que en

poco espaçio halló muchos granos tan grandes como lante-
jas, mas de lo menudito dize que avía mucha cantidad. Y porque la mar era llena y entrava la agua salada con la dulçe,
mandó subir con la barca el río arriba un tiro de piedra; hin-
cheron los barriles desde la barca, y volviéndose a la caravela,
hallavan metidos por los aros de los barriles pedaçitos de oro,
y lo mismo en los aros de la pipa. Puso por nombre el Almirante al río el Río de Oro, el cual de dentro passada la entrada
muy hondo, aunque la entrada es baxa y la boca muy ancha; y
d'él a la villa de La Navidad diez y siete leguas. Entre medias
ay otros muchos ríos grandes, en especial tres, los cuales
creía que devían tener mucho más oro que aquel, porque son
más grandes, puesto qu'este es cuasi tan grande como Guadalquivir por Córdova, y d'ellos a las minas del oro no hay
veinte leguas. Dize más el Almirante, que no quiso tomar de
la dicha arena que tenía tanto oro, pues Sus Altezas lo tenían
todo en casa y a la puerta de su villa de La Navidad, sino venirse a más andar, por llevalles las nuevas y por quitarse de la
mala compañía que tenía y que siempre avía dicho que era
gente desmandada.

Miércoles, 9 de Enero

A media noche levantó las velas con el viento Sueste y navegó
al Lesnordeste; llegó a una punta que llamó Punta Roxa, que
está justamente al Leste del Monte Cristo sesenta millas, y al
abrigo d'ella surgió a la tarde, que serían tres otras antes que
anocheçiese. No osó salir de allí de noche, porque avía muchas restringas, hasta que se sepan, porque después serán
provechosas si tienen, como deven tener, canales, y tienen
mucho fondo y buen surgidero seguro de todos vientos. Estas
tierras, desde Monte Cristo hasta allí donde surgió, son tierras altas y llanas y muy lindas campiñas, y a las espaldas muy
hermosos montes que van de Leste a Güeste, y son todos la-

brados y verdes, qu'es cosa de maravilla ver su hermosura, y
tienen muchas riberas de agua. En toda esta tierra ay muchas
tortugas, de las cuales tomaron los marineros en el Monte
Cristi que venían a desovar en tierra, y eran muy grandes
como una grande tablachina. El día passado, cuando el Almirante iva al río del Oro, dixo que vido tres serenas[69] que salieron bien alto de la mar, pero no eran tan hermosas como las
pintan, que en alguna manera tenían forma de hombre en la
cara; dixo que otras vezes vido algunas en Guinea en la Costa
Manegueta. Dize qu'esta noche con el nombre de Nuestro Señor partiría a su viaje, sin más detenerse en cosa alguna, pues
avía hallado lo que buscava, porque no quiere más enojo con
aquel Martín Alonso hasta que Sus Altezas supiesen las nuevas de su viaje y de lo que a hecho. «Y después no çufriré»,
dize él, «hechos de malas personas y de poca virtud, las cuales contra quien les dio aquella honra presumen hazer su voluntad con poco acatamiento».

Jueves, 10 de Enero

Partióse de donde avía surgido y, al sol puesto, llegó a un río,
al cual puso nombre Río de Gracia; dista de la parte del Sueste
tres leguas. Surgió a la boca, qu'es buen surgidero a la parte del
Leste; para entrar dentro tiene un banco, que no tiene sino
dos braças de agua y muy angosto; dentro es buen puerto çerrado, sino que tiene mucha bruma. Y d'ella iva la caravela
Pinta, donde iva Martín Alonso, muy maltratada, porque diz
que estuvo allí resgatando diez y seis días, donde resgataron
mucho oro, que era lo que deseava Martín Alonso. El cual,
después que supo de los indios que el Almirante estava en la
costa de la misma isla Española y que no lo podía errar, se
vino para él, y diz que quisiera que toda la gente del navío ju-

69. Sirenas, que como los marinos de la época confunde con las focas.

rara que no avían estado allí sino seis días; mas diz que era
cosa tan pública su maldad, que no podía encobrir; el cual,
dize el Almirante, tenía hechas leyes que fuese para él la mitad
del oro que se resgatase o se oviese. Y cuando ovo de partirse
de allí, tomó cuatro hombres indios y dos moços por fuerça,
a los cuales el Almirante mandó dar de vestir y tornar en
tierra que se fuesen a sus casas, «lo cual», dize, «es servicio
de Vuestras Altezas, porque hombres y mugeres son todos de
Vuestras Altezas, así d'esta isla en especial como de las otras.
Mas aquí, donde tienen ya asiento Vuestras Altezas, se deve
hazer honra y favor a los pueblos, pues que en esta isla ay tanto oro y buenas tierra y espeçería».

Viernes, 11 de Enero

A media noche salió del río de Gracia con el terral. Navegó al
Leste hasta un cabo que llamó Belprado cuatro leguas; y de
allí al Sueste está el monte a quien puso Monte de Plata, y diz
que ay ocho leguas. De allí del cabo de Belprado, al Leste
cuarta del Sueste, está el cabo que dixo del Ángel, y ay diez y
ocho leguas; y d'este cabo al Monte de Plata ay un golpho
y tierras las mejores y más lindas del mundo, todas campiñas
altas y hermosas, que van mucho la tierra dentro, y después
ay una sierra, que va de Leste a Güeste, muy grande y muy
hermosa; y al pie del monte ay un puerto muy bueno, y en la
entrada tiene quatorze braços. Y este monte es muy alto y
hermoso, y todo esto es poblado mucho. Y creía el Almirante
devía aver buenos ríos y mucho oro. Del cabo del Ángel al
Leste cuarta del Sueste ay cuatro leguas a una punta que puso
del Hierro, y al mismo camino, a cuatro leguas, está una punta que llamó la Punta Seca. Y de allí al mismo camino, a seis
leguas, está el cabo que dixo Redondo, y de allí al Leste está el
cabo Françés; y en este cabo, de la parte del Leste, ay una angla grande, mas no le pareçió aver surgidero. De allí una legua

está el cabo del Buen Tiempo; d'este al Sur cuarta del Sueste ay
un cabo que llamó Tajado una grande legua; d'este hazia el
Sur vido otro cabo, que pareçióle que avría quinze leguas. Oy
hizo gran camino, por\<que\> el viento y las corrientes ivan
con él. No osó surgir por miedo a los baxos, y así estuvo a la
corda toda la noche.

Sábado, 12 de Enero

Al cuarto del alva, navegó al Leste con viento fresco y anduvo
así hasta el día, y en este tiempo veinte millas, y en dos oras
después andaría veinte y cuatro millas. De allí vido al sur tierra y fue hazia ella, y estaría d'ella 48 millas; y dize que dado
reguardo al navío andaría esta noche 28 millas al Nornordeste. Cuando vido la tierra, llamó a un cabo que vido el cabo de
Padre y Hijo, porque a la punta de la parte del Leste tiene dos
farallones, mayor el uno qu'el otro. Después al Leste dos leguas vido una grande abra y muy hermosa entre dos grandes
montañas, y vido que era grandíssimo puerto, bueno y de
muy buena entrada, pero por ser muy de mañana y no perder
camino, porque por la mayor parte del tiempo haze por allí
Lestes y entonçes le lleva Nornorueste, no quiso detenerse,
mas siguió su camino al Leste hasta un cabo muy alto y muy
hermoso y todo de piedra tajado, a quien puso por nombre
cabo del Enamorado, el cual estava al Leste de aquel puerto a
quien llamó Puerto Sacro 32 millas. Y en llegando a él descubrió otro muy más hermoso y más alto y redondo, de peña
todo, así como el cabo de San Viçeinte en Portugal, y estava
del Enamorado al Leste 12 millas; después que allegó a empa-
rejarse con el del Enamorado, vido, entremedias d'él y de
otro, vido que se hazía una grandíssima baía que tiene de an-
chor tres leguas, y en medio d'ella está una isleta pequeñuela;
el fondo es mucho a la entrada hasta tierra. Surgió allí en doze
braças; enbió la barca en tierra por agua y por ver si avían len-

gua, pero la gente toda huyó; surgió también por ver si toda
era aquella una tierra con la Española. Y lo que dixo ser golpho sospechava no fuese otra isla por sí; quedava espantado
de ser tan grande la isla Española.

Domingo, 13 de Enero

No salió d'este puerto por no hazer terral con que saliese.
Quisiera salir por ir a otro mejor puerto, porque era algo descubierto, y porque quería ver en qué parava la conjunción de
la luna con el sol, qu'esperava a 17 d'este mes, y la opposición
d'ella con Júpiter y conjunción con Mercurio y el sol en oppósito con Júpiter[70], que es causa de grandes vientos. Enbió la
barca a tierra en una hermosa playa para que tomasen de los
ajes para comer, y hallaron ciertos hombres con arcos y flechas, con los cuales se pararon a hablar, y les compraron dos
arcos y muchas flechas y rogaron a uno d'ellos que fuese a hablar al Almirante a la caravela y vino. El cual diz que era muy
disforme en el acatadura más que otros que oviese visto: tenía
el rostro todo tiznado de carbón, puesto que en todas partes
acostumbran de se teñir de diversas colores; traía todos los
cabellos muy largos y encogidos y atados atrás, y después
puestos en una redezilla de plumas de papagayos, y él así desnudo como los otros. Juzgó el Almirante que devía de ser de
los caribes[71] que comen los hombres, y que aquel golfo que
ayer avía visto que hazía apartamiento de tierra y que sería
isla por sí. Preguntóle por los caribes y señalóle al Leste, cerca
de allí; la cual diz que ayer vio el Almirante antes que entrase
en aquella baía, y díxole el indio que en ella avía mucho oro,

70. Dice Las Casas al margen: «Por aquí parece que el Almirante sabía
algo de astrología, aunque estos planetas parece que no están bien puestos, por falta del mal escribano que los trasladó».
71. Y aclara Las Casas: «No eran caribes ni los hobo en la Española jamás».

señalándole la popa de la caravela que era bien grande, y que pedaços avía tan grandes. Llamava al oro «tuob» y no entendía por «caona», como le llaman en la primera parte de la isla, ni por «noçay», como lo nombravan en San Salvador y en las otras islas. Al alambre[72] o a un oro baxo llaman en la Española «tuob». De la isla de Matinino[73] dixo aquel indio que era toda poblada de mugeres sin hombres, y que en ella ay muy mucho «tuob», qu'es oro o alambre, y que es más al Leste de Carib. También dixo de la isla de Goanin[74], adonde ay mucho «tuob». D'estas islas dize el Almirante que avía por muchas personas noticia. Dize más el Almirante, que en las islas passadas estavan con gran temor de Carib, y en algunas le llamavan Caniba, pero en la Española Carib; y que deve de ser gente arriscada, pues andan por todas estas islas y comen la gente que pueden aver; dize que entendía algunas palabras, y por ellas diz que saca otras cosas, y que los indios que consigo traía entendían más, puesto que fallava differençia de lenguas por la gran distancia de las tierras. Mandó dar al indio de comer y dióle pedaços de paño verde y colorado y cuentezuelas de vidrio, a qu'ellos son muy affiçionados; y tornóle a enbiar a tierra y díxole que truxese oro si lo avía, lo cual creía por algunas cositas suyas qu'él traía. En llegando la barca a tierra, estavan detrás los árboles bien cincuenta y cinco hombres desnudos, con los cabellos muy largos, así como las mugeres los traen en Castilla; detrás de la cabeça traían penachos de plumas de papagayos y de otras aves y cada uno traía su arco. Descendió el indio en tierra y hizo que los otros dexasen sus

---

72. Cobre.
73. Las Casas nos dice que nunca hubo amazonas en esta isla. Existía, sin embargo, una tradición de mujeres arauacas al Este, lo que quizá pudo confirmar a Colón en esta idea. Marco Polo y Mandevilla, lecturas colombinas, situaban en los confines de Asia una isla de hombres y otra de mujeres.
74. Como señala Las Casas, no se trata de una isla sino del oro bajo, consistente en una aleación de oro, plata y cobre.

arcos y flechas y un pedaço de palo que es como un *** muy
pesado que traen en lugar de espada; los cuales después se llegaron a la barca, y la gente de la barca salió a tierra y comen-
çáronles a comprar los arcos y flechas y las otras armas, por
qu'el Almirante así lo tenía ordenado. Vendidos dos arcos no
quisieron dar más, antes se aparejaron de arremeter[75] a los
cristianos y prendellos. Fueron corriendo a tomar sus arcos y
flechas donde los tenían apartados y tornaron con cuerdas en
las manos para diz que atar los cristianos. Viéndolos venir corriendo a ellos, estando los cristianos apercibidos, porque
siempre los avisava d'esto el Almirante, arremetieron los cristianos a ellos, y dieron a un indio una gran cuchillada en las
nalgas, y a otro por los pechos hirieron con una saetada; <a>
lo cual, visto que podían ganar poco, aunque no eran los cristianos sino siete y ellos cincuenta y tantos, dieron a huir que
no quedó ninguno, dexando uno aquí las flechas y otro allí
los arcos. Mataran diz que los cristianos muchos d'ellos, si el
piloto que iva por capitán d'ellos no lo estorvara. Bolviéronse
luego a la caravela los cristianos con su barca, y sabido por el
Almirante, dixo que por una parte le avía placido y por otra
no, porque ayan miedo a los cristianos, porque sin duda, dize
él, la gente de allí es diz que de mal hazer y que creía que eran
los de Carib y que comiesen los hombres, y porque viniendo
por allí la barca que dexó a los XXXIX hombres en la fortaleza y villa de la Navidad, tengan miedo de hazerles algún mal;
y que si no son de los caribes, al menos deven de ser fronteros
y de las mismas costumbres y gente sin miedo, no como los
otros de las otras islas, que son cobardes y sin armas fuera de
razón. Todo esto dize el Almirante y que querría tomar algunos d'ellos. Diz que hazían muchas ahumadas como acostumbravan en aquella isla Española.

75. Primera refriega de que tenemos constancia en la isla Española, como
apunta Las Casas.

Lunes, 14 de Enero

Quisiera enbiar esta noche a buscar las casas de aquellos indios por tomar algunos d'ellos, creyendo que eran caribes, y
*** por el mucho Leste y Nordeste y mucha ola que hizo en la
mar, pero ya de día vieron mucha gente de indios en tierra,
por lo cual mandó el Almirante ir allá la barca con gente bien
adereçada, los cuales luego vinieron todos a la popa de la barca, y especialmente el indio qu'el día antes avía venido a la caravela y el Almirante le avía dado las cosillas de resgate. Con
este diz que venía un rey, el cual avía dado al indio dicho unas
cuentas que diese a los de la barca en señal de seguro y de paz.
Este rey, con tres de los suyos, entraron en la barca y vinieron a
la caravela. Mandóles el Almirante dar de comer vizcocho y
miel, y diole un bonete colorado y cuentas y un pedaço de paño
colorado y a los otros también pedaços de paño; el cual dixo
que traería mañana una carátula de oro, afirmando que allí
avía mucho, y en Carib y en Matinino. Después los enbió a tierra bien contentos. Dize más el Almirante, que le hazían agua
mucha las caravelas por la quilla, y quéxase mucho de los cala-
fates, que en Palos las calafetearon muy mal, y que cuando vieron qu'el Almirante avía entendido el defecto de su obra y los
quisiera constreñir a que la emendaran, huyeron. Pero no obs-
tante la mucha agua que las caravelas hazían, confía en Nuestro
Señor que le truxo le tornará por su piedad y misericordia, que
bien sabía su Alta Magestad cuánta controversia tuvo primero
antes que se pudiese expedir de Castilla, que ninguno otro fue
en su favor sino Él, porque Él sabía su coraçón y, después de
Dios, Sus Altezas, y todo lo demás le avía sido contrario sin razón alguna. Y dize más así: «Y an seído causa que la Corona
Real de Vuestras Altezas no tenga cient cuentos de renta más de
la que tiene después que yo vine a les servir, que son siete años
agora, a veinte días de Henero este mismo mes[76], y más lo que

76. Es la indicación más precisa que tenemos sobre la llegada de Colón a
Castilla: 1485.

acreçentado sería de aquí en adelante; mas aquel poderoso Dios remediará todo». Estas son sus palabras.

Martes, 15 de Enero

Dize que se quiere partir porque ya no aprovecha nada detenerse, por aver passado aquellos desconciertos (deve dezir del escándalo de los indios). Dize también que oy a sabido que toda la fuerça del oro estava en la comarca de la villa de La Navidad de Sus Altezas, y que en la isla de Carib avía mucho alambre y en Matinino, puesto que será dificultoso en Caribú porque aquella gente diz que come carne humana, y que de allí se pareçía la isla d'ellos, y que tenía determinado de ir a ella, pues está en el camino, y a la de Matinino, que diz que era poblada toda de mugeres sin hombres, y ver la una y la otra, y tomar diz que algunos d'ellos. Enbió el Almirante la barca a tierra, y el rey de aquella tierra no avía venido porque diz que la población estava lexos, mas enbió su corona de oro como avía prometido, y vinieron otros muchos hombres con algodón y con pan y ajes, todos con sus arcos y flechas. Después que todo lo ovieron resgatado, vinieron diz que cuatro mancebos a la caravela, y pareciéronle al Almirante dar tan buena cuenta de todas aquellas islas que estavan hazia el Leste, en el mismo camino qu'el Almirante avía de llevar, que determinó de traer a Castilla consigo. Allí diz que no tenían hierro ni otro metal que se oviese visto, aunque en pocos días no se puede saber de una tierra mucho, así por la dificultad de la lengua, que no entendía el Almirante sino por discreçión, como porque ellos no saben lo qu'él pretendía en pocos días. Los arcos de aquella gente diz que eran tan grandes como los de Francia e Inglaterra; las flechas son proprias como las azagayas de las otras gentes que hasta allí avía visto, que son de los pimpollos de las cañas cuando son simiente, que quedan muy derechas y de longura de una vara y media y de dos, y

después ponen al cabo un pedaço de palo agudo de un palmo
y medio; y ençima d'este palillo algunos le inxieren un diente
de pescado, y algunos y los más le ponen allí yerva, y no tiran
como en otras partes, salvo por una cierta manera que no
pueden mucho offender. Allí avía muy mucho algodón y muy
fino y luengo, y ay muchas almáçigas, y paresçíale que los arcos eran de texo, y que ay oro y cobre; también ay mucho axí,
qu'es su pimienta, d'ella que vale más que pimienta, y toda la
gente no come sin ella, que la halla muy sana; puédense cargar cincuenta caravelas cada año en aquella Española. Dize
que halló mucha yerva en aquella baía de la que hallavan en el
golpho cuando venía al descubrimiento, por lo cual creía que
avía islas al Leste hasta en derecho de donde las començó a
hallar, porque tiene por cierto que aquella yerva nasçe en
poco fondo, junto a tierra; y dize que si así es, muy cerca estavan estas Indias de las islas de Canaria, y por esta razón creía
que distavan menos de cuatroçientas leguas.

Miércoles, 16 de Enero

Partió antes del día, tres oras, del golpho que llamó el golfo de
las Flechas con viento de la tierra, después con viento Güeste
llevando la proa al Leste cuarta del Nordeste, para ir diz que a
isla de Carib donde estava la gente a quien todas aquellas islas
y tierras tanto miedo tenían; porque diz que con sus canoas
sin número andavan todas aquellas mares, y diz que comían
los hombres que pueden aver. La derrota diz que le avía<n>
mostrado unos indios de aquellos cuatro que tomó ayer en el
puerto de las Flechas. Después de aver andado a su pareçer 64
millas señaláronle los indios quedaría la dicha isla al Sueste.
Quiso llevar aquel camino y mandó templar las velas, y después de aver andado dos leguas, refrescó el viento muy bueno
para ir a España. Notó en la gente que començó a entriste-
çerse por desviarse del camino derecho, por la mucha agua

que hazían ambas caravelas, y no tenían algún remedio salvo
el de Dios. Ovo de dexar el camino que creía que lleva de la
isla y bolvió al derecho de España, Nordeste cuarta del Leste,
y anduvo así hasta el sol puesto 48 millas, que son doze leguas. Dixéronle los indios que por aquella vía hallaría la isla
de Matinino, que diz que era poblada de mugeres sin hombres, lo cual el Almirante mucho quisiera por llevar diz que a
los Reyes cinco o seis d'ellas. Pero dudava que los indios supiesen bien la derrota, y él no se podía detener por el peligro
del agua que cogían las caravelas, mas diz que era cierto que
las avía y que cierto tiempo del año venían los hombres a ellas
de la dicha isla de Carib, que diz qu'estava d'ellas diez o doze
leguas, y si parían niño enbiávanlo a la isla de los hombres, y
si niña, dexávanla consigo. Dize el Almirante que aquellas
dos islas no devían distar de donde avía partido XV o XX leguas, y creía que eran al Sueste, y que los indios no le supieron
señalar la derrota. Después de perder de vista el cabo que
nombró Sant Theramo de la isla Española, que le quedava al
Güeste diez y seis leguas, anduvo doze leguas al Leste cuarta
del Nordeste. Llevava muy buen tiempo.

Jueves, 17 de Enero

Ayer, al poner del sol, calmóle algo el viento, andaría 14 ampolletas, que tenía cada una media ora o poco menos, hasta el
rendir del primer cuarto, y andaría cuatro millas por ora que
son 28 millas. Después refrescó el viento y anduvo así todo
aquel cuarto, que fueron diez ampolletas, y después otras seis,
hasta salido el sol, ocho millas por ora, y así andaría por todas
ochenta y cuatro millas, que son 21 leguas, al Nordeste cuarta del Leste, y hasta el sol puesto andaría unas cuarenta y cuatro millas, que son onze leguas, al Leste. Aquí vino un alcatraz
a la caravela, y después otro, y vido mucha yerva de la que está
en la mar.

Viernes, 18 de Enero

Navegó con poco viento esta noche al Leste cuarta del Sueste cuarenta millas, que son 10 leguas, y después al Sueste cuarta del Leste 30 millas, que son 7 leguas y media, hasta salido el sol. Después de salido sol navegó todo el día con poco viento Lenordeste y Nordeste y con Leste más y menos, puesta la proa a vezes al Norte y a vezes a la cuarta del Nordeste y al Nornordeste; y así, contando lo uno y lo otro, creyó que andaría sesenta millas, que son 15 leguas. Pareçió poca yerva en la mar, pero dize que ayer y oy pareçió la mar cuajada de atunes, y creyó el Almirante que de allí devían de ir a las almadravas del duque de Conil y de Caliz. Por un pescado que se llama rabiforcado que anduvo alrededor de la caravela y después se fue la vía del Sursueste, creyó el Almirante que avía por allí algunas islas; y al Lesueste de la isla Española dixo que quedava la isla de Carib y la de Matinino y otras muchas.

Sábado, 19 de Enero

Anduvo esta noche cincuenta y seis millas al Norte cuarta del Nordeste, y 64 al Nordeste cuarta del Norte. Después del sol salido, navegó al Nordeste con el viento Lessueste con viento fresco, y después a la cuarta del Norte, y andaría 84 millas, que son veinte y una leguas. Vido la mar cuajada de atunes pequeños, ovo alcatrazes, rabos de juncos y rabiforcados.

Domingo, 20 de Enero

Calmó el viento esta noche, y a ratos ventava unos balços de viento, y andaría por todo veinte millas al Nordeste. Después del sol salido andaría onze millas al Sueste, después al Nornordeste 36 millas, que son nueve leguas. Vido infinitos atu-

nes pequeños. Los aires diz que muy suaves y dulçes, como en
Sevilla por Abril o Mayo, y la mar dize, a Dios sean dadas muchas gracias, siempre muy llana. Rabiforcados y pardelas, y
otras aves muchas pareçieron.

Lunes, 21 de Enero

Ayer después del sol puesto, navegó al Norte cuarta del Nordeste, con el viento Leste y Nordeste; andaría 8 millas por ora
hasta media noche, que serían cincuenta y seis millas; después anduvo al Nornordeste 8 millas por ora, y así serían en
toda la noche ciento y cuatro millas, que son XXVI leguas, a
la cuarta del Norte de la parte del Nordeste. Después del sol
salido navegó al Nornordeste con el mismo viento Leste, y a
vezes a la cuarta del Nordeste, y andaría 88 millas en onze
oras que tenía el día, que son 21 leguas, sacada una que perdió
porque arribó sobre la caravela Pinta por hablalle. Hallava los
aires más fríos y pensava diz que hallarlos más cada día cuanto más se llegase al Norte, y también por las noches ser más
grandes por el angostura de la espera. Pareçieron muchos rabos de juncos y pardelas y otras aves, pero no tanto peçes, diz
que por ser el agua más fría. Vido mucha yerva.

Martes, 22 de Enero

Ayer después del sol puesto navegó al Nornordeste con viento Leste y tomava del Sueste; andava 8 millas por ora hasta
passadas cinco ampolletas, y tres de antes que se començase
la guardia, que eran ocho ampolletas; y así avría andado setenta y dos millas, que son diez ocho leguas. Después anduvo
a la cuarta del Nordeste al Norte seis ampolletas, que serían
otras 18 millas. Después cuatro ampolletas de la segunda
guarda al Nordeste, seis millas por ora, que son tres leguas al

Nordeste. Después, hasta el salir del sol anduvo al Lesnordeste onze ampolletas[77], seis leguas por ora, que son siete leguas. Después al Lesnosdeste hasta las onze oras del día 32 millas, y así calmó el viento y no anduvo más en aquel día. Nadaron los indios. Vieron rabos de juncos y mucha yerva.

Miércoles, 23 de Enero

Esta noche tuvo muchos mudamientos en los vientos; tanteando todo y dados los reguardos que los marineros buenos suelen y deven dar, dize que andaría esta noche al Nordeste cuarta del Norte 84 millas, que son 21 leguas. Esperava muchas vezes a la caravela Pinta, porque andava mal de la bolina, porque se ayudava poco de la mezana por el mástel no ser bueno. Y dize que si el capitán d'ella qu'e<s> Martín Alonso Pinçón, tuviera tanto cuidado de proveerse de un buen mástel en las Indias, donde tantos y tales avía, como fue cudiçioso de se apartar d'él, pensando de hinchir el navío de oro, él lo pusiera bueno. Pareçieron muchos rabos de juncos y mucha yerva; el cielo todo turbado estos días, pero no avía llovido, y la mar siempre muy llana como en un río. A Dios sean dadas muchas gracias. Después del sol salido, andaría al Nordeste franco cierta parte del día 30 millas, que son siete leguas y media, y después lo demás anduvo al Lesnordeste otras treinta millas, que son siete leguas y media.

Jueves, 24 de Enero

Andaría esta noche toda, consideradas muchas mudanças que hizo el viento, la Nordeste 44 millas, que fueron onze le-

---

77. Once ampolletas son cinco horas y media, que a seis leguas por hora serían 33 millas, que según el cálculo habitual de Colón (cuatro millas por legua) darían ocho leguas y cuarta en vez de siete.

guas. Después de salido el sol hasta puesto andaría al Lesnordeste quatorze leguas.

Viernes, 25 de Enero

Navegó esta noche al Lesnordeste un pedaço de la noche,
que fueron treze ampolletas, nueve leguas y media; después
anduvo al Nornordeste otras seis millas. Salido el sol todo
el día, porque calmó el viento, andaría al Lesnordeste 28
millas, que son 7 leguas. Mataron los marineros una tonina
y un grandíssimo tiburón, y diz que lo abían bien menester,
porque no traían ya de comer sino pan y vino y ajes de las
Indias.

Sábado, 26 de Enero

Esta noche anduvo al Leste cuarta del Sueste 56 millas que
son quatorze leguas. Después del sol salido, navegó a las vezes
al Lessueste y a las vezes al Sueste; andaría hasta las onze oras
del día cuarenta millas. Después hizo otro bordo, y después
anduvo a la relinga, y hasta la noche anduvo hazia el Norte 24
millas, que son seis leguas.

Domingo, 27 de Enero

Ayer después del sol puesto, anduvo al Nordeste y al Norte y
al Norte cuarta del Nordeste, y andaría cinco millas por ora,
y en treze oras serían 65 millas, que son 16 leguas y media.
Después del sol salido, anduvo hazia el Nordeste 24 millas,
que son seis leguas hasta mediodía, y de allí hasta el sol puesto andaría tres leguas al Lesnordeste.

Lunes, 28 de Enero

Esta noche toda navegó al Lesnordeste; andaría 36 millas, que
son 9 leguas. Después del sol salido, anduvo hasta el sol puesto al Lesnordeste 20 millas, que son cinco leguas. Los aires halló templados y dulçes. Vido rabos de juncos y pardelas, y
mucha yerva.

Martes, 29 de Enero

Navegó al Lesnordeste, y andaría en la noche con Sur y Sudueste 39 millas, que son 9 leguas y media. En todo el día andaría 8
leguas. Los aires muy templados, como en Abril en Castilla. La
mar muy llana. Peçes que llaman dorados vinieron a bordo.

Miércoles, 30 de Enero

En toda esta noche andaría 7 leguas al Lesnordeste. De día
corrió al Sur cuarta al Sueste treze leguas y media. Vido rabos
de juncos y mucha yerva y muchas toninas.

Jueves, 31 de Enero

Navegó esta noche al Norte cuarta del Nordeste treinta millas, y después al Nordeste treinta y cinco millas, que son diez
y seis leguas. Salido el sol hasta la noche anduvo al Lesnordeste 13 leguas y media. Vieron rabo de junco y pardelas.

Viernes, 1 Hebrero

Anduvo esta noche al Lesnordeste 16 leguas y media. El día
corrió al mismo camino 29 leguas y un cuarto. La mar muy
llana, a Dios gracias.

Sábado, 2 de Hebrero

Anduvo esta noche al Lesnordeste cuarenta millas, que son 10
leguas. De día con el mismo viento a popa corrió 7 millas por
ora, por manera que en onze oras anduvo 77 millas, que son
19 leguas y cuarta. La mar muy llana, gracias a Dios, y los aires muy dulçes. Vieron tan cuajada la mar de yerva, que si no
la ovieran visto, temieran ser baxos. Pardelas vieron.

Domingo, 3 de Hebrero

Esta noche, yendo a popa con la mar muy llana, a Dios gracias, andaría 29 leguas. Parecióle la estrella del Norte muy
alta, como en el cabo de Sant Viceinte. No pudo tomar el altura con el astrolabio ni cuadrante, porque la ola no le dio lugar.
El día navegó al Lesnordeste su camino, y andaría diez millas
por ora, y así, en onze horas, 27 leguas.

Lunes, 4 de Hebrero

Esta noche navegó al Leste cuarta del Nordeste; parte anduvo
12 millas por ora y parte diez, y así andaría 130 millas, que
son 32 leguas y media. Tuvo el cielo muy turbado y llovioso y
hizo algún frío, por lo cual diz que cognoscía que no avía llegado a las islas de los Açores. Después del sol levantado mudó
el camino y fue al Leste. Anduvo en todo el día 77 millas que
son 19 leguas y cuarta.

Martes, 5 de Hebrero

Esta noche navegó al Leste; andaría toda ella 54 millas, que
son quatorze leguas menos media. El día corrió 10 millas por
ora, y así en onze oras fueron 110 millas, que son 27 leguas y

media. Vieron pardelas y unos palillos, que era señal qu'estavan cerca de tierra.

Miércoles, 6 de Hebrero

Navegó esta noche al Leste; andaría onze millas por ora; en treze oras de la noche, andaría 143 millas que son 35 leguas y cuarta. Vieron muchas aves y pardelas. El día corrió 14 millas por ora y así anduvo aquel día 154 millas, que son 38 leguas y media, de manera que fueron entre día y noche 74 leguas poco más o menos. Viçeinte Anes <halló> que oy por la mañana le quedava la isla de Flores al Norte, y la de la Madera al Leste. Roldán dixo que la isla del Fayal o la de Sant Gregorio le quedava al Nornordeste y el Puerto Sancto al Leste. Pareçió mucha yerva.

Jueves, 7 de Hebrero

Navegó esta noche al Leste; andaría 10 millas por ora, y así, en treze oras 130 millas, que son 32 leguas y media. El día, ocho millas por ora, en onze oras 88 millas, que son 22 leguas. En esta mañana estava el Almirante al Sur de la isla de Flores 75 leguas, y el pilo<to> Pero Alonso yendo al Norte passava entre la Terçera y la de Sancta María, y al Leste passava de barlovento de la isla de la Madera doze leguas de la parte del Norte. Vieron los marineros yerva de otra manera de la passada, de la que ay mucha en las islas de los Açores. Después se vido de la passada.

Viernes, 8 de Hebrero

Anduvo esta noche tres millas por ora al Leste por un rato y después caminó a la cuarta del Sueste. Anduvo toda la noche 12 leguas. Salido el sol hasta mediodía corrió 27 millas; después hasta el sol puesto otras tantas, que son treze leguas, al Sursueste.

Sábado, 9 de Hebrero

Un rato d'esta noche andarían tres leguas al Sursueste, y después al Sur cuarta del Sueste, después al Nordeste hasta las diez oras del día otras cinco leguas, y después hasta la noche anduvo 9 leguas al Leste.

Domingo, 10 de Hebrero

Después del sol puesto, navegó al Leste toda la noche 130 millas, que son 32 leguas y media. El sol salido hasta la noche anduvo 9 millas por ora, y así anduvo en onze oras 99 millas, que son 24 leguas y media y una cuarta. En la caravela del Almirante carteavan <y> echavan punto Viceinte Yanes y los dos pilotos Sancho Ruiz y Pero Alonso Niño y Rondán, y todos ellos passavan mucho adelante de las islas de las Açores al Leste por sus cartas; y navegando al Norte ninguno tomara la isla de Sancta María, qu'es la postrera de todas las de los Açores, antes serían delante con cinco leguas, e fueran en la comarca de la isla de la Madera o en el Puerto Sancto. Pero el Almirante se hallava muy desviado de su camino, hallándose mucho más atrás qu'ellos porque esta noche le quedavan la isla de Flores al Norte, y al Leste iva en demanda a Nafe en África, y pasava a barlovento de la isla de la Madera de la parte del Norte *** leguas; así qu'ellos estavan más cerca de Castilla qu'el Almirante con 150 leguas. Dize que, mediante la gracia de Dios, desque vean tierra se sabrá quién andava más cierto. Dize aquí también que primero anduvo 263 leguas de la isla de Hierro a la venida que viese la primera yerva, etc.

Lunes, 11 de Hebrero

Anduvo esta noche doze millas por ora a su camino, y así en toda ella contó 39 leguas, y en todo el día corrió 16 leguas y media. Vido muchas aves, de donde creyó estar cerca de tierra.

Martes, 12 de Hebrero

Navegó al Leste seis millas por ora esta noche, y andaría hasta el día 73 millas, que son 18 leguas y un cuarto. Aquí començó a tener grande mar y tormenta; y si no fuera la caravela diz que muy buena y bien adereçada, temiera perderse. El día correría onze o doze leguas, con mucho trabajo y peligro.

Miércoles, 13 de Hebrero

Después del sol puesto hasta el día, tuvo gran trabajo del viento y de la mar muy alta y tormenta; relampagueó hazia el Nornordeste tres vezes; dixo ser señal de gran tempestad que avía de venir de aquella parte o de su contrario. Anduvo a árbol seco lo más de la noche, después dio una poca de vela y andaría 52 [y dos] millas, que son treze leguas. En este día blandeó un poco el viento, pero luego creció y la mar se hizo terrible, y cruzavan las olas que atormentavan los navíos. Andaría 55 millas, que son treze leguas y media.

Jueves, 14 de Hebrero

Esta noche creció el viento y las olas eran espantables, contraria una de otra, que cruzavan y embaraçaban el navío que no podía passar delante ni salir de entre medias d'elas y quebravan en él; llevava el papahigo muy baxo, para que solamente lo sacase algo

de las ondas; andaría así tres oras y correría 20 millas. Crecía
mucho la mar y el viento, y viendo el peligro grande, começó a
correr a popa donde el viento le llevase, porque no avía otro remedio. Entonçes començó a correr también la caravela Pinta en
que iva Martín Alonso, y desapareçió[78], aunque toda la noche
hizo faroles el Almirante y el otro le respondía, hasta que parez
que no pudo más por la fuerça de la tormenta y porque se hallava muy fuera del camino del Almirante. Anduvo el Almirante
esta noche al Nordeste cuarta del Leste 54 millas, que son 13 leguas. Salido el sol, fue mayor el viento y la mar cruzando más terrible; llevava el papahigo solo y baxo, para qu'el navío saliese de
entre las ondas que cruzavan, porque no lo hundiesen. Andava
el camino del Lesnordeste y después a la cuarta hasta el Nordeste; andaría seis oras así, en ellas 7 leguas y media. Él ordenó que
se echase un romero que fuese a Sancta María de Guadalupe y
llevase un çirio de cinco libras de çera y que hiziesen voto todos
que al que cayesse la suerte cumpliese la romería, para lo cual
mandó traer tantos garvanços cuantas personas en el navío
venían y señalar uno con un cuchillo, haziendo una cruz, y me-
tellos en un bonete bien rebueltos. El primero que metió la mano
fue el Almirante y sacó el garvanço de la cruz; y así cayó sobre él
la suerte y desde luego se tuvo por romero y deudor de ir a complir el voto. Echóse otra vez la suerte para enbiar romero a Santa María de Loreto, que está en la marca de Ancona, tierra del
Papa, qu'es casa donde Nuestra Señora a hecho y haze muchos
y grandes milagros, y cayó la suerte a un marinero del Puerto de
Sancta María que se llamava Pedro de Villa, y el Almirante le
prometió de le dar dineros para las costas. Otro romero acordó
que se enbiase a que velase una noche en Sancta Clara de Moguer y hiziese dezir una missa, para lo cual se tornaron a echar
los garvanços, con el de la cruz, y cayó la suerte al mismo Almirante. Después d'esto el Almirante y toda la gente hizieron voto
de, en llegando a la primera tierra, ir todos en camissa en pro-

---

78. Fue llevado por la tormenta al puerto de Bayona (Galicia).

çessión a hazer oración en una Iglesia que fuese de la invocación de Nuestra Señora. Allende los votos generales o comunes, cada uno hazía en espeçial su voto, porque ninguno pensava escapar, teniéndose todos por perdidos, según la terrible tormenta que padeçían. Ayudava a acrecentar el peligro que venía el navío con falta de lastre, por averse alivianado la carga, siendo ya comidos los bastimento y el agua y vino bevido, lo cual, por cudiçia del próspero tiempo que entre las islas tuvieron, no proveyó al Almirante, teniendo propósito de lo mandar lastrar en la isla de las mugeres, adonde lleva\<va\> propósito de ir. El remedio que para esta neçessidad tuvo fue, cuando hazerlo pudieron, henchir las pipas que tenían, vazías de agua y vino, de agua de la mar, y con esto en ella se remediaron.

Escrive aquí el Almirante las causas que le ponían temor de que allí Nuestro Señor no quisiese que pereçiese y otras que le davan esperança de que Dios lo avía de llevar en salvamento para que tales nuevas como llevava a los Reyes no pareçiesen. Pareçíale qu'el deseo grande que tenía de llevar estas nuevas tan grandes y mostrar que avía salido verdadero en lo que avía dicho y proferídose a descubrir, le ponía grandíssimo miedo de no lo conseguir, y que cada mosquito diz que le podía perturbar e impedir. Atribúyelo esto a su poca fe y desfalleçimiento de confiança de la Providencia divina. Confortávale, por otra parte, las mercedes que Dios le avía hecho en dalle tanta victoria, descubriendo lo que descubierto avía y complídole Dios todos sus deseos, aviendo passado en Castilla en sus despachos muchas adversidades y contrariedades. Y que como ante oviese puesto su fin y endereçado todo su negoçio a Dios y le avía oído y dado todo lo que le avía pedido, devía creer que le daría complimiento de lo començado y le llevaría en salvamento; mayormente que, pues le avía librado a la ida, cuando tenía mayor razón de temer de los trabajos que \<tenía\> con los marineros y gente que llevava, los cuales todos a una boz estavan determinados de se bolver y alçáronse contra él, haziendo protestaçiones, y el Eterno Dios le dio esfuerço y valor contra todos, y otras cosas de mucha maravilla que Dios avía mostrado en él y por él en aquel viaje, allende aquellas que Sus Altezas sabían de las personas de su casa. Así que dize que no deviera temer la dicha tormenta; mas su flaqueza y congoxa, dize él, «no me dexava asensar la anima». Dize más, que también le dava gran pena dos hijos que tenía en Córdoba al estudio, que los dexava güérfanos de padre y madre en tierra estraña, y los Reyes no sabían los servicios que les avía en aquel viaje hecho y las nuevas tan prósperas que les llevava para que se moviesen a los remediar. Por esto y porque supiesen sus Altezas cómo Nuestro Señor le avía dado victoria de todo lo que deseava de las Indias y suppiese<n> que ninguna tormenta avía en aquellas partes, lo cual dize que ese puede cognosçer por la yerva y árboles qu'están naçidos y crecidos hasta dentro en la mar, y porque, si se perdiese con aquella tormenta, los Reyes oviesen notiçia de su viaje, tomó un pargamino y escrivió en él todo lo que pudo de todo lo que avía hallado, rogando mucho a quien lo hallase que lo llevase a los Reyes. Este pargamino enbolvió en un paño ençerado, atado muy bien, y mandó traer un gran barril de madera, y púsolo en él sin que ninguna persona supiese qué era, sino que pensaron todos que era alguna devoción; y así lo mandó echar en la mar. Después, con los aguaceros y turbionadas, se mudó el viento al Güeste y andaría así a popa sólo con el triquete cinco oras con la mar muy desconçertado, y andaría dos leguas y media al Nordeste. Avía quitado el papahigo de la vela mayor, por miedo que alguna onda de la mar no se lo llevase del todo.

Viernes, 15 de Hebrero

Ayer, después del sol puesto, començó a mostrarse claro el cielo de la vanda del Güeste, y mostrava que quería de hazia allí ventar; dio la boneta a la vela mayor; todavía la mar era altíssima, aunque iva algo baxándose. Anduvo al Lesnordeste cuatro millas por ora y en treze oras de noche fueron treze le-

guas. Después del sol salido, vieron tierra; parecíales por proa
al Lesnordeste; algunos dezían que era la isla de la Madera,
otros que era la roca de Sintra en Portugal, junto a Lisboa.
Saltó luego el viento por proa Lesnordeste, y la mar venía
muy alta del Güeste; avría de la caravela a la tierra 5 leguas. El
Almirante, por su navegaçión, se hallava estar con las islas de
los Açores, y creía que aquella era una d'ellas. Los pilotos y
marineros se hallavan ya en tierra de Castilla.

Sábado, 16 de Hebrero

Toda esta noche anduvo dando bordos por encavalgar la tierra que ya se cognoscía ser isla; a vezes iva al Nordeste, otras
al Nornordeste, hasta que salió el sol, que tomó la buelta del
Sur por llegar a la isla que ya no vían por la gran çerrazón, y
vido por popa otra isla que distaría 8 leguas. Después del sol salido hasta la noche, anduvo dando bueltas por llegarse a la tierra con el mucho viento y mar que llevava. Y al dezir de la *Salve,* qu'es a boca de noche, algunos vieron lumbre de sotavento
y pareçía que devía ser la isla que vieron ayer primero, y toda la
noche anduvo barloventeando y allegándose lo más que podía,
para ver si al salir del sol vía alguna de las islas. Esta noche reposó el Almirante algo, porque desde el miércoles no avía dormido ni podido dormir y quedava muy tollido de las piernas
por estar siempre desabrigado al frío y al agua y por el poco comer. El sol salido navegó al Sursudueste y a la noche llegó a la
isla, y por la gran çerrazón no pudo cognosçer qué isla era.

Lunes, 18 de Hebrero

Después, ayer, del sol puesto, anduvo rodeando la isla para
ver dónde avía de surgir y tomar lengua. Surgió con una ancla que luego perdió. Tornó a dar la vela y barloventeó toda la

noche. Después del sol salido, llegó otra vez de la parte de
Norte de la isla, y donde le pareçió surgió con un ancla; y enbió la barca en tierra y ovieron habla con la gente de la isla, y
supieron cómo era la isla de Sancta María, una de las de los
Açores, y enseñáronles el puerto donde avían de poner la caravela; y dixo la gente de la isla que jamás avían visto tanta
tormenta como la que avía hecho los quinze días passados, y
que se maravillavan cómo avían escapado; los cuales diz que
dieron muchas gracias a Dios e hizieron muchas alegrías por
las nuevas que s'abían de aver el Almirante descubierto las Indias. Dize el Almirante que aquella su navegación avía sido
muy cierta y que avía carteado bien, que fuesen dadas muchas gracias a Nuestro Señor, aunque se hazía algo delantero,
pero tenía por cierto qu'estava en la comarca de las islas de los
Açores y que aquella era una d'ellas. Y diz que fingió aver andado más camino por desatinar a los pilotos y marineros que
carteavan, por quedar él señor de aquella derrota de las Indias, como de hecho queda, porque ninguno de todos ellos
traía su camino cierto, por lo cual ninguno puede estar seguro de su derrota para las Indias.

Martes, 19 de Hebrero

Después del sol puesto, vinieron a la ribera tres hombres de la
isla y llamaron; enbióles la barca, en la cual vinieron y truxeron gallinas y pan fresco; y era día de Carnestolendas[79], y truxeron otras cosas que le enbiava el capitán de la isla, que se
llamava Juan de Castañeda, diziéndole que lo cognoscía muy
bien y que por ser noche no venía a vello, pero que, en amaneciendo, vernía y traería más refresco y traería consigo tres
hombres que allá quedavan de la caravela, y que no los enbiava por el gran plazer que con ellos tenía oyendo las cosas de su

79. Miércoles de ceniza, comienzo de la Cuaresma.

viaje. El Almirante mandó hazer mucha honra a los mensajeros y mandóles dar camas en que durmiesen aquella noche,
porque era tarde y estava la población lexos. Y porqu'el jueves
passado, cuando se vido en la angustia de la tormenta, hizieron el voto y votos susodichos y el de que en la primera tierra
donde oviese casa de Nuestra Señora saliesen en camisa, etc.,
acordó que la mitad de la gente fue<se> a complillo a una ca-
sita que estava junto con la mar como hermita, y él iría después con la otra mitad. Viendo que era tierra segura y confiando en las ofertas del capitán y en la paz que tenía Portogal
con Castilla, rogó a los tres hombres que se fuesen a la población y hiziesen venir un clérigo para que les dixese una missa.
Los cuales idos en camisa, en cumplimento de su romería, y
estando en su oración, saltó contra ellos todo el pueblo a cavallo y a pie con el capitán y prendiéronlos a todos[80]. Después, estando el Almirante sin sospecha esperando la barca
para salir él a complir su romería con la otra gente hasta las
onze del día, viendo que no venían, sospechó que los dete-
nían o que la barca se avía quebrado, porque toda la isla estaba cercada de peñas muy altas. Esto no podía ver el Almirante porque la hermita estava detrás de una punta. Levantó el
ancla y dio la vela hasta en derecho de la hermita y vido muchos de cavallo que se apearon y entraron en la barca con armas, y vinieron a la caravela para prender al Almirante. Le-
vantóse el capitán en la barca y pidió seguro al Almirante.
Dixo que se lo dava, pero ¿qué innovación era aquella que no
vía ninguno de su gente en la barca? Y añidió el Almirante
que viniese y entrase en la caravela, qu'él haría todo lo qu'él
quisiese. Y pretendía el Almirante con buenas palabras traello
por prendello para recuperar su gente, no creyendo que vio-
lava la fe dándole seguro, pues él, aviéndole ofreçido paz y se-

---

80. La actitud del capitán Castañeda se entiende ante el temor por parte
de los portugueses de que se tratase de una expedición castellana a las
costas africanas. Una vez comprobados los hechos los dejarían marchar.

guridad, lo avía quebrantado. El capitán como diz que traía
mal propósito, no se fió a entrar: visto que no se llegava a la
caravela, rogóle que le dixese la causa porque detenía su gente, y que d'ello pesaría al Rey de Portogal, y que en tierra de
los Reyes de Castilla reçibían los portogueses mucha honra y
estavan seguros como en Lisboa, y que los Reyes <le> avían
dado carta de recomendaçión para todos los príncipes y
señores y hombres del mundo, las cuales le mostraría si se
quisiese llegar, y qu'él era su Almirante del mar Oçéano y
Visorey de las Indias, que agora eran de Sus Altezas, de lo cual
mostraría las provisiones firmadas de sus firmas y sellada con
sus sellos, las cuales le enseñó de lexos, y que los Reyes estavan en mucho amor y amistad con el Rey de Portogal y le
avían mandado que hiziese toda la honra que pudiese a los navíos que topase de Portugal, y que, dado que no le quisiese
darle su gente, no por esto dexaría de ir a Castilla, pues tenía
harta gente para navegar hasta Sevilla, y serían él y su gente
bien castigados, haziéndole aquel agravio. Entonçes respondió el capitán y los demás no cognoscer acá Rey e Reina de
Castilla, ni sus cartas, ni le avían miedo, antes les darían a saber qué era Portugal, cuasi amenazando. Lo cual oído, el Almirante ovo mucho sentamiento y diz que pensó si avía passado algún desconcierto entre un reino y otro después de su
partida, y no se pudo çufrir que no les respondiese lo que era
razón. Después tornóse diz que a levantar aquel capitán desde lexos y dixo al Almirante que se fuese con la caravela al
puerto, y que todo lo que él hazía y avía hecho, el Rey su Señor se lo avía enbiado a mandar; de lo cual el Almirante tomó
testigos los que en la caravela estavan, y tornó el Almirante a
llamar al capitán y a todos ellos y les dio su fe y prometió,
como quien era, de no descender ni salir de la caravela hasta
que llevase un ciento de portogueses a Castilla y despoblar
toda aquella isla. Y así se bolvió a surgir en el puerto donde
estava primero, porqu'el tiempo y viento era muy malo para
hazer otra cosa.

Miércoles, 20 de Hebrero

Mandó adereçar el navío y hinchir las pipas de agua de la mar por lastre, porque estava en muy mal puerto y temió que se le cortasen las amarras; y así fue, por lo cual dio la vela hazia la isla de Sant Miguel, aunque en ninguna de las de los Açores ay buen puerto para el tiempo que entonçes hazía, y no tenía otro remedio sino huir a la mar.

Jueves, 21 de Hebrero

Partió ayer de aquella isla de Sancta María para la isla de Sant Miguel, para ver si hallara puerto para poder çufrir tan mal tiempo como hazía, con mucho viento y mucha mar, y anduvo hasta la noche sin poder ver tierra una ni otra por la gran cerrazón y escurana que el viento y la mar causavan. El Almirante dize qu'estava con poco plazer, porque no tenía sino tres marineros solos que supiesen de la mar, porque los que más allí estavan no sabían de la mar nada. Estuvo a la corda toda esta noche con muy mucha tormenta y grande peligro y trabajo, y en lo que Nuestro Señor le hizo merced fue que la mar o las ondas d'ella venían de sola una parte, porque si cruzaran como las passadas, muy mayor mal padeçiera. Después del sol salido, visto que no vía la isla de Sant Miguel, acordó tornarse a la Sancta María por ver si podía cobrar su gente y la barca y las amarras y anclas que allá dexava. Dize que estava maravillado de tan mal tiempo como avía en aquellas islas y partes, porque en las Indias navegó todo aquel invierno sin surgir, e avía siempre buenos tiempos, y que una sola ora no vido la mar que no se pudiese bien navegar, y en aquellas islas avía padeçido tan grave tormenta, y lo mismo le acaeçió a la ida hasta las islas de Canaria; pero, passado d'ellas siempre halló los aires y la mar con gran templança. Concluyendo, dize el Almirante que bien dixeron los sacros theólogos y los sabios philósophos que el Paraíso Terrenal está en el fin de

Oriente, porque es lugar temperadíssimo. Así que aquellas tierras que agora él avía descubierto, es –dize él– el fin del Oriente.

Viernes, 22 de Hebrero

Ayer surgió en la isla de Santa María en el lugar o puerto donde primero avía surgido, y luego vino un hombre a capear desde unas peñas que allí estavan fronteras, diziendo que no se fuesen de allí. Luego vino la barca con cinco marineros y dos clérigos y un escrivano; pidieron seguro, y dado por el Almirante, subieron a la caravela; y porque era noche durmieron allí y el Almirante les hizo la honra que pudo. A la mañana le requirieron que les mostrasse poder de los Reyes de Castilla para que a ellos les constase cómo con poder d'ellos avía hecho aquel viaje. Sintió el Almirante que aquello hazían por mostrar color que no avían en lo hecho errado, sino que tuvieron razón, porque no avían podido aver la persona del Almirante, la cual devieran de pretender coger a las manos, y con temor de lo qu'el Almirante les avía dicho y amenazado; lo cual tenía propósito de hazer, y creyó que saliera con ello. Finalmente, por aver la gente que le tenían, ovo de mostralles la carta general de los Reyes para todos los príncipes y señores de encomienda y otras provisiones; y dioles de lo que tenía y fuéronse a tierra contenetoes, y luego dexaron toda la gente con la barca, de los cuales supo que, si tomaran al Almirante nunca lo dexaran libre, porque dixo el capitán que el Rey, su señor, se lo avía así mandado.

Sábado, 23 de Hebrero

Ayer començó a querer abonançar el tiempo. Levantó las anclas y fue a rodear la isla para buscar algún buen surgidero para tomar leña y piedra para lastre, y no pudo tomar surgidero hasta oras de completas.

Domingo, 24 de Hebrero

Surgió ayer en la tarde para tomar leña y piedra, y porque la
mar era muy alta no pudo la barca llegar a tierra; y al rendir
de la primera guarda de noche, començó a ventar Güeste y
Sudueste. Mandó levantar las velas por el gran peligro que
en aquellas islas ay en esperar el viento Sur sobre el ancla, y en
ventando Sudueste luego vienta Sur. Y visto que era buen
tiempo para ir a Castilla, dexó de tomar leña y piedra y hizo
que governasen al Leste; y andaría hasta el sol salido, que
avría seis oras y media, 7 millas por ora, que son 45 millas y media. Después del sol salido hasta el ponerse anduvo 6 millas
por ora, que en onze oras fueron 66 millas, y cuarenta y cinco
y media de la noche fueron 111 y media, y por consiguiente
28 leguas.

Lunes, 25 de Hebrero

Ayer después del sol puesto navegó al Leste su camino cinco
millas por ora; en treze oras d'esta noche andaría 65 millas,
que son 16 leguas y cuarta. Después del sol salido, hasta ponerse, anduvo otras diez y seis leguas y media, con la mar llana, gracias a Dios. Vino a la caravela un ave muy grande que
parecía águila.

Martes, 26 de Hebrero

Ayer después del sol puesto navegó a su camino al Leste, la
mar llana, a Dios gracias; lo más de noche andaría 8 millas
por ora; anduvo 100 millas, que son 25 leguas. Después del
sol salido, con poco viento, después tuvo aguaçeros; anduvo
obra de ocho leguas al Lesnordeste.

Miércoles, 27 de Hebrero

Esta noche y día anduvo fuera de camino por los vientos con-
trarios y grandes olas y mar, y hallávase ciento y veinte y cinco leguas del Cabo de San Viceinte, y ochenta de la isla de la
Madera y ciento y seis de la Santa María. Estava muy penado
con tanta tormenta agora qu'estava a la puerta de casa.

Jueves, 28 de Hebrero

Anduvo de la mesma manera esta noche con diversos vientos
al Sur y al Sueste y a una parte y a otra y al Nordeste y al Lesnordeste, y d'esta manera todo este día.

Viernes, 1 de Março

Anduvo esta noche al Leste cuarta del Nordeste doze leguas;
el día corrió al Leste cuarta del Nordeste 23 leguas y media.

Sábado, 2 de Março

Anduvo esta noche a su camino al Leste cuarta del Nordeste
28 leguas, y el día corrió 20 leguas.

Domingo, 3 de Março

Después del sol puesto navegó a su camino al Leste. Vínole
una turbiada que le rompió todas las velas, y vídose en gran
peligro. Echó suertes para enbiar un peregrino diz que a Santa María de la Cinta en Güelba, que fuese en camisa, y cayó la
suerte al Almirante. Hizieron también voto de ayunar el primer sábado que llegasen, a pan y agua. Andaría sesenta millas

antes que se le rompiesen las velas; después anduvieron a árbol seco, por la gran tempestad del viento y la mar que de dos partes los comía. Vieron señales de estar cerca de tierra. Hallávanse todo çerca de Lisboa.

Lunes, 4 de Março

Anoche padecieron terrible tormenta, que se pensaron perder de los mares de dos partes que venían y los vientos, que pareçía que levantavan la caravela en los aires, y agua del cielo y relámpagos de muchas partes; plugo a Nuestro Señor de lo sostener, y anduvo así hasta la primera guardia, que Nuestro Señor le mostró tierra viéndola los marineros. Y entonçes por no llegar a ella hasta cognoscella, por ver si hallava algún puerto o lugar donde se salvar, dio el papahigo por no tener otro remedio y andar algo, aunque con gran peligro, haziéndose a la mar; y así los guardó Dios hasta el día, que diz que fue con infinito trabajo y espanto. Venido el día, cognosció la tierra, que era la Roca de Sintra qu'es junto con el río de Lisboa, adonde determinó entrar, porque no podía hazer otra cosa; tan terrible era la tormenta que hazía en la villa de Casca<es> que es a la entrada del río. Los del pueblo diz que estuvieron toda aquella mañana haziendo plegarias por ellos, y después qu'estuvo dentro, venía la gente a verlos, por maravilla de cómo avían escapado; y así, a ora de terçia, vino a passar a Rastelo dentro del río de Lisboa, donde supo de la gente de la mar que jamás hizo invierno de tantas tormentas y que se avían perdido 25 naos en Flandes y otras estavan allí que avía cuatro meses que no avían podido salir. Luego escrivió el Almirante al Rey de Portogal, qu'estava nueve leguas de allí, de cómo los Reyes de Castilla le avía<n> mandado que no dexase de entrar en los puertos de Su Alteza a pedir lo que oviese menester por sus dineros, y qu'el Rey le mandase dar lugar para ir con la caravela a la ciudad de Lisboa, porque algunos ruines, pensando que traía mucho oro, estando en puerto despoblado, se pusiesen a cometer alguna ruindad, y también porque supiese que no venía de Guinea, sino de las Indias.

Martes, 5 de Março

Oy después qu'el patrón de la nao grande del Rey de Portogal, la cual estava también surta en Rastelo y la más bien artillada de artillería y armas que diz que nunca nao se vido, vino el patrón d'ella, que se llamava Bartolomé Díaz de Lisboa, con el batel armado a la caravela, y dixo al Almirante que entrase en el batel para ir a dar cuenta a los hazedores del Rey e al capitán de la dicha nao. Respondió el Almirante qu' él era Almirante de los Reyes de Castilla y que no dava él tales cuentas a tales personas, ni saldría de las naos ni navíos donde estuviese si no fuesse por fuerça de no poder çufrir las armas. Respondió el patrón que enbiase al maestre de la caravela. Dixo el Almirante que ni al maestre ni a otra persona, si no fuesse por fuerça, porque en tanto tenía el dar persona que fuese como ir él, y qu'esta era la costumbre de los Almirantes de los Reyes de Castilla, de antes morir que se dar ni dar gente suya. El patrón se moderó y dixo que, pues estava en aquella determinación, que fuese como él quisiese, pero que le rogava que le mandase mostrar las cartas de los Reyes de Castilla, si las tenía. El Almirante plugo de mostrárselas, y luego se bolvió a la nao y hizo relación al capitán, que se llamava Álvaro Damán, el cual con mucha orden, con atabales y trompetas y añafiles, haziendo gran fiesta vino a la caravela, y habló con el Almirante y le ofreció de hazer todo lo qu'él mandase.

Miércoles, 6 de Março

Sabido cómo el Almirante venía de las Indias, oy vino tanta gente a verlo y a ver los indios de la ciudad de Lisboa que era cosa de admiración, y las maravillas que todos hazían dando gracias a Nuestro Señor y diziendo que, por la gran fe que los Reyes de Castilla tenían y deseo de servir a Dios, que Su Alta Majestad los dava todo esto.

Jueves, 7 de Março

Oy vino infinitíssima gente a la caravela y muchos cavalleros, y entre'ellos los hazedores del Rey, y todos davan infinitíssimas gracias a Nuestro Señor por tanto bien y acreçentamiento de la Cristiandad que Nuestro Señor avía dado a los Reyes de Castilla, el cual diz que apropiavan porque Sus Altezas se trabajavan y exercitava<n> en el acreçentamiento de la religión de Cristo.

Viernes, 8 de Março

Oy resçibió el Almirante carta del Rey de Portogal con Don Martín de Noroña, por la cual le rogava que se llegase adonde él estava, pues el tiempo no era para partir con la caravela; y así lo hizo, por quitar sospecha, puesto que no quisiera ir, y fue a dormir a Sacamben. Mandó el Rey a sus hacedores que todo lo que oviese el Almirante menester y su gente y la caravela se lo diese sin dineros y se hiziese todo como el Almirante quisiese.

Sábado, 9 de Março

Hoy partió de Sacanben para ir adonde el Rey estava, que era el Valle del Paraíso[81], nueve leguas de Lisboa; porque llovió no pudo llegar hasta la noche; el Rey le mandó resçebir a los

81. A causa de una epidemia de peste los Reyes estaban en el convento de Santa María das Virtudes en el Valle del Paraíso.

principales de su casa muy honradamente, y el Rey le rescibió
con mucha honra, y le hizo mucho favor y mandó sentar y habló muy bien, ofreciéndole que le mandaría hazer todo lo que
a los Reyes de Castilla y a su servicio compliese complida-
mente y más que por cosa suya y mostró aver mucho plazer
del viaje aver avido buen término y se aver hecho; mas que
entendía que en la capitulación que avía entre los Reyes y él
que aquella conquista le perteneçía[82]. A lo cual respondió el
Almirante que no avía visto la capitulación ni sabía otra cosa,
sino que los Reyes le avían mandado que no fuese a la Mina ni
en toda Guinea, y que así se avía mandado apregonar en todos los puertos del Andaluzía antes que para el viaje partiese.
El Rey graçiosamente respondió que tenía él por cierto que
no avría en esto menester terçeros. Dióle por güesped al prior
del Clato, que era la más prinçipal persona que allí estava, del
cual el Almirante resçibió muy muchas honras y favores.

Domingo, 10 de Março

Oy, después de missa, le tornó a dezir el Rey, si avía menester
algo que luego se lo daría, y departió mucho con el Almirante sobre su viaje, y siempre le mandava estar sentado y hazer
mucha honra.

Lunes, 11 de Março

Oy se despidió del Rey, e le dixo algunas cosas que dixese de
su parte a los Reyes, mostrándole siempre mucho amor. Partióse después de comer, y enbió con él a Don Martín de Noroña, y todos aquellos cavalleros le vinieron a acompañar y ha-

---

82. Lógica la suspicacia del rey portugués, las siguientes actividades di-
plomáticas aclararían las demarcaciones.

zer honra buen rato. Después vino a un monasterio de Sant
Antonio, qu'es sobre un lugar que se llama Villafranca, donde
estava la Reina, y fuele a hazer reverencia y besarle las manos,
porque le avía enbiado a dezir que no se fuese hasta que le viese, con la cual estava el Duque y el Marqués[83], donde resçibió
el Almirante mucha honra. Partióse d'ella el Almirante de noche y fue a dormir a <A>llandra.

Martes, 12 de Março

Oy, estando para partir de Allandra para la caravela, llegó un
escudero del Rey que le ofreçió de su parte, si quisiese ir a
Castilla por tierra, que aquel fuese con él para lo aposentar y
mandar dar bestias y todo lo que oviese menester. Cuando el
Almirante d'él se partió, le mandó dar una mula y otra a su
piloto, que llevava consigo, y diz que al piloto mandó hazer
merced de veinte espadines, segund supo el Almirante. Todo
diz que se dezía que lo hazía porque los Reyes lo supiesen.
Llegó a la caravela en la noche.

Miércoles, 13 de Março

Oy a las ocho oras, con la marea de ingente y el viento Nornorueste, lebantó las anclas y dio la vela para ir a Sevilla.

Jueves, 14 de Março

Ayer, después del sol puesto, siguió su camino al Sur y antes
del sol salido se halló sobre el cabo de San Viceinte, que es en

83. El duque era don Manuel, duque de Béjar, hermano de la Reina, que
sería en 1495 Rey de Portugal; el marqués, don Pedro de Noroña, marqués de Villarreal.

Portugal. Después navegó al Leste para ir a Saltés, y anduvo todo el día con poco viento hasta agora, qu'está sobre Faro.

Viernes, 15 de Março

Ayer, después del sol puesto, navegó a su camino hasta el día con poco viento, y al salir del sol se halló sobre Saltés, y a ora de mediodía, con la marea de montante, entró por la barra de Saltés hasta dentro del puerto de donde avía partido a tres de Agosto del año passado. Y así dize él que acabava agora esta escriptura, salvo qu'estava de propósito de ir a Barçelona por la mar, en la cual ciudad le davan nuevas que Sus Altezas estavan, y esto para les hacer relación de todo su viaje que Nuestro Señor le avía dexado hazer y le quiso alumbrar en él. Porque ciertamente, allende qu' él sabía y tenía firme y fuerte sin escrúpulo que Su Alta Magestad haze todas las cosas buenas y que todo es bueno salvo el pecado y que no se puede abalar ni pensar cosa que no sea con su consentimiento, «esto d'este viaje cognosco», dize el Almirante, «que milagrosamente lo a mostrado[s], así como se puede comprehender por esta escriptura, por muchos milagros señalados que a mostrado en el viaje, y de mí, que a tanto tiempo qu'estoy en la Corte de Vuestras Altezas con oppósito y contra sentençia de tantas personas prinçipales de vuestra casa, los cuales todos eran contra mí, poniendo este hecho que era burla, el cual espero en Nuestro Señor que será la mayor honra de la Cristiandad que así ligeramente aya jamás apareçido». *Éstas son finales palabras del Almirante don Cristóbal Colón, de su primer viaje a las Indias y al descubrimiento d'ellas.*

Deo Gracias.

Relación del segundo viaje (1493-1496)

Memorial que para los Reyes Católicos dio el Almirante Don Cristóbal Colón en la ciudad de Isabela, a 30 de Enero de 1494 a Antonio Torres, sobre el suceso de su segundo viaje a las Indias, y al final de cada capítulo, la respuesta de sus Altezas.

Lo que vos Antonio de Torres, capitán de la nao Marigalante e alcaide de la cibdat Isabela, avéis de desir e suplicar de mi parte al Rey, e a la Reina, Nuestros Señores, es lo siguiente:

Primeramente, dadas las cartas de crehençia que lleváis de mí para sus Altesas, besaréis, por mí sus reales pies e manos, e me encomendaréis en sus Altesas como a Rey e Reina mis señores naturales, en cuyo servicio yo deseo fenecer mis días, como esto más largamente vos podréis desir a Sus Altesas, segund lo que en mí vistes e supistes[1].

Sus Altesas se lo tienen en servicio.

Item como quera que por las cartas que a Sus Altezas escrivo, e aun el padre fray Buil y el thesorero[2], podrán compre-

---

1. Colón, al insistir en su identificación con los españoles, trata de responder a los ataques que empezaba a recibir como extranjero.
2. Debe tratarse de Pedro de Villacorta.

hender todo lo que acá después de nuestra llegada se fiso, y esto harto por menudo e estensamente, con todo, diréis a Sus Altesas de mi parte que a Dios ha plasido darme tal gracia para en su servicio, que hasta aquí yo no hallo menos ni se ha fallado en cosa alguna de lo que yo escriví e dixe e afirmé a Sus Altesas en los días pasados; antes, por gracia de Dios, espero que aun muy más claramente y muy presto por la obra pareçerá, porque las cosas d'especería en solas las orillas de la mar, sin aver entrado dentro en la tierra, se falla tal rastro e principios d'ella, que es razón que se esperen muy mejores fines; e esto mismo en las minas del oro, porque con solo dos que fueron a descobrir, cada uno por su parte, sin detenerse allá porque eran poca gente, se ha descubierto tantos ríos tan poblados de oro, que cualquier de los que lo vieron e cogieron solamente con las manos, por muestra, venieron tan alegres y dicen tantas cosas de la abundancia d'ello, que yo tengo empacho de las desir e escrivir a Sus Altesas; pero porque allá va Gorbalán, que fue uno de los descubridores, él dirá lo que vio, aunque acá queda otro que llaman Hojeda, criado del duque de Medinaceli, muy discreto moço y de muy gran recabdo, que sin duda e aun sin comparaçión descubrió mucho más, sesgún el memorial de los ríos qu'él traxo, disiendo que en cada uno de ellos ay cosa de no creer, por lo cual Sus Altesas pueden dar gracias a Dios, pues tan favorablemente se ha en todas sus cosas.

Sus Altesas dan muchas gracias a Dios por esto, y tienen en muy señalado servicio al Almirante todo lo que en esto ha fecho y base, porque conoscen que después de Dios a él son en cargo de todo lo que en esto han avido y ovieren; y porque cerca d'esto le escriven más largo, a su carta se remiten.

Item diréis a Sus Altesas, como quier que ya se les escrive, que yo deseava mucho en esta armada poderles enbiar mayor quantidad de oro del que acá se espera poder cojer, si la gente

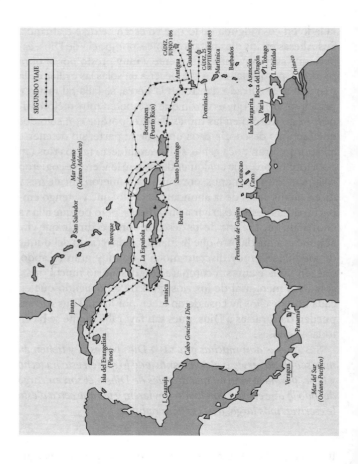

que aquí está cerca, la mayor parte súbitamente non cayera
doliente; pero porque ya esta armada non se podía detener
acá más, siquiera por la custa grande que faze, siquiera porque el tiempo es este propio para ir y poder bolver los que son
de traer acá las cosas que aquí hasen mucha mengua, porque
si tardasen de irse de aquí non podrían bolver para Mayo los
que han de bolver, y allende d'esto, si con los sanos que acá se
fallan, así en mar como en tierra en la poblaçión, yo quisiera
emprender de ir a las minas o ríos agora, avía muchas dificul-
tades e aun peligros, porque de aquí a XXIII o XXIV leguas,
en donde ay puertos e ríos para pasar, e para tan luengo camino e para estar allá al tiempo que sería menester para cojer el
oro, avía menester llevar muchos mantenimientos, los cuales
non podrían llevar a cuestas, ni ay bestias acá que a esto pudiesen suplir ni los caminos e pasos non están tan aparejados,
como quier que se han començado adobar para que se podie-
sen pasar; e también era gran inconveniente dexar acá los dolientes en logar abierto e choças, e las provisiones e mantenimientos que están en tierra, que, como quier que estos indios
se ayan mostrado a los descubridores e se muestran cada día
muy simples e sin malicia, con todo, porque cada día vienen
acá entre nosotros, non pareçió que fuera buen consejo meter
a riesgo e a ventura de perderse esta gente e los mantenimientos, lo que un indio con un tizón podría fazer poniendo fuego a las choças, porque de noche e de día siempre van e vienen, e a causa d'ellos tenemos guardas en el campo, mientras
la poblaçión está avierta e sin defensivo.

   Que lo hiso bien.

Otrosí como avernos visto en los que fueron por tierra a descobrir que los más cayeron dolientes después de bueltos, y
aun algunos se ovieron de bolver del camino, era también razón de temer que otro tal conteciese a los que agora irían d'estos sanos que se fallan, y seguirse ían dos peligros allí: el uno,

de adoleçer allá en la misma obra, do non ay casa ni reparo alguno de aquel caçique que llaman Caonabo, que es ombre, según relación de todos, muy malo e muy más atrevido, el cual, viéndonos allá así desbaratados e dolientes, podría emprender lo que non osaría si fuésemos sanos, y con ésto mismo se allega otra dificultad, de traer acá lo que llegásemos de oro, porque o avíamos de traer poco e ir e venir cada día e meterse en el riesgo de las dolencias, o se avía de enbiar con alguna parte de la gente, con el mismo peligro de perderlo.

Lo hizo bien.

Así, que diréis a Sus Altesas que estas son las causas porque de presente non se ha detenido el armada ni se les enbía oro más de las muestras. Pero confiando en la misericordia de Dios, que en todo e por todo nos ha guiado fasta aquí, esta gente convalescerá presto, como ya lo fazen, porque solamente les prueva la tierra de algunas çeçiones, y luego se levantan. Y es cierto que si toviesen algunas carnes frescas para convalesçer, muy presto serían todos en pie con ayuda de Dios, e aun los más estarían ya convalescidos. En este medio, espero que ellos conbalesçerán. Con estos pocos sanos que acá quedan cada día se entiende en cerrar la población e meterla en alguna defensa e los mantenimientos en seguro, que será fecho en breves días, porque non ha de ser sino albarradas, que non son gente los indios que, si dormiendo non nos fallasen, para emprender cosa ninguna, aunque la toviesen pensada, que así fizieron a los otros que acá quedaron[3], por su mal recabdo; los cuales, por pocos que fuesen, e por mayores ocasiones que dieren a los indios de aver e de fazer lo que fizieron, nunca ellos osaran emprender de dañarles si los vieren a buen recab-

---

3. Alude a los hombres que quedaron en el fuerte de Navidad al final del primer viaje y que fueron masacrados por los indios.

do. Y esto fecho, luego se entenderá en ir a los dichos ríos, o desde aquí tomando el camino e buscando los mejores espedientes que se puedan, o por la mar rodeando la isla fasta aquella parte de donde se dise que no debe aver más de seis o siete leguas fasta los dichos ríos, por forma que con seguridad se pueda cojer el oro e ponerlo en recabdo de alguna fortalesa o torre que allí se faga luego, para tenerlo cogido al tiempo que las dos caravelas bolverán acá, e para que luego, con el primer tiempo que sea para navegar este camino, se envíe a buen recabdo.

Que está bien y así lo debe faser.

Item diréis a Sus Altesas, como dicho es, que las causas de la dolencia tan general de todos es de mudamiento de aguas e aires, porque veemos que a todos arreo se estiende e peligran pocos. Por consiguiente, la conservación de la sanidad, después de Dios, está que esta gente sea proveída de los mantenimientos que en España acostumbravan, porque ni d'ellos ni de otros que viniesen de nuevo Sus Altesas se podrán servir, si non están sanos. Y esta provisión ha de durar fasta que acá se aya fecho cimiento de lo que acá se sembrare e plantare, digo de trigos y cebadas e viñas; de lo cual para este año se ha fecho poco, porque no se pudo de antes tomar asiento, e luego que se tomó adolecieron aquellos poquitos labradores que acá estaban; los cuales, aunque estovieran sanos, tenían tan pocas bestias e tan magras e flacas, que poco es lo que pudieron fazer; con todo alguna cosa han sembrado, más para probar la tierra, que parece muy maravillosa, para que de allí se pueda esperar remedio alguno a nuestras necesidades. Somos bien ciertos, como la obra lo muestra, que en esta tierra así el trigo como el vino nacen muy bien, pero hase d'esperar el fruto; el cual si tal será como muestra la presteza del nacer del trigo e de algunos poquitos sarmientos que se pusieron, es cierto que non fará mengua de Andaluzía ni Sici-

lia aquí[4], ni en las cañas de açúcar, según unas poquitas que se
pusieron han prendido; porque es cierto que la fermosura de la
tierra d'estas islas, así de montes e sierras e aguas como de vegas,
donde ay ríos cabdales, es tal a la vista, que ninguna otra tierra
que sol escaliente puede ser mejor al pareçer ni tan fermosa.

Pues la tierra es tal, que deve procurar que se siembre lo más
que ser pudiere de todas cosas, y a D. Juan de Fonseca se escri-
ve que enbíe de contino todo lo que fuere menester para esto.

Item diréis que, a causa de aberse derramado mucho vino en
este camino del que la flota traía y esto, según disen los más, a
culpa de la mala obra que los toneleros fizieron en Sevilla, la
mayor mengua que agora tenemos aquí, o esperamos por
esto tener, es de vinos; e como quier que tengamos para más
tiempo asi vizcocho como trigo, con todo, es necesario que
también se envíe alguna quantidad razonable, porqu'el camino es luengo e cada día no se puede proveer, e así mismo algunas carnes, digo tocinos e otra cecina que sea mejor que la
que avernos traído este camino. De carneros bivos, e aun antes de corderos e corderitas, más fembras que machos, e algunos veserros y bezerras pequeños son menester que cada ves
vengan en cualquier caravela que acá se enbiare, e algunas as-
nas e asnos e yeguas para trabajo e simiente, que acá ninguna
d'estas animalias ay de que ombre se pueda ayudar ni valer. Y
porque recelo que Sus Altesas no se fallarán en Sevilla, ni los
ofiçiales o ministros suyos sin espreso mandamiento non
proveerían en lo que agora acá con este primero camino es
necesario que venga, porque en la consulta e en la respuesta se
pasaría la sazón de partir los navíos que acá por todo Mayo es
necesario que sean, diréis a Sus Altesas, como yo vos di cargo

---

4. Andalucía y Sicilia eran consideradas como los graneros de España e
Italia. El trigo no se dio nunca en estas islas a causa del clima; en cambio
la caña de azúcar alcanzó un cultivo intensísimo.

e mandé, que del oro que allá lleváis, empeñándolo o poniéndolo en poder de algún mercader en Sevilla, el cual distraya e ponga los maravedís que serán menester para cargar dos caravelas de vino e de trigo e de las otras cosas que lleváis por memorial, el cual mercader lleve o enbíe el dicho oro a Sus Altesas para que le vean, resciban e fagan pagar lo que oviere distraído e puesto para el despacho e cargazón de las dichas dos caravelas, las cuales, por consolar e esforçar esta gente que acá queda, cumple que fagan más de poder de ser acá bueltas por todo el mes de Mayo, porque la gente, antes de entrar en el verano, vea e tenga algún refrescamiento d'estas cosas.

Ya se proveyeron con las tres caravelas que fueron primero.

En especial para las dolensias, de las cuales cosas acá ya tenemos gran mengua, como son pasas, açúcar, almendras, miel e arroz, que deviera venir en gran quantidad e vino muy poca, e aquello que vino es ya consumido e gastado, e aun la mayor parte de las medicinas que de allá truxeron, por la muchedumbre de los dolientes; de las cuales cosas, como dicho es, vos lleváis memoriales así para sanos como para dolientes, firmados de mi mano, los cuales cumplidamente, si el dinero bastare, o firmados de mi mano, o a lo menos lo que más necesario es para agora despacharéis para lo que puedan luego traer los dichos dos navíos, e lo que quedare procuraréis con Sus Altesas que con otros navíos venga lo más presto que ser pudiere.

Sus Altesas enbiaron a mandar a Don Juan de Fonseca que luego aya información de lo<s> que fisieron este engaño en los toneles, y de sus bienes faga que se cobre todo el daño que vino en el vino, con las costas; y en lo de las carnes, vea cómo las que se enviaren sean buenas, y en las otras cosas que aquí dise, que las provea luego.

Item diréis a Sus Altesas que, a cabsa que acá non ay lengua por medio de la cual a esta gente se pueda dar a entender nuestra santa fe, como Sus Altesas desean e aun los que acá estamos, como quier que se trabajará cuanto pudieren, se enbía de presente con estos navíos así de los caníbales, ombres e mujeres e niños e niñas, los cuales Sus Altesas pueden mandar poner en poder de personas con quien puedan mejor aprender la lengua, exercitándoles en cosas de servicio, e poco a poco mandando poner en ellos algún más cuidado que en otros esclavos, para que deprendan unos apartados de otros, que non se fablen ni se vean sino muy tarde, que más prefetamente deprenderán allá que non acá, e serán mucho mejores intérpretes, como quier que acá non se dexará de faser lo que se pueda. Es verdad que como esta gente platican poco los de la una isla con los de la otra, en las lenguas ay alguna diferencia entre ellos, según como están más cercano o más lexos; y porque entre las otras islas las de los caníbales son muchas, grandes e harto bien pobladas, parecerá acá que tomar d'ellos e d'ellas e enviarlos allá en Castilla no sería sino bien, porque quitarse ían una ves de aquella inhumana costumbre que tienen de comer ombres, e allá en Castilla, entendiendo la lengua, muy más presto rescibirán el bautismo e farán el provecho de sus almas, e a aun entre estos pueblos que non son de estas costumbres se ganaría gran crédito por nosotros, viendo que aquellos prendiésemos e cabtivásemos de quien ellos suelen rescibir daños e tienen tamaño miedo que del nombre sólo se espantan.

Decirles héis lo que acá a avido en lo de los caníbales que acá vinieron[5]. Que está muy bien, y así lo debe haser, pero que procure allá cómo, si ser pudiere, se reduzgan a nuestra santa fe católica, y asimismo lo procure con los de las islas donde está.

Certificando a Sus Altesas que la venida e vista de esta flota acá en esta tierra, así junta e fermosa, ha dado muy grande

---

5. Para Ballesteros (II, p. 215) esta respuesta indica que ya el Consejo había tratado el problema de los caníbales.

abtoridad a esto e muy grande seguridad para las cosas venideras, para que toda esta gente d'esta tan grande isla e de las otras, viendo el buen tratamiento que a los buenos se fará e el castigo que a los malos se dará, verná a obediençia prestamente para poderlos mandar como vasallos de Sus Altesas, como quier que ellos agora, donde quier que ombre se falle, non solo fasen de grado lo que ombres quier que fagan, más ellos de su voluntad se ponen a todo lo que entienden que nos puede plazer; e también pueden ser ciertos Sus Altesas que non menos allá entre los cristianos príncipes aver dado gran reputación la venida d'esta armada por muchos respetos, así presentes como venideros, los cuales Sus Altesas podrán mejor pensar e entender que non sabría desir.

Item diréis a Sus Altesas qu'el provecho de las almas de los dicho caníbales, e aun d'estos de acá, ha traído en pensamiento que cuantos más allá se llevasen sería mejor, e en ello Sus Altesas podrían ser servidos d'esta manera: que visto cuánto son acá menester los ganados e bestias de trabajo para el sostenimiento de la gente que acá ha de estar, e bien de todas estas islas, Sus Altesas podrán dar liçençia e permiso a un número de carabelas suficiente que vengan acá cada año, e trayan de los dichos ganados e otros mantenimientos e cosas de poblar el campo e aprovechar la tierra, y esto en precios razonables a sus costas de los que les truxieren, las cuales cosas se les podrían pagar en esclavos d'estos caníbales, gente tan fiera e dispuesta e bien proporcionada e de muy bien entendimiento, los cuales quitados de aquella inhumanidad creemos que serán mejores que otros ningunos esclavos, la cual luego perderán que sean fuera de su tierra; y de estos podrán aver muchos con las fustas de remos que acá se entienden de fazer, fecho empero presupuesto que en cada una de las caravelas que viniesen de Sus Altesas pusiesen una persona fiable, la cual defendiese las dichas caravelas que non descendiesen a ninguna parte ni isla salvo aquí, donde ha de estar la carga e

descarga de toda la mercaduría e aun d'estos esclavos que se
llevaren; Sus Altesas podrían aver sus derechos allá; y d'esto
traeréis o enbiaréis respuesta, porque acá se fagan los aparejos que son menester con más confianza, si a Sus Altesas pa-
reciere bien.

*En esto se ha suspendido[6] por agora hasta que venga otro ca-
mino de allá y escrita el Almirante lo que en esto le paresciere.*

Item también diréis a Sus Altesas que más provechoso es e
menos costa fleitar los navíos como los fletan los mercaderes
para Flandes, por toneladas, que non de otra manera; por
ende que yo vos di cargo de fleitar a este respecto dos caravelas que abéis luego de enbiar, e así se podrá fazer de todas las
otras que Sus Altesas enbiaren, si de aquella forma se ternán
por servidos; pero non entiendo desir esto de las que han de
venir con su liçençia por la mercaduría de los esclavos.

*Sus Altesas mandan a D. Juan de Fonseca que en el fletar de
las caravelas tenga esta forma, si ser pudiere.*

Item diréis a Sus Altesas que, a causa de escusar más costa,
yo merqué estas caravelas que lleváis por memorial para re-
tenerlas acá con estas dos naos, conviene a saber, la Gallega
e esta otra Capitana, de la cual merqué por semejante del
Maestre d'ella los tres ochavos por el precio que en el dicho
memorial d'estas copias lleváis firmado de mi mano; los
cuales navíos todos non sólo darán abtoridad e gran seguridad a la gente que ha de estar dentro e conversar con los indios para cojer el oro, mas aun para otra cualquier cosa de
peligro que de gente estraña pudiera contesçer, allende que

6. Dice Las Casas (I, 106, 122 y II, 41) que quizá el hecho de que Colón
enviara esclavos sin aprobación real fuera una de las causas de su relevo
en el gobierno de La Española.

las caravelas son necesarias para el descubrir de la tierra firme e otras islas que entre aquí e allá están; e suplicaréis a Sus
Altesas que los maravedís que estos navíos cuestan manden
pagar en los tiempos que se les ha prometido, porque sin
duda ellos ganarán bien su costa, según yo espero en la misericordia de Dios.

Que el Almirante lo fiso bien, e desirle héis cómo acá se pagó
al que vendió la nao, y mandaron a D. Juan Fonseca que pague
lo de las caravelas que el Almirante compró.

Item: diréis a Sus Altesas e suplicaréis de mi parte cuanto más
umildemente puede, que les plega mucho mirar en lo que por
las cartas e otras escripturas verán más largamente, tocante a
la paz e sosiego e concordia de los que acá están, e que para las
cosas del servicio de Sus Altesas escojan tales personas que
non se tengan recelo d'ellas, e que miren más a lo porqué se
envía que non a sus propios intereses[7]; y en esto, pues que todas las cosas vistes e supistes, fablaréis e diréis a Sus Altesas la
verdad de todas las cosas como la comprehendistes e que
la provisión de Sus Altesas que sobre ello mandaren fazer
venga con los primeros navíos, si posible fuere, a fin que acá
non se fagan escándalos en cosa que tanto va en el servicio de
Sus Altesas.

Sus Altesas están bien informadas d'esto, y en todo se pro-
veerá como conviene.

Item diréis a Sus Altesas el asiento de esta cibdad[8] e la fermosura de la provincia alrededor como la vistes e compreendis-
tes, e cómo yo vos fise Alcaide d'ella por los poderes que de
Sus Altesas tengo para ello, a las cuales umildemente suplico

7. ¿Bernal Díaz de Pisa?
8. La Isabela, fundada por Colón el 6 de enero de 1494.

que en alguna parte de satisfacción de vuestros servicios tengan por bien la dicha mi provisión, como de Sus Altesas yo espero.

A Sus Altesas plase que vos seáis Alcaide.

Item porque Mosen Pedro Margarit, criado de Sus Altesas, ha bien servido, e espero que así lo fará adelante en las cosas que le fueren encomendadas, he avido plaser de su quedada aquí, e también de Gaspar e de Beltrán[9], por ser conoscidos criados de Sus Altesas, para los poner en cosas de confiança: suplicaréis a Sus Altesas que especial al dicho Mosen Pedro, que es casado y tiene fijos, le provean de alguna encomienda en la Orden de Santiago, de la cual él tiene el hábito, porque su mujer e fijos tengan en qué bivir. Asimismo faréis relación de Juan Aguado, criado de Sus Altesas, cuán bien e diligentemente ha servido en todo lo que le ha seido mandado; que suplico a Sus Altesas, a él e a los sobredichos los ayan por encomendados e por presentes.

Sus Altesas mandan asentar a Mosen Pedro treinta mill maravedís cada año y a Gaspar y Beltrán a cada uno quinse mill maravedís cada año desde oy 15 de Agosto de 94 en adelante, y así les haga pagar el Almirante en lo que allá se obiere de pagar, y a D. Juan de Fonseca en lo que acá se obiere de pagar; y en lo de Juan Aguado Sus Altesas avrán memoria de él, pues acá está.

Item diréis a Sus Altesas el trabajo qu'el doctor Chanca tiene con el afruenta de tantos dolientes e aun la estrechura de los mantenimientos, e con todo ello se dispone con gran diligencia e caridad en todo lo que cumple a su oficio; e porque Sus Altesas remitieron a mí el salario que acá se le avía de dar,

9. No sabemos quiénes son.

porque estando acá es cierto qu'él no toma ni puede aber nada de ninguno ni ganar de su oficio como en Castilla ganava o podría ganar, estando a su reposo e biviendo de otra manera que acá non bive; e así, como quiera qu'él jura que es mucho más lo que allá ganava allende el salario que Sus Altesas le dan, yo non me quise estender más de cinquenta mill maravedís por el trabajo que acá pasa cada un año mientras acá estoviere; los cuales suplico a Sus Altesas le manden librar con el sueldo de acá; y asimismo, porqu'el dise e afirma que todos los físicos de Vuestras Altezas, que andan en reales o en semejantes cosas que estas, suelen aver derecho un día de sueldo en todo el año de toda la gente, con todo he seido informado, e dísenme que, como quier que esto sea, la costumbre es de darles cierta suma tasada a voluntad e mandamiento de Sus Altesas en compensa de aquel día de sueldo, suplicaréis a Sus Altesas que en ello manden proveer, así en lo del salario como d'esta costumbre, por forma qu'el dicho doctor tenga razón de ser contento.

A Sus Altesas plase d'esto del Doctor Chanca, y que se le pague esto desde qu'el Almirante gelo asento, y que gelos pague con lo del sueldo. En esto del día del sueldo de los físicos, no lo acostumbran aver sino donde el Rey, nuestro Señor, esté en persona.

Item diréis a Sus Altesas de Coronel cuánto es ombre para servir a Sus Altesas en muchas cosas, e cuánto ha servido fasta aquí en todo lo más necesario, e la mengua que d'él sentimos agora que es tan doliente, e que sirviendo de tal manera, es razón qu'él sienta el fruto de su servicio, non sólo en las mercedes para después, mas en lo de su salario en lo presente, en manera que él e los que acá están sientan que les aprovecha el servicio, porque según el ejerciçio que acá se ha de tener con cojer este oro, non son de tener en poco precio las personas en quien tanta diligençia ay; y porque por su abilidad se proveyó acá por mí del ofiçio de Alguacil mayor d'estas Indias, e en la provisión va el salario en blanco, que suplico a Sus Altesas gelo manden henchir como más sea su serviçio, mirando sus servicios, confirmándole la provisión que acá se le dio e proveyéndole del de juro.

Sus Altesas mandan que le asienten quince mill maravedís cada año más de su sueldo, e que se le paguen cuando le pagaren su sueldo.

Salario al Alcalde Mayor. Sus Altesas le mandan asentar cada año veinte mill maravedís en tanto que allá estoviese e más su sueldo, e que gelo paguen pagaren el sueldo.

Asimismo diréis a Sus Altesas cómo aquí vino el bachiller Gil García por Alcalde mayor e non se le ha consignado ni nombrado salario, e es persona de bien e de buenas letras e diligente, e es acá bien necesario; que suplico a Sus Altesas le manden nombrar e consignar su salario, por manera qu'él se pueda sostener, e le sea librado con el dinero del sueldo de acá.

Item diréis a Sus Altesas, como quier que ya se lo escrivo por las cartas, que para este año non entiendo que sea posible ir a descobrir fasta qu'esto d'estos ríos de oro que se fallaron será puesto en el asiento devido a su servicio de Sus Altesas, que después mucho mejor se podrá faser, porque non es cosa que nadie la pudiese fazer sin mi presençia a mi grado ni a servicio de Sus Altesas, por muy bien que lo fiçiese, como es en duda según lo que ombre vee por su presençia.

Que trabaje cómo, lo más presto que ser pueda, se sepa lo ádito d'este oro.

Item diréis a Sus Altesas cómo los escuderos de cavallo que vinieron de Granada en el alarde que fisieron en Sevilla mostraron buenos cavallos, e después al embarcar yo no lo vi por-

que estaba un poco doliente, e metiéronlos tales qu'el mejor
d'ellos non parece que valen dos mill maravedís, porque ven-
dieron los otros e compraron estos, y esto fue de la suerte que
se fiso lo de mucha gente que allá en los alardes de Sevilla yo
vi muy buena; paresce que a Juan de Soria, después de dado el
dinero del sueldo, por algún interese suyo puso otros en logar
de aquellos que yo acá pensava fallar e fallo gente que yo nunca avía visto. En esto ha avido gran maldad, de tal manera que
yo non sé si me quexe d'él solo; por esto, visto que a estos escuderos allende de su sueldo se ha fecho la costa fasta aquí, e
también a sus cavallos, e se fase de presente y son personas
que, cuando ellos están dolientes o non se les antoja, non
quieren que sus cavallos sirvan sin ellos mismos, y esto mismo non les paresce que devan servir en cosa ninguna sino a
cavallo, lo que agora de presente non fase mucho al caso, e
por esto paresce que sería mejor comprarles los cavallos, pues
que tan poco valen, e non estar cada día con ellos en estas
pendencias; por ende que Sus Altesas determinen esto como
fuere su servicio.

Sus Altesas no quieren que se compren estos cavallos, sino
que sirvan como en el escrito de susodicho.

Sus Altesas mandan a D. Juan de Fonseca que se informe
d'esto d'estos cavallos, y si se fallare que es verdad que fisieron ese
engaño, lo envíen a Sus Altesas porque lo mandarán castigar; y
también se le informe d'esto que dise de la otra gente, y enbíe la
pesquisa a Sus Altesas; y en lo d'estos escuderos Sus Altesas man-
dan que están allá y sirvan, pues son de las guardas y criados de
Sus Altesas; y a los escuderos mandan Sus Altesas den los cavallos
cada ves que fuere menester y el Almirante lo mandare, y si algún
daño rescibieren los caballos yendo otros en ellos por mandado
del Almirante, mandan Sus Altesas que gelo paguen.

Item diréis a Sus Altesas cómo aquí han venido más de dos-
sientas personas sin sueldo, e ay algunos d'ellos que sirven

bien e aun a los otros por semejante se mandan que lo fagan
así, e porque para estos primeros tres años será gran bien que
aquí estén mil ombres para asentar e poner en muy gran seguridad esta isla e ríos de oro, e aunque oviese ciento de cavallo, no se perdería nada, antes parece necesario, aunque en estos de cavallo, fasta que oro se enbíe, Sus Altesas podrán so-
breseer, con todo a estas doscientas personas, que vienen sin
sueldo, Sus Altesas deben enbiar a decir si se les pagará sueldo como a los otros sirviendo bien, porque cierto son necesarios, como dicho tengo, para este comienço.

D'estas doscientas personas que aquí dise que fueron sin
sueldo, mandan Sus Altesas que entren en logar de los que han
faltado y faltaren de los que iban a sueldo, seyendo ábiles y a
contentamiento del Almirante, y Sus Altesas mandan al Conta-
dor[10] que los asiente en logar de los que faltaren como el Almi-
rante lo dixere.

Item porque en algo la costa d'esta gente se puede aliviar con
industria e formas que otros Príncipes suelen tener –en otras
lo gastado mejor que acá se podría escusar–, parece que sería
bien mandar traer en los navíos que vinieren, allende de las
otras cosas que son para los mantenimientos comunes e de la
botica, çapatos e cueros para los mandar fazer, camisas comunes e de otras, jubones, lienços, sayos, calças, paños para
vestir en razonables precios e otras cosas, como son conser-
vas, que son fuera de ración e para conservación de la salud;
las cuales cosas toda la gente de acá recibiría de grado en descuento de su sueldo, e si allí esto se mercase por ministros lea-
les e que mirasen al servicio de Sus Altesas, se ahorraría algo;
por ende sabréis la voluntad de Sus Altesas cerca d'esto, y si
les paresciere ser su servicio, luego se deve poner en obra.

---

10. Bernal Díaz de Pisa.

Por este camino se solía ser fasta que más escriba el Almirante, y ya enbiaron mandar a D. Juan de Fonseca con Ximeno de Briviesca que provea en esto.

Item también diréis a Sus Altesas, por cuanto ayer en el alarde que se tomó se falló la gente muy desarmada, lo cual pienso que en parte conteció por aquel trocar que allá se fiso en Sevilla o en el Puerto, cuando se dexaron los que se mostraron armados e tomaron otros que daban algo a quien los trocava, paresce que sería bien que se mandasen traer doscientas coraças e cient espingardas e cient ballestas e mucho almazén, que es la cosa que más menester abemos, e de todas estas armas se podrán dar a los desarmados en descuento de su sueldo.

Ya enviaron a mandar Sus Altesas a D. Juan de Fonseca que provea en esto.

Item por cuanto algunos oficiales que acá vinieron, como son alvañiles e de otros ofiçios, que son casados e tienen sus mujeres allá, e querrían que allá lo que se les deve de su sueldo se diese a sus mujeres o a las personas a quien ellos enbiaren sus recabdos, para que les compren las cosas que acá han menester, que a Sus Altesas suplico les mande librar porque su servicio es que estos estén proveídos acá.

D. Juan de Fonseca que provea esto.

Item porque allende las otras cosas que allá se enbían a pedir por los memoriales que lleváis de mi mano firmados, así para mantenimientos de los sanos como para los dolientes sería muy bien que se oviese de la isla de la Madera cincuenta pipas de miel de açucar, porque es el mejor mantenimiento del mundo y más sano, e non suelen costar cada pipa salvo a dos

ducados sin el casco; e si Sus Altesas mandan que a la buelta
pase por allí alguna caravela, las podrá mercar y también dies
caxas de açúcar que es mucho menester, y esta es la mejor sazón del año, digo entre aquí e el mes de Abril, para fallarlo e
aver d'ello buena razón; e podríase dar orden mandándolo
Sus Altesas, e que non supiesen allá para dónde lo quieren.

Item diréis a Sus Altesas, por cuanto aunque los ríos tengan
oro en la quantidad que se dise por los que lo han visto, pero
que lo cierto d'ello es qu'el oro non se engendra en los ríos,
más en la tierra, qu'el agua topando con las minas lo traen en-
buelto en las arenas; y porque en estos tantos ríos que se han
descubierto, como quiera que ay algunos grandesitos, ay
otros tan pequeños que son más fuentes que ríos, que non llevan dos dedos de agua, e se falla luego el cabo donde nasce,
par lo cual non sólo serán provechosos los labadores para co-
jerlo en la arena, mas los otros para cavarlo en la tierra, que
será lo más especial e de mayor cantidad; y por esto será bien
que Sus Altesas enbíen labadores e de los que andan en las
minas allá en Almadén, porque en la una manera e en la otra
se faga el exerçiçio, como quier que acá non esperaremos a
ellos, que con los lavadores que aquí tenemos esperamos con
la ayuda de Dios, si una ves la gente está sana, allegar un buen
golpe de oro para las primeras caravelas que fueren.

*A otro camino se proveerá en esto cumplidamente; en tanto
mandan Sus Altesas a D. Juan de Fonseca que envíe luego los
más minadores que pudiere aber y escriben a Almadén que de
allí tomen los que más pudieren y los envíen.*

Item suplicaréis a Sus Altesas de mi parte muy umildemente,
que quiera tener por muy encomendado a Villacorta, el cual,
como Sus Altesas saben, ha mucho servido en esta negocia-
çión e con muy buena voluntad, e según le conosco persona
diligente e afeçionada a su serviçio; resçibiré merced que se le
dé algún cargo de confiança para el cual él sea sufiçiente, e

procuraréis por forma qu'el Villacorta conosca por la obra
que lo que ha trabajado por mí en lo que yo le obe menester le
aprovecha en esto.

Así se hará.

Item que los dichos Mosen Pedro e Gaspar e Beltrán e otros
que han quedado acá traxieron capitanías de caravelas, que
son agora bueltas, e non gosan del sueldo; pero porque son
tales personas, que se han de poner en cosas principales e de
confiança, non se les ha determinado el sueldo que sea dife-
renciado de los otros, suplicaréis de mi parte a Sus Altesas determinen lo que se les ha de dar en cada un año o por meses,
como más fueren servidos.

Fecho en la cibdat Isabela XXX días de Enero de XCIIII
años.

Ya está respondido arriba, pero porque en el dicho capítulo
que en esto habla dise que gosan del salario, desde agora man-
dan Sus Altesas que se les cuenten a todos sus salarios desde
que dejaron las capitanías.

.S.

.S.A.S.

X M Y

El Almirante

Demás de las cosas susodichas, mandan Sus Altesas a don
Johan de Fonseca que provea luego en las cosas siguientes:

A Antonio de Torres mandan Sus Altesas que le pague
don Juan todo lo que le es devido de sueldo a él y a otras
personas que vinieron con él, desde que les fue asentado
hasta el tiempo de su partida, descontando lo que les fue
pagado.

Item, que enbíe luego a fray Buil en estas caravelas lo que
va por un memorial aparte d'este, que va señalado de Fernán

Alvares; y asimismo le enbíe más todo lo que paresciere que
avía menester allá fray Buil para él y para sus flaires.

Item, a los capitanes que ovieren de ir agora en los navíos,
Sus Altesas mandan que lo comuniquen todo con Antonio de
Torres, porque tiene poder del Almirante.

Item, que a Sebastián[11] le haga pagar todo lo que le es devido, segund el asiento que se tomó con él cuando de acá partió, <o> a quien su poder oviere para lo recebir, porque se le
enbíe lo que escrivió, que es la causa allá.

11. Sebastián Olano.

Relación del tercer viaje (1498-1500)

*La historia del viaje qu'e<l> Almirante Don Cristóval Colón
hizo la terçera vez que vino a las Indias cuando descubr<i>ó la
tierra firme, como lo enbió a los Reyes desde la isla Española.*

Sereníssimos e muy altos e muy poderosos Príncipes Rey e
Reina, Nuestros Señores:

La sancta Trinidad movió a Vuestras Altezas a esta empresa de las Indias y por su infinita bondad hizo a mí mensajero
d'ello, † al cual vine con el embaxada a su real conspetu mo-
vido como a los más altos Príncipes de cristianos y que tanto
se exerçitavan en la fe y acreçentamiento d'ella. Las personas
que entendieron en ello lo tuvieron por impossible y el caudal
hazían sobre bienes de fortuna, y allí echaron el clavo. Puse en
esto seis o siete años de grave pena, amostrando, lo mejor que
yo sabía, cuánto servicio se podía hazer a Nuestro Señor en
esto, en divulgar su sancto nombre y fe a tantos pueblos, lo
cual todo era cosa de tanta exçelençia y buena fama y gran
memoria para grandes Príncipes. Fue también necessario de
hablar del temporal, adonde se les amostró el escrevir de tantos sabios dignos de fe los cuales escrivieron historias, los
cuales contavan que en estas partes avía muchas riquezas. Y

asimismo fue neçessario traer a esto el dezir e opinión de aquellos qu'escrivieron e situaron el mundo[1].

En fin Vuestras Altezas determinaron qu'esto se pusiese en obra. Aquí mostraron el grande coraçón que siempre fiçieron en toda cosa grande, porque todos los que avían entendido en ello y oído esta plática todos a una mano lo tenían a burla, salvo dos frailes[2] que siempre fueron constantes. Yo, bien que llevase fatiga, estava bien seguro qu'esto no vernía a menos y estoy de contino, porqu'es verdad que todo pasará y no la palabra de Dios, y se complirá todo lo que dixo. El cual tan claro habló distas tierras por la boca de Isaías[3] en tantos lugares de su escriptura, afirmando que de España les sería divulgado su sancto nombre.]

E partí en nombre de la Sancta Trinidad, y bolví muy presto con la experiencia de todo cuanto yo avía dicho en la mano. Tornáronme a enbiar Vuestras Altezas y en poco espacio, digo, no de *** le descubrí por virtud divinal trezientas y treinta y tres leguas de la tierra firme, fin de Oriente, y se<te>cientas islas denombré, allende de lo descubierto en el primero viaje, y le allané la isla Española, que boja más qu'España, en que la gente d'ella es sin cuento *** y que todos le pagasen tributo. Nació allí mal dezir y menosprecio de la empresa començada en ello, porque no avía yo enbiado luego los navíos cargados de oro, sin considerar la brevedad del tiempo y lo otro que yo dixe de tantos insconvenientes. Y en esto, por mis pecados o por mi salvación creo que será, fue puesto en aborrecimiento y dado impedimento a cuanto yo dezía y de-

1. Muy probablemente tenía Colón un libro de *citas* del que se servía para ilustrar sus ideas geográficas y filosóficas, dado que a lo largo de sus escritos siempre cita las mismas frases y autores, libro que sería paralelo al de las *Profecías* que mandó confeccionar a su amigo Gorricio con el mismo fin.
2. Los frailes franciscanos fray Juan Pérez y fray Juan de Marchena.
3. Interpreta así Colón los versículos IV, 5; IX, 9 y LXV, 17, aunque es evidente que Isaías no menciona esas tierras.

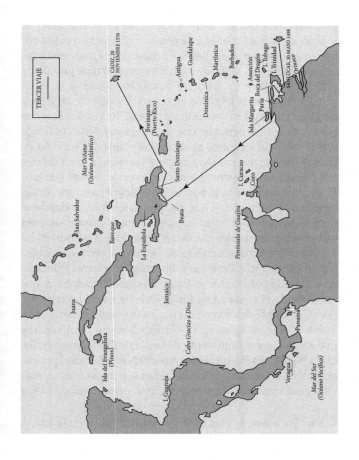

mandava, por lo cual acordé de venir a Vuestras Altezas y ma-
ravillarme de todo, y mostrarles la razón que en todo avía, y
les dixe de los pueblos que yo avía visto, en que o de que se
podrían salvar muchas ánimas y les truxe las obligaçiones de
la gente de la isla Española, de cómo se obligavan a pagar tributo e les tenían por sus Reyes y Señores; y les truxe abastan-
te muestra de oro, y que ay mineros y granos muy grandes, y
asimismo de cobre, y les truxe de muchas maneras de espeçerías de que sería largo de escrevir y les dixe de la grande
cantidad de brasil y otras infinitas cosas. Todo no aprovechó
para con algunas personas que tenían gana y dado comienço
a mal dezir del negoçio, ni entrar con fabla del serviçio de
Nuestro Señor con se salvar tantas ánimas, ni a dezir qu'esto
era grandeza de Vuestras Altezas de la mejor calidad que hasta oy aya usado Prínçipe, porqu'el exerçiçio e gasto era para el
espiritual y temporal y que no podía ser que, andando el
tiempo, no oviese la España de aquí grandes provechos, pues
que se veían las señales que escrivieron de lo d'estas partidas
tan manifiestas, que también se llegaría a ver todo el otro
complimiento, ni a dezir cosas que usaron grandes Prínçipes
en el mundo para creçer su fama, así como de Salomón, que
enbió desde Hierusalen en fin de Oriente a ver el monte So-
pora[4], en que se detovieron los navíos tres años, el cual tienen
Vuestras Altezas agora en la isla Española; ni de Alexandre
que enbió a ver el regimiento de la isla de Trapobana[5] en India, y Nero Cesar[6] a ver las fuentes del Nilo y la razón porque
creçían en el verano cuando las aguas son pocas, y otras muchas grandezas que hizieron Prínçipes, y que a Prínçipes son

---

4. Error por Sofara, nombre que da la versión de los *Setenta* a Ofir, de
donde Salomón se proveía de oro y piedras preciosas.
5. Expedición de Onesícrito que menciona P. d'Ailly y que anotó Colón
al margen. Alejandro Magno fue el primero que envió una flota a explorar la isla Trapobana.
6. Expedición que conoce Colón a través de la *Historia Rerum* de Pío II,
una de sus lecturas favoritas.

estas cosas dadas de hazer. Ni valía dezir que yo nunca avía leído que Prínçipes de Castilla jamás oviesen ganado tierra fuera d'ella, y que esta de acá es otro mundo en que se trabajaron Romanos y Alexandre y Griegos, para la aver, con grandes exerçiçios; ni dezir del presente de los Reyes de Portugal, que tovieron coraçón para sostener a Guinea y del descubrir d'ella, y que gastaron oro y gente atanta, que quien contase toda la del reino, se hallaría que otra tanta como la mitad son muertos en Guinea, y todavía la continuaron hasta que les salió d'ello lo que pareçe, lo cual todo começaron de largo tiempo y a muy poco que les da renta; los cuales también osaron conquistar en África y sostener la empresa a Cepta, Tanjar y Arcilla e Alcaçar, y de contino dar guerra a los moros, y todo esto con grande gasto sólo por hazer cosa de Prínçipes: servir a Dios y acreçentar su señorío.

Cuanto yo más dezía, tanto más se doblava a poner esto a vituperio, amostrando en ello aborreçimiento, sin considerar cuánto bien pareçió en todo el mundo y cuánto bien se dixo en todos los cristianos de Vuestras Altezas por aver tomado esta empresa, que no ovo grande ni pequeño que no quisie<se> d'ello carta. Respondiéronme Vuestras Altezas riéndose y diziendo que yo no curase de nada, porque no davan auctoridad ni creençia a quien les mal dezía de esta empresa.

Partí en nombre de la Santíssima Trinidad, miércoles treinta de mayo, de la villa de Sanlúcar, bien fatigado de mi viaje, que, adonde esperava descanso cuando yo partí d'estas Indias, se me dobló la pena, y navegué a la isla de la Madera por camino no acostumbrado, por evitar escándalo que pudiera naçer con un armada de Francia, que me aguardava al cabo de San Viceinte. Y de allí a las islas de Canaria, de adonde me partí con una nao y dos caravelas; y enbié los otros navíos a derecho camino a las Indias a la isla Española. Y yo navegué al austro con propósito de llegar a la línea equinoçial y de allí seguir al Poniente hasta que la isla Española me quedase al Setentrión. Y llegado a las islas de Cabo Verde, falso nombre

porque son atán secas que no vi cosa verde en ellas y toda la
gente enferma, que no osé detenerme en ellas, y navegué al
Sudueste cuatrocientas y ochenta millas, que son ciento y
veinte leguas, adonde en anocheçiendo tenía la estrella del
Norte en cinco grados. Allí me desamparó el viento, y entré
tanto ardor y tan grande, que creí que se me quemasen los
navíos y gente, que todo de un golpe vino atán desordenado, que no avía persona que osase desçender debaxo de cubierta a remediar la vasija y mantenimientos. Duró este ardor
ocho días; al primer día fue claro, y los siete días siguientes
llovió e hizo ñublado; y con todo, no fallamos remedio, que
cierto, si así fuera del sol como el primero, yo creo que no pudiera escapar en ninguna manera.

Acordóme que, navegando a las Indias, siempre que yo
passo al Poniente de las islas de los Açores cient leguas, allí fallo mudar la temperança, y esto es todo de Septentrión en
austro; y determiné que, si a Nuestro Señor le pluguiese de
me dar viento y buen tiempo que pudiese salir de adonde estava, de dexar de ir más al austro ni bolver tampoco atrás, salvo de navegar al Poniente atanto que yo llegasse a estar con
esta raya, con esperança que yo fallaría allí así temperamien-
to, como avía fallado cuando yo navegava en el paralelo de
Canaria, e que, si así fuese, que estonces yo podría ir más al
austro. Y plugo a Nuestro Señor que al cabo de estos ocho
días de me dar buen viento Levante, y yo seguí al Poniente,
mas no osé declinar abaxo al austro, porque fallé grandíssimo
anudamiento en el cielo y en las estrellas, más non fallé mudamiento en la temperancia. Así, acordé de proseguir adelante, siempre justo al Poniente, en aquel derecho de la Sierra
Lioa, con propósito de non mudar derrota fasta adonde yo
avía pensado que fallaría tierra, y allí adobar los navíos y remediar, si pudiese, los mantenimientos, y tomar agua que no
tenía. Y al cabo de 17 días, los cuales Nuestro Señor me dio de
próspero viento, martes treinta y uno de Julio, a mediodía,
nos amostró tierra, e yo la esperava el lunes antes; y tuve aquel

camino fasta entonçes, que, en saliendo el sol, por defecto del agua, que no tenía, determiné de andar a las islas de los caníbales, y tomé esa buelta. Y como su Alta Maiestad aya siempre usado de misericordia conmigo, por açertamiento subió un marinero a la gavia y vido al Poniente tres montañas juntas. Diximos la *Salve Regina* y otras prosas, y dimos todos muchas gracias a Nuestro Señor. Y después dexé el camino del Septentrión, y bolví hazia la tierra, adonde yo llegué a ora de completas, a un cabo a que dixe de la Galera, después de aver nombrado a la isla de la Trinidad. Y allí oviera muy buen puerto, si fuera fondo, y avía casas y gente y muy lindas tierras, atán fermosas y verdes como las guertas de Valençia en Março. Pesóme cuando no pude entrar en el puerto y corrí la costa d'esta tierra del luengo fasta el Poniente. Y andadas cinco leguas fallé muy buen fondo y surgí. Y en el otro día di la vela a este camino, buscando puerto para adobar los navíos y tomar agua y remediar el trigo y los bastimentos que llevava. Solamente, allí tomé una pipa de agua y con ella anduve ansí hasta llegar al cabo, y allí fallé abrigo de Levante y buen fondo. Y así mandé surgir y adobar la vasija y tomar agua y leña y desçender la gente a descansar de tanto tiempo que andavan penando.

A esta punta llamé del Arenal, y allí se falló toda la tierra follada de unas animalias que tenían la pata como de cabra, y bien que, según pareçe ser, allí aya muchas, no se vido sino una muerta. El día siguiente vino de hazia Oriente una grande canoa con veinte y cuatro hombres, todos mançebos e muy ataviados de armas, arcos y flechas y tablachinas, y ellos, como dixe, todos mançebos de buena disposiçión y no negros, salvo más blancos que otros que aya visto en las Indias, y de muy lindo gesto y fermosos cuerpos y los cabellos largos y llanos cortados a la guisa de Castilla, y traían la cabeça atada con un pañuelo de algodón, texido a labores y colores, el cual creía yo que era almaizar; y otro d'estos pañuelos traían çeñido e se cobijavan con él en lugar de pañetes. Cuan-

do llegó esta canoa habló de muy lexos, e yo ni otro ninguno
no los entendíamos, salvo que yo les mandava hazer señas
que se allegasen; y en esto se passó más de dos oras, y si se llegavan un poco, luego se desviavan; yo les hazía mostrar ba-
çines y otras cosas que luzían, por enamorarlos porque viniesen, y a cabo de buen rato se allegaron más que hasta entonçes
no avían; y yo deseava mucho aver lengua, y no tenía ya cosa
que me pareciese que era de mostrarles para que viniesen, salvo que hize sobir un tamborín en el castillo de popa, que tañe-
sen e unos mançebos que dançasen, creyendo que se allega-
rían a ver la fiesta. Y luego que vieron tañer y dançar, todos dexaron los remos y echaron mano a los arcos y los encordaron,
y enbraçó cada uno su tablachina y començaron a tirarnos flechas. Çessó luego el tañer y dançar, y mandé luego sacar unas
ballestas; y ellos dexáronme y fueron a más andar a otra caravela, y de golpe se fueron debaxo la popa d'ella; y el piloto entró con ellos y dio un sayo y un bonete a un hombre prinçipal
que le pareçió d'ellos, y quedó conçertado que le iría a hablar
allí en la playa, adonde ellos luego fueron con la canoa, espe-
rándole; y él, como no quiso ir sin mi liçençia, como ellos le
vieron venir a la nao con la barca, tornaron a entrar en la canoa e se fueron, e nunca más los vide, ni a otros d'esta isla.

Cuando yo llegué a esta punta del Arenal, allí se haze una
boca grande de dos leguas de Poniente a Levante la isla de la
Trinidad con la tierra de Gracia, y que, para aver de entrar
dentro para passar al Septentrión, avía unos hileros de corriente que atravesavan aquella boca y traían un rugir muy
grande; y creí yo que sería un arraçife de baxos e peñas, por el
cual no se podría entrar dentro en ella. Y detrás d'este hilero
avía otro y otro, que todos traían un rugir grande como ola
de la mar que va a romper y dar en peñas. Surgí allí a la dicha
punta del Arenal fuera de la dicha boca, y fallé que venía el
agua del Oriente fasta el Poniente con tanta furia como haze
Guadalquivir en tiempo de avenida, y esto de contino, noche
y día, que creí que no podría bolver atrás, por la corriente, ni

ir adelante, por los baxos. Y en la noche, ya muy tarde, estando al bordo de la nao oí un rugir terrible que venía de la parte del austro hazia la nao, y me paré a mirar y vi levantado la mar de Poniente a Levante, en manera de una loma tan alta como la nao, y todavía venía hazia mí poco a poco y ençima d'ella venía un filero de corriente, que venía rugiendo con muy grande estrépito, con aquella furia de aquel rugir † que † de los otros hileros que yo dixe que me pareçían ondas de mar que davan en peñas, que oy en día tengo el miedo en el cuerpo que no me trabucasen la nao cuando llegasen debaxo d'ella. Y passó y llegó fasta la boca, adonde allí se detuvo grande espacio[7].

Y el otro día siguiente enbié las barcas a sondar y hallé en el más baxo de la boca que avía seis o siete braças de fondo, y de contino andavan aquellos hileros, unos por entrar y otros por salir. Y plugo a Nuestro Señor de me dar buen viento, y atravesé por esa boca adentro; y luego hallé tranquilidad, y por açertamiento se sacó del agua de la mar, y la hallé dulçe. Navegué al Septentrión fasta una sierra muy alta, adonde serían veinte y seis leguas d'esta punta del Arenal, y allí avía dos cabos de tierra muy alta: el uno de la parte del Oriente, y era de la misma isla de la Trinidad, y el otro del Oçidente, de la tierra que dixe de Graçia, y allí hazía una boca muy angosta, más que aquella de la punta del Arenal, y allí avía los mismos hileros y aquel rugir fuerte del agua, como era <a> la punta del Arenal, y asimismo allí la mar era agua dulçe. Y fasta entonçes yo no avía avido lengua con ninguna gente d'estas tierras y lo deseava en gran manera; y por esto navegué al luengo de la costa d'esta tierra hazia el Poniente, y cuanto más andava, hallava el agua de la mar más dulçe y más sabrosa. Y

7. Descripción del fenómeno llamado «macareo», frecuente en la desembocadura del Orinoco y del Amazonas y que los primeros descubridores describían como «ríos que corren para arriba», cuando en realidad es el mar el que se desliza hacia el río produciendo olas espectaculares.

andando una gran parte, llegué a un lugar donde me parecían
las tierras labradas, y surgí[8] y enbié las barcas a tierra, y fallaron que de fresco se avían ido de allí gente, y fallaron todo el
monte cubierto de gatos paúles; bolviéronse. Y como esta fuese sierra, me pareçió que más allá, al Poniente, las tierras eran
más llanas, y que allí sería poblado, y por esto sería poblado.
Y mandé levantar las anclas, y corrí esta costa fasta el cabo
d'esta sierra, y allí a un río surgí; y luego vino mucha gente, y
me dixeron cómo llamavan a esta tierra Paria, y que de allí,
más al Poniente, era más poblado. Tomé d'ellos cuatro y después navegué al Poniente. Y andadas ocho leguas más al Poniente allende una punta, a que yo llame del Aguja, hallé unas
tierras las más hermosas del mundo y muy pobladas. Llegué
allí una mañana a ora de terçia, y por ver esta verdura y esta
hermosura acordé surgir y ver esta gente, de los cuales luego
vinieron en canoas a la nao a rogarme de parte[s] de su rey,
que descendiese en tierra. E cuando vieron que no curé d'e-
llos, vinieron a la nao infinitíssimos en canoas, y muchos traían pieças de oro al pescueço y algunos atados a los braços-
algunas perlas. Holgué mucho cuando las vi e procuré mucho de saber dónde las hallavan, y me dixeron que allí y de la
parte del Norte de aquella tierra.

Quisiera detenerme, mas estos bastimentos que yo traía,
trigo y vino e carne para esta gente que acá está, se me aca-
bavan de perder, los cuales ove allá con tanta fatiga, y por esto
yo no buscava sino a más andar a venir a poner en ellos cobro,
y no me detener para cosa alguna. Procuré de aver de aquellas
perlas y enbié las barcas a tierra.

Esta gente es muy mucha y toda de muy buen pareçer, de la
misma color que los otros de antes y muy tratables; la gente
nuestra que fue a tierra los hallaron tan convenibles, y los re-

8. Desconocemos el lugar exacto del desembarco, quizá en una pequeña
bahía al sur de Paria; no parece que Colón descendiera en tierra al menos
en esta ocasión.

çibieron muy honradamente. Dizen que, luego que llegaron las barcas a tierra, que vinieron dos personas prinçipales con todo el pueblo, creen qu'el uno el padre y el otro era su hijo, y los llevaron a una casa muy grande, hecha a dos aguas y no redonda como tienda del campo, como son estas otras, y allí tenían muchas sillas, adonde los fiçieron assentar, y otras adonde ellos se assentaron, y hicieron traer pan y [de muchas maneras frutas e] vino de muchas [maneras] <frutas>, blanco e tinto, mas no de uvas. Deve él de ser de diversas maneras, uno de una fruta y otro de otra, y asimismo deve de ser d'ello de mahiz, que es una simiente que haze una espiga como una maçorca, de que llevé yo allá, y ay ya mucho en Castilla; y pareçe que aquel que lo tenía mejor, lo traía por mayor exçelençia y lo dava en gran preçio. Los hombres todos estavan juntos a un cabo de la casa y las mugeres en otro. Recibieron ambas las partes gran pena porque no se entendían, ellos para preguntar a los otros de nuestra patria, y los nuestros por saber de la suya. E después que ovieron rescebido colación allí en casa del más viejo, los llevó el moço a la suya e fizo otro tanto, e después se pusieron en las barcas e se vinieron a la nao. E yo luego levanté las anclas, porque andava mucho de priesa por remediar los mantenimientos que se me perdían que yo avía avido con tanta fatiga, y también por remediarme a mí, que avía adolesçido por el desvelar de los ojos, que bien qu'el viaje que yo fui a descubrir la tierra firme[9] estoviese treinta y tres días sin conçebir sueño y estoviese tanto tiempo sin vista, non se me dañaron los ojos ni se me rompieron de sangre y con tantos dolores como agora.

Esta gente, como ya dixe, son todos de muy linda estatura, altos de cuerpos e de muy lindos gestos, los cabellos muy largos e llanos y traen las cabeças atadas con unos pañuelos labrados, como ya dixe, hermosos, que pareçen de lexos de

9. Para Colón la tierra firme es la isla de Cuba y no la tierra recién descubierta, que cree isla.

seda y almaizares. Otro traen çeñido más largo, que se cobijan con él en lugar de pañetes, ansí hombres como mugeres.
La color d'esta gente es más blanca que otra que aya visto en
las Indias. Todos traían al pescueço y a los braços algo a la
guisa d'estas tierras, y muchos traían pieças de oro baxo colgado al pescueço. Las canoas d'ellos son muy grandes, y de
mejor hechura que no son estas otras, y más livianas, y en el
medio de cada una tienen un apartamiento como cámara, en
que vi que andavan los prinçipales con sus mugeres.

   [Llamé allí a este lugar Jardines porque así conforman por el
nombre.] Procuré mucho de saber dónde cogían aquel oro, y
todos me aseñalavan una tierra frontera d'ellos al Poniente,
que era muy alta, mas no lexos, mas todos me dezían que no
fuese allá porque allí comían los hombres, y entendí entonces
que dezían que eran hombres caníbales e que serían como los
otros. Y después e pensado que podría ser que lo dezían porque allí avría animalias. También les pregunté adónde cogían
las perlas, y me señalaron también que al Poniente y al Norte,
detrás d'esta tierra adonde estavan.] Dexélo de probar por
esto de los mantenimientos y de mal de mis ojos, y por una
nao grande que traigo que no es para semejante hecho.

   Y como el tiempo fue breve se passó todo en preguntas, y
se bolvieron a los navíos, que sería ora de bísperas, como ya
dixe. Y luego levanté las anclas y navegué al Poniente, y asimismo el día siguiente, fasta que me fallé que no avía sino tres
braças de fondo, con creençia que todavía esta sería isla que
yo podría salir al Norte. Y así visto enbié una caravela sotil
adelante a ver si avía salida o si estava cerrado, y ansí anduvo
mucho camino fasta un golfo muy grande, en el cual pareçía
que avía otros cuatro medianos, y del uno salía un río grandíssimo. Fallaron siempre çinco braças de fondo y el agua
muy dulçe, en tanta cantidad, que ya jamás bevíla pareja
d'ella. Fui yo muy descontento d'ella, cuando vi que no podía
salir al Norte ni podía ya andar al Austro ni al Poniente, porque
yo estava cercado por todas partes de la tierra. Y ansí levanté

las anclas y torné atrás para salir al Norte por la boca que yo arriba dixe, y no pude bolver por la población adonde yo avía estado por causa de las corrientes que me avían desviado d'ella. Y siempre en todo cabo hallava el agua dulce y clara, y que me llevava al Oriente muy rezio fazia las dos bocas que arriba dixe. Y entonces conjeturé que los hilos de la corriente y aquellas lomas que salían y entravan en estas bocas con aquel rugir tan fuerte, que era pelea de la agua dulçe con la salada: la dulçe empuxava a la otra porque no entrasse, y la salada porque la otra no saliese; conjeturé que allí donde son estas dos bocas que algún tiempo sería tierra contina a la isla de la Trinidad con la tierra de Gracia, como podrán ver Vuestras Altezas por la pintura d'elo que con esta les enbío. Salí yo por esta boca del Norte y hallé qu'el agua dulce siempre vençía, y cuando passé, que fue con fuerça de viento, estando en una de quellas lomas, hallé en aquellos hilos de la parte de dentro el agua dulce y de fuera salada.

Cuando yo navegué d'España a las Indias, fallo luego, en passando cient leguas a Poniente de los Açores, grandíssimo mudamiento en el cielo e en las estrellas y en la temperançia del aire y en las aguas de la mar, y en esto e tenido mucha diligençia en la experiençia. Fallo que de Septentrión en Abstro, passando las dichas cient leguas de las dichas islas, que luego en las agujas de marear, que fasta entonces nordesteavan, noruestean una cuarta de viento todo entero, y esto es en allegando allí a aquella línea, como quien traspone una cuesta; y asimesmo fallo la mar toda llena de yerva de una calidad que pareçe ramitos de pino y muy cargada de fruta como de lantisco; y es tan expessa, que al primer viaje pensé que era baxo e que daría en seco con los navíos, y hasta llegar con esta raya no se falla un solo ramito. Fallo también, en llegando allí, la mar muy suave y llana, y bien que vente<e> rezio, nunca se levanta. Asimesmo hallo dentro de la dicha raya, hazia Poniente, la temperançia del cielo muy suave y no discrepa de la cantidad, quier sea invierno, quier sea en verano. Cuando allí

estoy, hallo que la estrella del Norte escrive un çírculo, el cual
tiene en el diámetro cinco grados, y estando las Guardas en el
braço derecho, estonçes está la estrella en el más baxo y se va
alçando fasta que llega al braço izquierdo, y estonçes está cinco grados, y de allí se va abaxando fasta llegar a bolver otra
vez al braço derecho.

Yo allegué agora d'España a la isla de la Madera, y de allí a
Canaria, y dende a las islas de Cabo Verde; de adonde cometí
el viaje para navegar al Austro fasta debaxo la línea equinoçial, como yo dixe. Allegado a estar en derecho con el paralelo que passa por la Sierra Leoa en Guinea, fallé tan grande
ardor y los rayos del sol tan calientes, que pensava de quemar,
y bien que lloviese y el cielo fuese muy turbado, siempre yo
estava en esta fatiga, fasta que Nuestro Señor proveyó de buen
viento y a mí puso en voluntad que yo navegase al Occidente,
con este esfuerço, que en llegando a la raya, de que yo dixe,
que allí fallaría mudamiento en la temperançia. Después que
yo emparejé a estar en derecho d'esta raya, luego fallé la temperançia del cielo muy suave, y cuanto más andava adelante,
más multiplicava, mas no hallé conforme a esto las estrellas.

Fallé allí que, en anocheçiendo, tenía yo la estrella del Norte alta cinco grados, y estonces las Guardas estavan ençima de
la cabeça; y después, a la media noche, fallava la estrella alta
de diez grados, y en amaneciendo, que las Guardas estavan en
los pies, quince.

La suavelidad de la mar fallé conforme, mas no en la yerva.
En esto de la estrella del Norte tomé grande admiraçión; y
por esto muchas noches con mucha diligençia tornava yo a
repricar la vista d'ella con el cuadrante, y siempre fallé que
caía el plomo y hilo a un punto. Por cosa nueva tengo yo esto,
y podrá ser que será tenida: que en poco espaçio haga tanta
differençia el cielo.

Yo siempre leí qu'el mundo, tierra e agua era espérico
e<n> las auctoridades y esperiençias que Ptolomeo y todos
los otros qu'escrivieron d'este sitio davan e amostraban para

ello, así por ecclipses de la luna y otras demostraçiones que hazen de Oriente fasta Occidente como de la elevaçión del polo de Septentrión en Austro. Agora vi tanta disformidad como ya dixe; y por esto me puse a tener esto del mundo, y fallé que no era redondo en la forma qu'escriven, salvo que es de la forma de una pera que sea toda muy redonda, salvo allí donde tiene el peçón que allí tiene más alto, o como quien tiene una pelota muy redonda y en un lugar d'ella fuesse como una teta de muger allí puesta, y qu'esta parte d'este peçón sea la más alta e más propinca al cielo, y sea debaxo la línea equinoçial, y en esta mar Occéana, en fin del Oriente, llamo yo fin de Oriente adonde acaba toda la tierra e islas. E para esto allego todas las razones sobreescriptas de la raya que passa al Occidente de las islas de los Açores cient leguas de Septentrión en Austro, que en passando de allí al Poniente, ya van los navíos alçándose hazia el cielo suavemente, y entonçes se goza de más suave temperançia y se muda el aguja del marear, por causa de la suavidad d'esa cuarta de viento, y cuanto más va adelante e alçándose más, noruestea. Y esta altura causa el desvariar del círculo que escrive la estrella del Norte con las Guardas, y cuanto más passare junto con la línea equinoçial, más se subirán en alto y más differençia avrá en las dichas estrellas y en los çírculos d'ellas. Y Ptolomeo y los otros sabios qu'escrivieron d'este mundo creyeron que era espérico, creyendo qu'este hemisperio que fuese redondo como aquél de allá donde ellos estavan, el cual tiene el centro en la isla de Arin[10], qu'es debaxo la línea equinoçial, entre el sino Arábico y aquel de Persia; y el çírculo passa sobre el cabo de San Viçeinte en Portogal por el Poniente, y passa en Oriente por Catigara[11] y por las Seras[12], en el cual hemisperio

10. Las Casas (I, CXL) trata de explicar que Colón quería decir que la tierra no era una esfera perfecta.

Según los astrónomos árabes, en Arin se comenzaba el cálculo de las longitudes, indicando así el centro del hemisferio.

11. En el manuscrito *Cangara,* error por Catigara, extremo de Catay.

12. Nombre dado por Ptolomeo y los antiguos en general a China.

El mundo - como una teta de mujer en una pelota redonda.

no hago yo que ay ninguna dificultad, salvo que sea espérico redondo como ellos dizen.] Mas este otro digo que es como sería la mitad de la pera bien redonda, la cua<l> toviese el peçón alto, como ya dixe, o[como una teta de muger en una pelota redonda.] Así que d'esta media parte non ovo notiçia Ptolomeo ni los otros ques escrivieron del mundo, por ser muy ignoto. Solamente hizieron raíz sobre el hemisperio adonde ellos estavan, qu'es redondo espérico, como arriba dixe. Y agora que Vuestras Altezas lo an mandado navegar y buscar y descobrir, se amuestra evidentíssimo, porque estando yo en este viaje al Septentrión veinte grados de la línea equinoçial, allí era en derecho de Hargin e de aquellas tierras e allí es la gente negra e la tierra muy quemada. Y después que fui a las islas de Cabo Verde, allí en aquellas tierras es la gente mucho más negra, y cuanto más baxo se van al Austro, tanto más llegan al estremo, en manera que allí en derecho donde yo estava, qu'es la sierra Leoa, adonde se me alçava la estrella de Norte en anocheciendo cinco grados[allí es la gente negra en estrema cantidad,] y después que de allí navegué al Occidente, <entré> tan estremos calores y, passada la raya de que yo dixe, fallé multiplicar la temperançia, andando en tanta cantidad que, cuando yo llegué a la isla de la Trinidad, adonde la estrella del Norte, en anocheciendo, también se me alçava cinco grados, allí y en la tierra de Graçia hallé temperançia suavíssima, y las tierras y árboles muy verdes y tan hermosos como en Abril en las güertas de Valençia, y la gente de allí de muy linda estatura y blancos más que otros que aya visto en las Indias, e los cabellos muy largos e llanos, e gente más astuta e de mayor ingenio, e no cobardes. Estonces era el sol en Virgen, ençima de nuestras cabeças e suyas. Ansí que de todo esto proçede por la suavíssima temperançia que allí es, la cual proçede por estar más alto en el mundo, más çerca del aire que cuento. [Y así me afirmo qu'el mundo no es espérico,] salvo que tiene esta differençia, que ya dixe, la cual es en este hemisperio adonde caen las Indias e la mar Océana, y el estremo d'ello es debaxo la línea equinoçial; y ayuda mucho a ello que sea ansí porqu'el sol, cuando Nuestro Señor lo hizo, fue en el primer punto de Oriente [o la primera luz fue aquí en Oriente] allí donde es el estremo de la altura d'este mundo. Y bien qu'el pareçer de Aristotel[13] fuese que el Polo Antártico o la tierra qu'es debaxo d'él sea la más alta parte en el mundo y más propincua al cielo, otros sabios le impugnan, diziendo que es esta qu'es debaxo del Ártico. Por las cuales razones pareçe que entendían que una parte d'este mundo devía de ser más propincua y noble al cielo que otra, y no cayeron en esto: que sea debaxo del equinoçial, por la forma que yo dixe. Y no es maravilla, porque d'este hemisperio non se oviese notiçia cierta, salvo muy libiana y por argumento; porque nadie nunca lo a andado ni embiado a buscar hasta agora que Vuestras Altezas le mandaron explorar e descubrir la mar y la tierra.

Fallo que de allí d'estas dos bocas, las cuales, como dixe, están frontero por la línea de Septentrión en Austro, que aya de la una a la otra veinte y seis leguas, y no pudo aver en ello yerro, porque se midieron con cuadrante; y d'estas dos bocas del Oççidente fasta el golpho, que yo dixe, al cual llamé de las Perlas, que son sesenta e ocho leguas, de cuatro millas cada una, como acostumbramos en la mar, y que de allá d'este golfo corre de contino el agua muy fuerte hazia el Oriente, y que por esto tienen aquel combate estas dos bocas con la salada. En esta boca del Austro a que yo llamé de la Sierpe, fallé en anocheciendo que yo tenía la estrella del Norte alta cuasi cinco grados, y en aquella otra del Septentrión, a que yo llamé del Drago, eran cuasi siete, y fallo qu'el dicho golpho de las Perlas está oççidental al Occidente de el Ptolomeo cuasi tres mill e novecientas millas, que son cuasi septenta grados equinoçiales, contando por cada uno cincuenta y seis millas e dos terçios.

13. Una vez más toma Colón la cita de P. d'Ailly (I, 6).

La Sacra Escriptura testifica que Nuestro Señor hizo al Paraíso Terrenal y en él puso el árbol de la vida, y d'él sale una fuente de donde resultan en este mundo cuatro ríos principales: Ganges en India, Tigris y Éufrates en ***, los cuales apartan la sierra y hazen la Mesopotamia y van a tener en Persia, y el Nilo que naçe en Ethiopía y va en la mar en Alexandría.

Yo no hallo ni jamás e hallado escriptura de latinos ni de griegos que certificadamente diga al, sino en este mundo, del Paraíso Terrenal, ni e visto en ningún mapamundo, salvo situado con autoridad de argumento. Algunos le ponían allí donde son las fuentes del Nilo en Ethiopía, mas otros anduvieron todas estas tierras y no hallaron conformidad d'ello en la temperançia del cielo <o> en la altura hazia el cielo, porque se pudiese comprehender que él era allí, ni que las aguas del diluvio oviesen llegado allí, las cuales subieron ençima, etc. Algunos gentiles quisieron dezir por argumentos, que él era en las islas Fortunate, que son las Canarias, etc.

Sant Isidro y Beda y Strabo y el Maestro de la *Historia Scolástica* y Sant Ambrosio y Scoto y todos los sacros theólogos conçiertan qu'el Paraíso Terrenal[14] es en el Oriente, etc.

Ya dixe lo que yo hallava d'este hemisperio y de la hechura, y creo que si yo passara por debaxo de la línea equinoçial, que en llegando allí en esto más alto, que fallara muy mayor temperançia y diversidad en las estrellas y en las aguas, no porque yo crea que allí, adonde es el altura del estremo, sea navegable, ni <a> agua, ni que se pueda subir allá; porque creo que allí es el Paraíso Terrenal, adonde no puede llegar nadie salvo por voluntad divina. Y creo qu'esta tierra que agora manda-

---

14. El Paraíso Terrenal es otra de las obsesiones colombinas que veremos repetida a lo largo de toda su obra y que Colón se empeña en localizar geográficamente, en lo alto de una montaña. *Ultra tropicum Capricorni est optime habitacionis quia ibi est superior et nobilior pars in mundo. Paradisus terrestris,* anota Colón en los márgenes de su ejemplar de d'Ailly.

ron descubrir Vuestras Altezas sea grandíssima y aya otras muchas en el Austro, de que jamás se ovo notiçia.

Yo no tomo qu'el Paraíso Terrenal sea en forma de montaña áspera, como el escrevir d'ello nos amuestra, salvo qu'él sea en el colmo, allí donde dixe la figura del peçón de la pera, y que poco a poco andando hazia allí desde muy lexos se va subiendo a él, y creo que nadie no podría llegar al colmo, como yo dixe, y creo que pueda salir de allí esa agua, bien que sea lexos y venga a parar allí donde yo vengo, y faga este lago. Grandes indiçios son estos del Paraíso Terrenal, porqu'el sitio es conforme a la opinión d'estos sanctos e sacros theólogos. Y asimismo las señales son muy conformes, que yo jamás leí ni oí que tanta cantidad de agua dulçe fuese así adentro e vecina con la salada; y en ello ayuda asimismo la suavíssima temperançia. Y si de allí del Paraíso no sale, pareçe aún mayor maravilla, porque no creo que se sepa en el mundo de río tan grande y tan fondo.

Después que yo salí de la boca del Dragón, qu'es la una de las dos aquella del Septentrión, a la cual así puse nombre, el día siguiente, que fue día de Nuestra Señora de Agosto, fallé que corría tanto la mar al Poniente que después de ora de missa, que entré en camino, anduve fasta ora de completas sesenta y cinco leguas, de cuatro millas cada una, y el viento no era demasiado, salvo muy suave. Y esto ayuda el cognosçimiento que de allí yendo al Austro se va más alto, y andando hazia el Septentrión, como entonçes, se va descendiendo.

Muy cognosçido tengo que las aguas de la mar llevan su curso de Oriente a Occidente con los cielos y que allí en esta comarca cuando passan lievan más veloçe camino, y por esto an comido tanta parte de la tierra, porque por eso son acá tantas islas, y ellas mismas hazen disto testimonio, porque todas a una mano son largas de Poniente a Levante y Norueste e Sueste, que son poco más alto e baxo, y angostas de Norte a Sur y Nordeste Sudueste, que son en contrario de los otros dichos vientos. Y aquí en ellas todas nasçen cosas preciosas por

la suave temperançia que les proçede del cielo, por estar hazia el más alto del mundo. Verdad es que pareçe en algunos
lugares que las aguas no hagan este curso, mas esto no es
salvo particularmente en algunos lugares donde alguna tierra le está al encuentro, y haze pareçer que andan diversos
caminos.

Plinio[15] escrive que la mar e la tierra haze todo una espera,
y pone qu'esta mar Oçéana sea la mayor cantidad del agua y
está hazia el cielo, y que la tierra sea debaxo y que le sostenga;
y mezclado es uno con otro como el amargo de la nuez con
una tela gorda que va abraçado en ello. El Maestro[16] de la *Historia Scolástica* sobre el Génesis, dize que las aguas son muy
pocas, que bien que cuando fueron criadas que cobijasen
toda la tierra, que entonces eran vaporables en manera de
niebla, y que después que fueron sólidas e juntadas, que ocuparon muy poco lugar. Y en esto conçierta Nicolás de Lira[17].
El Aristotel[18] dize que este mundo es pequeño y es el agua
muy poca y que fácilmente se puede passar de España a las
Indias. Y esto confirma el Avenruyz[19], y le alega el cardenal
Pedro de Aliaco[20], autorizando este dezir y aquel de Séneca el
cual conforma con estos, diziendo qu'el Aristóteles pudo saber muchos secretos del mundo a causa de Alexandre Magno,
y Séneca a causa de César Nero, y Plinio por respecto de los
romanos, los cuales todos gastaron dineros e gente y pusieron
mucha diligençia en saber los secretos del mundo y darlos a
entender a los pueblos. El cual cardenal da a estos grande auctoridad, más que a Ptolomeo ni a otros griegos ni árabes. Y a
confirmaçión de dezir qu'el agua sea poca y qu'el cubierto del

15. *Historia Natural* (II, 66-67).
16. Pedro Comestor.
17. Génesis (I, 2).
18. *Inter finem Ispanie et principium Indie est mare parvum et navigabile
in paucis diebus* (C. 23).
19. Averroes (II, 26-98), en su comentario a Aristóteles.
20. *Imago Mundi* (c. XI y XII).

mundo d'ella sea poco, al respecto de lo que se dezía por auctoridad de Ptolomeo y de sus secuaçes, a esto trae una auctoridad de Esdrás, del 3.º libro suyo, adonde dize que de siete
partes del mundo las seis son descubiertas e la una es cubierta de agua; la cual auctoridad ese aprovada por sanctos, los
cuales dan auctoridad al 3.º e 4.º libro de Esdrás[21], ansí como
es Sant Agustín[22] e San Ambrosio en su *Examerón*[23] adonde
alega: «Allí vendrá mi hijo Jesú e morirá mi hijo Cristo»; y dizen que Esdrás fue propheta, y asimismo Zacharías, padre de
San Juan y el beato Simón, las cuales auctoridades también
alega Francisco de Mairones. En cuanto en esto del enxuto de
la tierra, mucho se a experimentado qu'es mucho de lo qu' el
vulgo era, y no es maravilla, porque, andando más, más se
sabe.

Torno a mi propósito de la tierra de Gracia y río y lago
que allí fallé, atán grande, que más se le puede llamar mar
que lago, porqu'el lago es lugar de agua y en seyendo grande, se dize mar, como se dixo a la mar de Galilea y al mar
Muerto. Y digo que, si no procede del Paraíso Terrenal, que
viene este río y procede de tierra infinita, pues<ta> al Austro, de la cual fasta agora no se a avido noticia. Mas yo muy
assentado tengo el ánima que allí, adonde dixe, es el Paraíso
Terrenal, y descanso sobre las razones y auctoridades sobre
escriptas.

Plega a Nuestro Señor de dar mucha vida y salud y descanso a Vuestras Altezas para que puedan proseguir esta tan noble empresa, en la cual me pareçe que rescibe Nuestro Señor
mucho servicio, [y la España creçe de mucha grandeza], y todos los cristianos mucha consolaçión y plazer, porque aquí se
divulgará el nombre de Nuestro Señor. Y en todas las tierras
adonde los navíos de Vuestras Altezas van y en todo cabo

21. IV, 6.
22. *De civitate Dei* (XVII, 24).
23. No en el *Exameron,* sino en *De bono mortis* (c. X).

mando plantar una alta cruz, y a toda la gente que hallo noti-
fico el estado de Vuestras Altezas y cómo asiento é<i>s en
España, y les digo de nuestra sancta fe todo lo que yo puedo, y de la creençia de la sancta madre Iglesia, la cual tiene
sus miembros en todo el mundo, y les digo la poliçía y no-
bleza de todos los cristianos, y la fe que en la sancta Trinidad tienen. Y plega a Nuestro Señor de tirar de memoria a
las personas que an impugnado y impugnan tan exçelente
empresa, y impiden y impidieron porque no vaya adelante,
sin considerar cuánta honra y grandeza es del real estado
de Vuestras Altezas en todo el mundo. No saben qué entre-
poner a mal dezir d'esto salvo que se haze gasto en ello, y
porque luego no enbiaron los navíos cargados de oro, sin
considerar la brevedad del tiempo y tantos inconvenientes
como acá se an avido, y no considerar que en Castilla, en
casa de Vuestras Altezas, salen cada año personas que por
su mereçimiento ganaron en ella más de renta cada uno
d'ellos más de lo qu'es neçessario que se gaste en esto, ansí
mesmo sin considerar que ningunos Príncipes de España
jamás ganaron tierra alguna fuera d'ella salvo agora que
Vuestras Altezas tienen acá otro mundo, de adonde puede
ser tan acreçentada nuestra santa fe, y de adonde se podrán
sacar tantos provechos; que bien que no se ayan enbiado los
navíos cargados de oro, se an enbiado suffiçientes muestras
d'ello y de otras cosas de valor, por donde se puede juzgar
que en breve tiempo se podrá aver mucho provecho, y sin
mirar el gran coraçón de los Príncipes de Portugal, que a
tanto tiempo que prosiguen la impresa de Guinea y prosiguen aquella de África, adonde an gastado la mitad de la
gente de su reino, y agora está el Rey más determinado a
ello que nunca. Nuestro Señor provea en esto, como yo
dixe, y les ponga en memoria de considerar de todo esto
que va escripto, que no es de mill partes la una de lo que yo
podría escrevir de cosas de Príncipes que se ocuparon a saber y conquistar y sostener.

Todo esto dixe, y no porque crea que la voluntad de Vuestras Altezas sea salvo proseguir en ello en cuanto bivan, y tengo por muy firme lo que me respondió Vuestra Alteza una vez que por palabra le dezía d'esto, no porque yo oviese visto mundamiento ninguno en Vuestra Alteza, salvo por temor de lo que yo oía d'estos que yo digo; y tanto da una gotera de agua en una piedra, que le haze un agujero. Y Vuestra Alteza me respondió con aquel coraçón que se sabe en todo el mundo que tiene[n] y me dixo que no curase de nada d'eso, porque su voluntad era de proseguir esta empresa y sostenerla, aunque no fuese sino piedras y peñas, y qu'el gasto que en ello se hazía que lo tenía en nada, que en otras cosas no tan grandes gastavan mucho más, y que lo tenían todo por muy bien gastado, lo del pasado y lo que se gastase en adelante, porque creían que nuestra sancta fe sería acreçentada y su real señorío ensanchado, y que no eran amigos de su real estado aquellos que les mal dezían d'esta empresa. Y agora entre tanto que vengan a notiçia d'esto d'estas tierras que hagora nuebamente e descubierto, en que tengo assentado en el ánima que allí es el Paraíso Terrenal, irá el Adelantado[24] con tres navíos bien ataviados para ello, a ver más adelante, y descubrirán todo lo que pudieron hazia aquellas partes. Entre tanto yo enbiaré a Vuestras Altezas esta escriptura y la pintura[25] de la tierra, y acordarán lo que en ello se deva fazer y me enbiarán a mandar, y se cumplirá con ayuda de la Sancta Trinidad con toda diligençia, en manera que Vuestras Altezas sean servidos y ayan plazer.

Deo Graçias.

---

24. Se refiere a su hermano Bartolomé Colón.
25. No se nos ha conservado ninguno de los mapas que Colón envió a los Reyes dando cuenta de sus descubrimientos; sólo disponemos, de su mano, de una esfera muy simple dibujada en uno de los folios del *Libro de las Profecías*.

30 mayo - 31 agosto de 1498[26]

Bartolomé :

Partió, pues, nuestro primer Almirante, «en nombre de la Santísima Trinidad» (como él dice, y así siempre solía decir), del puerto de Sant Lúcar de Barrameda, miércoles, treinta días de mayo, año de mil y quatrocientos y noventa y ocho, con intento de descubrir tierra nueva, sin la descubierta, con sus seis navíos... y, porque entonces estaba rota la guerra con Francia, túvose nueva de una armada de Francia, que aguardaba sobre el cabo de Sant Viceinte al Almirante, para tomallo. Por esta causa, deliberó de hurtarles el cuerpo, como dizen, y haze un rodeo, endereçando su camino derecho a la isla de la Madera.

Llegó a la isla del Puerto Sancto, jueves, .7. de junio, donde paró a tomar leña, y agua, y refresco y luego, aquella noche, se partió para la isla de la Madera..., y llegó a ella el domingo siguiente, a diez de junio. En la villa le fué hecho muy buen recibimiento y mucha fiesta, por ser allí muy cognosçido, que fué vezino d'ella en algún tiempo. Estuvo allí, proveyéndose cumplidamente de agua y leña y lo demás necessario para su viaje, seis días.

El sábado, a.16. de junio, partió con sus seis navíos de la isla de la Madera, y llegó martes siguiente a la isla de la Gomera. En ella halló un cosario francés, con una nao francesa y dos navíos que había tomado de castellanos, y, como vido los seis navíos del Almirante, dexó las anclas y el un navío, y dio de huir con el otro, el francés. Embía tras él al un navío, y como vieron seis españoles, que iban en el navío que llevaba tomado, ir un navío en su favor, arremeten con otros seis franceses que los ivan guardando, y, por fuerça, métenlos de-

---

26. Como señalábamos en la Introducción, incluimos aquí los trozos del *Diario* perdido que Las Casas copió en su *Historia* y que no incluyó en el sumario transcrito anteriormente. Aunque el texto es muy similar en lo esencial, las anécdotas enriquecen y dan colorido a la versión abreviada.

baxo de cubierta, y así los truxeron. Aquí, en la isla de la Gomera, determinó el Almirante de embiar los tres navíos derechos a esta isla Española, porque, si él se detuviese, diesen
nueva de sí, e alegrar y consolar los christianos con la provisión de los bastimentos, mayormente dar alegría a sus hermanos, el Adelantado y don Diego, que estaban por saber d'él
harto deseosos. Puso por capitán de un navío, a un Pedro de
Arana, natural de Córdoba, hombre muy honrado, y bien
cuerdo..., hermano de la madre de don Hernando Colón, hijo
segundo del Almirante, y primo de Arana, el que quedó en la
fortaleza con los treinta y ocho hombres que halló a la buelta
muertos el almirante, el otro capitán del otro navío se llamó
Alonso Sánchez de Carvajal, regidor de la çiudad de Baeça,
honrado cavallero; el tercero, para el otro navío, fue Juan An-
toño Columbo, ginovés, deudo del Almirante, hombre muy
capaz y prudente, y de autoridad... dióles sus instrucciones
según convenía, y en ellas les mandó que, una semana uno y
otra semana otro, fuese cada uno d'ellos capitán general
de todos tres navíos, cuanto a la navegación y a poner farol de
noche, que es una lanterna con lumbre que ponen en la popa
del navío, para que los otros navíos sepan y sigan por donde
va y guía la capitana. Mandóles que fuesen al ueste, cuarta del
sudueste, ochoçientas y cincuenta leguas, y que entonçes serían con la isla Dominica; de la Dominica que navegasen
uest-norueste, y tomarían la isla de Sant Juan, y que fuesen
por la parte del sur d'ella, porque aquel era el camino derecho
para ir a la Ysabella Nueva... la isla de Sant Juan passada que
dexasen la isla Mona al norte, y de allí toparían luego la punta d'esta Española, que llamó «de San Raphael»...; de allí a la
Saona, la cual dize que haze buen puerto entr'ella y esta Española. Siete leguas ay otra isla adelante..., y de allí a la Ysabela
Nueva... hay veinte y cinco leguas. Mandóles que dondequiera que llegasen y descendiesen a se refrescar, por resgate com-
prasen lo que oviesen menester, y que por poco que diesen a
los indios, aunque fuesen a los caníbales, que dezían comer

carne humana, avrían lo que quisiesen, y les darían los indios todo lo que tuviesen; pero, si fuese por fuerça, lo esconderían y quedaría en enemistad. Dize más en la instrucción, que él iva por las islas de Cabo Verde (las quales dize que antiguamente se llamaban «Gorgodes», o, según otros, «Hespérides»), y que iba, en nombre de la Santa Trinidad, con propósito de navegar al austro d'ellas hasta llegar debaxo de la línea equinoçial, y seguir el camino del poniente hasta que esta isla Española le quedase al norueste, para ver si ay islas o tierras. «Nuestro Señor», dize él, «me guíe, y me depare cosa que sea su servicio y del rey y de la reina, nuestros señores, y honra de los christianos, que creo que este camino jamás lo aya hecho nadie, y sea esta mar muy incógnita». Y aquí acaba el Almirante su instrución.

Tomada, pues, agua y leña y otras provisiones, quesos en especial, los quales ay allí muchos y buenos, hízose a la vela el Almirante con sus seis navíos, jueves, .21. días de junio, la vía de la isla del Hierro, que dista de la Gomera obra de quinze leguas, y es, de las siete de las Canarias, hazia el poniente, la postrera. Pasando d'ella, tomó el Almirante su derrota con una nao y dos caravelas para las islas de Cabo Verde, y despidió los otros tres navíos en nombre de la Sancta Trinidad; y dize que le supplicó tuviese cargo d'él y de todos ellos; y al poner del sor se apartaron, y los tres navíos tomaron su vía para esta isla. Aquí el Almirante haze mención a los reyes del asiento que avían tomado con el rey de Portogal, que no passassen los portugueses al veste de las islas de los Açores y Cabo Verde, y haze también mención cómo los reyes lo embiaron a llamar para que se hallase en los conciertos con los que a la partición avían de concurrir y que no pudo ir por la grave enfermedad que incurrió en el descubrimiento de la tierra firme de las Indias, conviene a saber, de Cuba…; añide más que luego sucedió la muerte del rey don Juan, antes que pudiese aquello poner en obra…

Siguiendo, pues, su camino el Almirante, llegó a las islas de Cabo Verde, las cuales, según él dize, tienen falso nombre, porque nunca vido cosa alguna verde, sino todas secas y estériles. La primera que vido fue la isla de la Sal, miércoles, veinte y siete de junio; y es una isla pequeña. De allí fue a otra que tiene por nombre «Buenavista», y es esterilísima, donde çurgió en una bahía, y cabe ella está una isleta chiquita. A esta isla se vienen a curar todos los leprosos de Portogal, y no ay en ella más de seis o siete casas. Mandó el Almirante salir las barcas a tierra para se proveer de sal y carne, porque ay en ella gran número de cabras. Vino un mayordomo, de cuya era aquella isla, llamado Rodrigo Alonso, escrivano de la hazienda del rey en Portogal, a los navíos, a ofrecer al Almirante lo que en ella oviese, que él oviese menester; agradescióselo, e hízole dar del refresco de Castilla; con que se gozó mucho. Aquél le hizo relación de cómo venían allí los leprosos a se curar de su lepra, por la abundancia grande que ay de tortugas en aquella isla, que comúnmente son tan grandes como adáragas; comiendo del pescado d'ellas, y lavándose con la sangre d'ellas muchas vezes, sanan de la lepra. Vienen allí tres meses del año, junio y julio y agosto, infinitas tortugas de hazia la tierra firme, que es Ethiopía, a desovar en el arena, las cuales, con las manecillas y pies, escarvan en el arena y desovan sobre quinientos güevos y más, tan grandes como de gallina, salvo que no tienen cáscara dura, sino un hollejo tierno que cubre la yema, como el hollejo que tiene los huevos de las gallinas, quitada la cáscara dura. Cubren los güevos con el arena como si lo hiziese una persona, y allí el sol los ampolla, y, formados y bivos los tortuguitos, luego se van corriendo a buscar la mar, como si bivos y por sus pies ovieran salido d'ella. Tomavan allí las tortugas d'esta manera: que con lumbres, de noche, que son hachos de leña seca, van buscando el rastro de la tortuga, que no lo haze chico, y hállanla durmiendo de cansada, llegan de presto, y trastórnanla, bolviendo la concha de la barriga arriba, y la del lomo abaxo, y déxanla,

porque segura queda que ella se pueda bolver, y luego van a
buscar otra... los sanos que bivían en aquella isla de Buenavista, y trabajosa vida como ni aun agua no tienen, sino salobre
de unos pozos, eran seis o siete vezinos, cuyo exercicio era
matar cabrones y salar los cueros para embiar a Portogal en
las caravelas que allí por ellos vienen, de los quales les acaes-
çía en un año matar tantos, y embiar tantos cueros, que valían
dos mill ducados al escribano, cuya era la isla. Avíanse criado
tanta multitud de cabras y machos de solas ocho cabeças.
Acaecíales a aquellos que allí bivían estar cuatro y cinco meses que ni comían pan ni bevían vino, ni otra cosa, sino aquella carne cabruna, o pescado, o las tortugas. Todo esto dixeron aquellos al Almirante.

Partióse de allí, sábado, de noche, treinta de junio, para la
isla de Santiago, y domingo, a ora de bísperas, llegó a ella,
porque dista .28. leguas; y esta es la principal de las de Cabo
Verde. Quiso en esta tomar ganado vacuno, para traer a esta
Española, porque los reyes se lo avían mandado, y para ello
estuvo allí ocho días, y no pudo averlo; y porque la isla es en-
fermíssima, porque se assan en ellas los hombres, y le co-
mençava su gente a enfermar, acordó de partirse. Torna el
Almirante a dezir que quiere ir al austro, porque entiende,
con ayuda de la Sancta Trinidad, hallar islas y tierras, con
que Dios sea servido, y Sus Altezas y la christiandad ayan
plazer, y que quiere ver cuál era la intinción del rey don Juan
de Portogal, que dezía que el austro avía tierra firme; y por
esto dize que tuvo differencia con los reyes de Castilla, y, en
fin, dize que se concluyó que el rey de Portogal oviese trezientas y setenta leguas de las islas de los Açores y Cabo Verde, al
ueste, de norte a sur de polo a polo; y dize más que tenía el dicho rey don Juan por cierto que dentro de sus límites avía de
hallar cosas y tierras famosas. Viniéronle a ver ciertos principales de aquella isla de Santiago, y dixéronle que al sudueste
de la isla del Huego, isla de Huego, que es una de las mismas
de Cabo Verde, que está d'esta doze leguas, se veía una isla, y

(margen izquierdo, manuscrito:) Hay una competición con Portugal.

que el rey don Juan tenía gran inclinación de embiar a descubrir al sudueste, y que se avían hallado canoas que salían de la costa de Guinea, que navegavan al ueste con mercadurías. Aquí torna el Almirante a dezir, como que hablara con los reyes: «Aquél que es trino y uno me guíe por su piedad y misericordia en que yo le sirva, y a Vuestras Altezas dé algún plazer grande y a toda la christiandad, así como fué de la fallada de las Indias, que sonó en todo el mundo».

Miércoles, cuatro días de julio, mandó alçar y dar las velas de aquella isla de Santiago, en la qual dize que, después que a ellas llegó, nunca vido el sol ni las estrellas, sino los cielos cubiertos de tan espesa ñeblina, que pareçía que la podían cortar con cochillo, y calor intensíssimo que los angustiava, y mandó governar por la vía del sudueste, que es camino que lleva desde aquellas islas al austro y mediodía, en nombre, dize él, de la Santa e Individua Trinidad, porque entonçes estaría leste-ueste con las tierras de la sierra de Loa y cabo de Sancta Ana, en Guinea, que es debaxo de la línea equinoçial, donde dize que debaxo de aquel paralelo del mundo se halla más oro y cosas de valor; y que después navegaría, plaziendo a Nuestro Señor, al poniente, y de allí passaría a esta Española, en el cual camino vería la opinión del rey don Juan susodicha; y que pensava experimentar lo que dezían los indios d'esta Española, que avía venido a ella, de la parte del austro y del sueste, gente negra, y que traen los hierros de las azagayas de un metal que llaman «guanín» de lo qual avía embiado a los reyes hecho el ensaye, donde se halló que de treinta y dos partes las diez y ocho eran de oro, y las seis de plata, y las ocho de cobre.

Prosiguiendo por este su camino del sudueste, començó a hallar yervas de las que se topan camino derecho d'estas Indias; y dize aquí el Almirante, después que anduvo cuatrocientas y ochenta millas, que hazen ciento y veinte leguas, en anocheçiendo, tomó el altura, y halló qu'el estrella del norte estava en cinco grados...; y dize que allí, viernes, treze días de

julio, le desmamparó el viento, y entró en tanto calor y ardor,
y tan vehemente, que temió que los navíos se le encendieran y
la gente pereciera. Fué todo tan de golpo y súbito cessar el
viento y sobrevenir el calor excessivo y desordenado, que no
avía persona que osasse assomar a entrar abaxo de cubierta,
para remediar la vasija del vino y del agua, que se le rebenta-
va, rompiéndose los aros de las pipas; el trigo ardía como
huego; los tocinos y carne salada se assavan y podrecían. Du-
róle aqueste ardor y huego ocho días. El primero fue claro,
con sol que los assava; proveyóle Dios con menor daño, porque los siete siguientes llovió y hizo ñublado; pero, con todo
esto, no hallavan remedio para que esperassen que no avían
de perecer de quemados, y si, como el primero día hizo sol y
claro, los siete lo hiziera, dize aquí el Almirante que fuera impossible escapar con vida hombre d'ellos. Y así fueron divi-
nalmente socorridos con lloverles algunos aguaçeros y hazer
aquellos días ñublados. Determinó de que si Dios le diese
viento para salir de aquell angustia, correr al poniente algunos
días, y después que se viese en alguna templança, tornar a su
austro, que era el camino que proseguir deseava. «Nuestro
Señor», dize él, «me guíe y dé graçia, que yo le sirva, y a Vuestras Altezas traiga nuevas de plazer». Dize que se acordó, estando en estas ardientes brasas, que quando venía a estas Indias en los viajes passados, siempre que llegavan hazia el poniente cient leguas, en paraje de las islas de los Açores, hallava
mudamiento en la templança de septentrión al austro, y por
esto se quería ir al poniente a poner en el dicho paraje...

El sábado, que se contaron .14. de julio, estando las Guardas
en el braço izquierdo, dize que tenía el norte en siete grados;
vido grajaos negros y blancos, que son aves que no se alexan
muy mucho de tierra, y por esto tiénese por señal de tierra. En-
fermó en este camino de gota y de no dormir; pero no por esto
dexava de velar y trabajar con gran cuidado y diligencia.

Domingo y lunes vieron las mismas aves, y más golondri-
nas, y pareçieron unos pesçes que se llaman «botos», que son

poco menos que grandes terceras, que tienen la cabeça muy roma o bota. Dize aquí el Almirante, incidentemente, que las islas de los Açores, que antiguamente se llamavan «Casetérides»; están situadas en fin del quinto clima.

Jueves .19. de julio, hizo tan intenso y ardiente calor, que pensaron arderse los hombres con las naos; pero, porque Nuestro Señor, a bueltas de las afliçiones que da, suele, con interpolación del contrario, alevianallas, socorrióle con su misericordia a cabo de aquellos siete o ocho días, dándole muy buen tiempo para desviarse de aquel huego, con el cual buen viento navegó hazia poniente diez y siete días, siempre con intinción de tornar al austro y ponerse, como arriba dixo, en tal región, que le quedase aquesta Española al norte o septentrión, donde pensava que avía de hallar tierra, antes o después del dicho paraje; y así entendía remediar los navíos que ya iban abiertos del calor passado, y los bastimentos que en mucho tenía, por la necessidad que d'ellos tenía para traerlos a esta isla, y por los muchos trabajos que a sacar de Castilla le costaron, e ivan perdidos cuasi e dañados.

El domingo, veinte y dos de julio, a la tarde, ya que iba con el buen tiempo, vieron passar innumerables aves del uessudueste hazia el nordeste; dize que eran gran señal de tierra. Lo mismo vieron el lunes siguiente y los días después, uno de los quales vino a la nao del Almirante un alcatraz, y otros muchos parecieron otro día, y las otras aveces que se llaman «rabihorcados».

Al décimo séptimo día del buen tiempo que llevava, esperava el Almirante ver tierra, por las dichas señales de las aves vistas; y como no la vido el lunes, otro día, martes, treinta y un días de julio, como le faltase ya el agua, deliberó de mudar derrota, y esta era el ueste, y se acostar a la mano derecha, e ir a tomar a la isla Dominica, o alguna de los cañíbales...; y así mandó governar al norte, cuarta del nordeste, y anduvo por aquel camino hasta medio día. «Pero como Su Alta Magestad», dize él, «aya siempre usado de misericordia conmigo, por açercamiento, y acaso, subió un marinero de Güelva, criado mío, que se llamava Alonso Pérez, a la gavia, y vido tierra al güeste, y estava quinze leguas d'ella, y lo que pareçió d'ella fueron tres mogotes, o tres montañas», estas son sus palabras. Puso nombre a esta tierra, «la isla de la Trinidad», porque así lo llevava determinado, que la primera tierra que descubriese así se nombrase; «y plugo», dize él, «a Nuestro Señor, por su alta magestad, que la vista primera fueron todos juntos tres mogotes, digo tres montañas, todas a un tiempo y en una vista. Su Alta Potençia por su piedad me guíe», dize él, «en tal manera, que aya él mucho serviçio, y Vuestras Altezas mucho plazer; que es çierto que la fallada d'esta tierra, en esta parte, fue gran milagro, atanto como la fallada del primer viaje». Estas son sus palabras. Dio infinitas gracias a Dios, como tenía de costumbre, y todos alabaron a la bondad divina, y, con gran regozijo y alegría, dixeron, cantada, la *Salve Regina,* con otras coplas y prosas devotas que contienen alabanças de Dios y de Nuestra Señora, según la costumbre de los marineros, al menos los nuestros de España, que con tribulaçiones y alegrías suelen dezilla.

Aquí haze una digressión y epílogo de los servicios que a hecho a los reyes, y de la voluntad que siempre tuvo ençendida de les servir, «no como malas lenguas» dize él, «y falsos testigos por enbidia dixeron»... repite el calor que padeció, y como aún iba oy por el mismo paralelo, sino que por se allegar a la tierra por la vía que tomó quando mandó governar al poniente, porque la tierra echa de sí frescores que salen de las fuentes y ríos, y de sus aguas causan templansa y suavidad, y por esta causa dize que pueden navegar los Portugueses que van a la Guinea, que está debaxo de la línea equinocial, porque van de luengo de tierra o de costa, como es común hablar. Dize más que agora estava en el mismo paralelo de donde llevan el oro al rey de Portogal, por lo qual cree que quien buscare aquellas mares hallaría cosas de valor. Confiesa aquí que no ay hombre en el mundo a quien Dios aya hecho tanta merced, y le supplica que le depare cosa con que Sus Altezas reciban mucho plazer y toda la christiandad; y dize que, aunque otra cosa de provecho no se oviese, sino estas tierras tan fermosas, que son tan verdes y llenas de arboledas y palmas, que llevan ventaja a las guertas de Valencia por mayo, se deverían mucho de estimar...; dize que cosa es de milagro que tan cerca de la equinocial, como a seis grados, tengan los reyes de Castilla tierras, estando la Ysabela de la dicha línea distante veinte y cuatro grados.

Vista, pues, la tierra, con gran consuelo de todos, dexa el camino que quería llevar en busca de alguna de las islas de los Caníbales para proveerse de agua, de que tenía gran necesidad, y da la buelta sobre la tierra que avían visto, hazia un cabo que parecía estar al poniente, al qual llamó «cabo de la Galera», por una peña grande que tenía, que desde lexos parecía galera que iva a la vela. Llegaron allí a ora de completas, vieron buen puerto, sino que no era hondo, y pesóle al Almirante, por no poder en él entrar. Siguió su camino a la punta que avía visto, que era hazia el austro siete leguas; no halló puerto. En toda la costa halló que las arboledas llegavan hasta la mar, la cosa más hermosa que ojos vieron. Dize que esta isla deve ser grande; gente pareció, y una canoa cargada d'ellos de lexos, que devían estar pescando, fuéronse huyendo a tierra a unas casas que allí parecían. La tierra era muy labrada y alta, y hermosa.

Miércoles, primero de agosto, corrió la costa abaxo, hazia el poniente, cinco legua, y llegó a un punta, donde çurgió con todos tres navíos, y tomaron agua de fuentes y de arroyos, hallaron rastro de gente, instrumento de pescar, y rastro de cabras... dize que hallaron liñáloes, y palmares grandes, y tierras muy hermosas; «de que sean dadas infinitas gracias a la Santa Trinidad», estas son sus palabras. Vido muchas labranças por luengo de costa, y muchas poblaciones; vido desde allí, hazia la parte del sur o austro, otra isla, que el luengo d'ella iva más de veinte leguas...; a esta puso nombre la «isla Sancta». Dize aquí que no quiso tomar algunos indios por no escandalizar la tierra. Del cabo de la Galera a la punta donde tomó el agua, que creo que la nombró la «punta de la Playa», dize que, aviendo sido gran camino, y corríase leste ueste..., no avía puerto en todo aquel camino, pero era tierra muy bien poblada y labrada, y de muchas aguas y arboledas muy espessas, la cosa más hermosa del mundo, y los árboles hasta la mar... la corriente sugente, que es la que viene de arriba, y la montante, que es la que para arriba sube de abaxo, dize que parece ser grande, la isla que le queda al sur dize ser grandíssima...

Dize que vino a buscar puerto de luengo de la isla de la Trinidad, jueves, dos días de agosto, y llegó hasta el cabo de la isla de la Trinidad, que es una punta, a la qual puso nombre la «punta del Arenal», que está al poniente; por manera que ya era entrado en el golpho que llamó «de la Vallena», donde padeció gran peligro de perder todos los navíos... dize aquí que la isla de la Trinidad es grande, porque desde el cabo de la Galera hasta la punta del Arenal, donde al presente estava, dize que avía treinta y cinco leguas... mandó salir en esta punta del Arenal y fin d'esta isla, hazia el poniente, la gente en tierra, para que se holgasen y recreassen, porque venían cansados y fatigados, los cuales hallaron la tierra muy hollada de venados, aunque ellos creían que eran cabras. Este jueves, dos de agosto, vino de hazia oriente una gran canoa, en que vernían veinte y cinco hombres, y, llegados a tiro de lombarda, dexaron de remar, y a bozes dixeron muchas palabras; creía el Almirante... que preguntarían qué gente eran, así como suelen los otros de las Indias, a lo cual respondieron no con palabras, sino mostrándoles ciertas bacinetas de latón, y otras cosas luzias, para que se llegasen a la nao, con meneos y señas halagándolos. Acercáronse algo, y después venían arredrados del navío; y, como no se quisiesen llegar, mandó el Almirante subir en el castillo de popa un tamborino y a los mançebos de la nao que bailasen, creyendo agradables; pero no lo sintieron

así, antes, como vieron tañer y bailar, tomáronlo por señal de
guerra, y como si fuera desafiados. Dexaron todos los remos,
y echaron manos a los arcos y flechas; y embraçó cada uno su
tablachina, y començaron a tiralles una buena nuvada de flechas. Visto esto, mandó cessar el Almirante la fiesta del tañer
y bailar, y sacar sobre cubierta algunas ballestas, y tiralles con
dos ballestas, no más de para assombrallos; los cuales, luego,
tiradas las flechas, se fueron a una de las dos caravelas, y, de
golpe, sin temor, se pusieron debaxo de la popa, y el piloto
de la caravela, sin temor también alguno, se descolgó por la
popa abaxo, y entróse con ellos en la canoa con algunas cosas que les dió; y entre ellas dió un sayo y un bonete a uno
d'ellos que parecía hombre principal. Ellos le tomaron en
ella, y, como en reagradescimiento de lo que les avía dado, por
señas le dixeron que se fuese a tierra, y que allí le traerían de
lo que ellos tenían, él aceptó que iría: ellos se fueron a tierra.
El piloto entró en la barca, y fue a pedir liçençia al Almirante
a la nao, y, desque vieron que no iva derecho a ellos, no lo es-
peraron más, y así se fueron, y nunca más el Almirante ni otro
los vido... dize aquí el Almirante que estos todos eran mançebos, y muy bien dispuestos y ataviados..., pero venían ataviados de arcos y flechas y tablachinas. No eran tan baços
como otros, antes más blancos que otros que oviese visto en
estas Indias, y de muy buenos gestos y hermosos cuerpos, los
cabellos largos y llanos, cortados a la guisa de Castilla. Traían
la cabeça atada con un pañeçuelo de algodón texido de labores y colores, el qual creía el Almirante que era almaizar; otro
d'estos pañezuelos dize que tenían çeñido, y se cobijavan con
él en lugar de pañetes. Dize que no son negros, puesto que estén çerca de la equinocial, sino de color india, como todos los
otros que a hallado. Son de muy linda estatura, andan desnudos, son belicosos, traen los cabellos muy largos como las
mugeres en Castilla, traen arcos y flechas con plumas, y al
cabo d'ellas un güesso agudo con espina, como un anzuelo, y
traen tablachinas, lo que hasta aquí no avía visto; y, según las

señas y meneos que hazían dize que lo pudo comprehender, ellos creían que venía el Almirante de la parte del sur, por lo qual juzgava que a la parte del sur debía de aver tierras grandes... la templança d'esta tierra dize que es muy grande, y muéstralo, según él, la color de la gente y los cabellos que son todos correntíos, y el arboleda muy espessa, que en toda parte ay. Dize que es de creer que, passada la comarca, de cient leguas al ueste de los Açores, que muchas veces a dicho que haze anudamiento el cielo, y la mar, y la templança, «y esto», dize, «es manifiesto», porque aquí donde estava, tan llegado a la equinocial, cada mañana dize que avía frío, y era el sol en Leóén... las aguas corrían al poniente más que el río de Sevilla, crescía y menguava el agua de la mar .65. passos y más que en Barrameda, que podían poner a monte carracas; dize que aquella corriente va tan rezia por ir entre aquellas dos islas, la Trinidad y la que llamó «Sancta», y después adelante llamó «isla de Graçia»... hallaron fructas de las d'esta Española, y los árboles y las tierras, y la templança del cielo...; hallaron hostias o ostras, muy grandes, pescado infinito, papagayos grandes como pollas, dize...

Estando en esta punta del Arenal, que es fin de la isla de la Trinidad, vido hazia el norte, quarta del nordeste, a distançia de quinze leguas, un cabo o punta de la misma tierra firme... el Almirante, creyendo que era otra isla distincta, púsole nombre la «isla de Gracia»; la cual dize que va al ueste, que es el poniente, y que es altíssima tierra...

Sábado, cuatro días de agosto, determina ir a ver la isla de Gracia, y levantó las anclas y dió las velas de la dicha punta del Arenal, donde surgido estava; y porque como aquella angostura, por donde entró en el golfo de la Vallena, no era más de dos leguas, porque de una parte la Trinidad y de otra la tierra firme, salía el agua dulce muy corriente; vino de hazia la del Arenal, de la isla de la Trinidad, una tan grande corriente, por la parte del sur, como pujante avenida... con tan gran estruendo y ruido, que a todos espantó del qual no pensaron escapar, y, el agua de la mar que resistió, viniendo por el contrario, que se levantó la mar, haziendo una gran loma y muy alta, la cual levantó la nao y púsola encima de la loma, cosa que nunca jamás ni oyó ni vido, y al otro navío alçó las anclas, que aun devía de tener alçadas, y echó lo más a la mar, y con las velas anduvo hasta que salió de la dicha loma. «Plugo a Dios que no les hizo daño», dize aquí el Almirante, y, cuando escrivió este caso a los reyes, dixo: «Aun hoy en día tengo el miedo en el cuerpo, que no me trabucó la nao cuando llegó debaxo d'ella». Por este gran peligro puso a esta boca nombre la «boca de la Sierpe».

Llegado a la tierra firme que vía por aquella tarde, y creía que era isla, vido cabe aquel cabo dos isletas en medio de otra boca, que hazen aquel cabo de la tierra firme, el cual llamó «cabo de Lapa», y otro cabo de la Trinidad que nombró «cabo Boto», por ser grueso y romo, la una isleta nombró «el Caracol», la otra «el Delfín»... fué de luengo de costa de la tierra firme de Paria, que él creía ser isla, y la nombró «isla de Gracia» hazia la parte del oeste, a buscar puerto. Desde la punta del Arenal, que es el un cabo de la Trinidad, como se dixo, y está la vuelta del sur, hasta el otro cabo Boto, que es de la misma isla de la Trinidad, que está a la mar, dize el Almirante aver seis grandes leguas, y por aquesta parte parece ser el ancho de la dicha isla, y están los dichos cabos norte sur. Avía grandes hileros de corrientes, el uno al contrario del otro; sobrevenían muchos aguaçeros como era el tiempo de las aguas, como arriba diximos. La isla de Gracia... dize el Almirante que es tierra altíssima y toda llena de árboles, que llega hasta la mar; esto es porque como aquel golpho está cercado de tierra, no ay resaca ni olas que quiebren en la tierra como donde están descubiertas las playas. Dize que, estando a la punta o cabo d'ella, vido una isla de tierra altíssima al nordeste, que estaría d'él veinte y seis leguas, púsole nombre «Belaforma», porque devía tener de lexos buen pareçer...

Navegó, domingo, cinco de agosto, cinco leguas de la punta del cabo de Lapa, que es el cabo oriental de la isla de Gra-

cia; vido muy buenos puertos, juntos uno de otro, y cuasi
toda esta mar dize que es puerto, porque está cercada de islas,
y no haze ola alguna... enbió a tierra las barcas, y hallaron
pescado y huego, y rastro de gente, y una casa grande descubierta. De allí anduvo ocho leguas, donde halló puertos buenos. Esta parte d'esta isla de Gracia dize ser tierra altíssima, y
haze muchos valles, «y todo debe ser poblado», dize él, porque lo vido todo labrado. Los ríos son muchos, porque cada
valle tiene el suyo de legua a legua; hallaron muchas frutas, y
uvas como uvas y de buen sabor, mirabolanos muy buenos,
y otras como mançanas, y otras, dize, como naranjas, y lo de
dentro es como higos; hallaron infinitos gatos paulos; las
aguas, dize, las mejores que se vieron. «Esta isla», dize, «es
toda llena de puertos, esta mar es dulce, puesto que no del
todo, sino salobre como la de Carthagena»; más abaxo dize
que es dulce como la del río de Sevilla, y esto causava cuando
topava con alguna hilera del agua de la mar, que salobrava la
del río.

Navegó a un ancón, lunes, seis días de agosto, cinco leguas,
donde salió y vido gente, y vino luego una canoa con cuatro
hombres a la caravela que estava más cercana a tierra, y el piloto d'ella llamó los indios como que quería ir a tierra con
ellos, y, en allegando y entrando, anególes la canoa, y ellos andando nadando, cojólos y trúxolos al Almirante. Dize que son
de la color de todos los otros de las Indias, traen d'ellos los cabellos muy largos, otros así como nosotros; ninguno ay tres-
quilado como en la Española y en las otras tierras. Son de
muy linda estatura, y todos sobrecrecidos; traen el miembro
genital atado y cubierto, y las mujeres van todas desnudas,
como sus madres las parieron... «Estos Indios», dize el Almirante, «luego que aquí fueron, diles cascaveles y cuentas y
açúcar, y los embié a tierra, adonde estaba d'ellos una gran
batalla, y después que supieron el buen tratamiento, todos
querían venir a los navíos; venían los que tenían canoas y fueron muchos, y a todos se hizo buen acogimiento y se les mos-

tró amorosa conversación, dándoles de las cosas que les agradava». Preguntávales el Almirante, y ellos respondían, pero
no se entendían. Truxéronles pan y agua, y unos brevajes,
como vino verde, andan muy ataviados de arcos y flechas y
tablachinas, y las flechas traen cuasi todos con yerva.

Martes, .7. de agosto, vinieron infinitos indios por mar y
por tierra, y todos traían de su pan y mahiz, y cosas de comer, y cántaros de brevaje, d'ello blanco como leche, de sabor de vino, d'ello verde, y d'ello de color cargado; cree que
todo sea de fructas... traían todos sus arcos y flechas con yerva, muy a punto; no se davan nada por cuentas, dieran cuando tuvieran por cascaveles, y otra cosa no demandavan, hazían mucho por el latón... Aquí dize agora el Almirante que
todo cuanto les davan de Castilla lo olían luego que se lo davan. Traxeron papagayos de dos o tres maneras, en especial
de los muy grandes que ay en la isla de Guadalupe, dize él, con
la cola larga, truxeron pañeçuelos de algodón muy labrados y
texidos, a colores y labores como los llevan de Guinea, de los
ríos a la sierra de Lioa, sin differencia, y dize que no deven co-
municar con aquellos, porque ay de aquí donde él agora está
a allá, más de .800. leguas; abaxo dize que parecen almaizares.
Deseaba, dize, tomar media dozena de indios, para llevar
consigo, y dize que no pudo tomallos, porque se fueron todos
de los navíos, antes que anocheciese.

Pero, martes, luego, .8. de agosto, vino una canoa con doze
hombres a la caravela, y tomáronlos todos, y truxéronlos a la
nao del Almirante, y d'ellos escojó seis, y los otros seis embió
a tierra... dio luego la vela hazia una punta que dize «de l'Aguja», el qual nombre no dize cuándo lo puso, y de allí que descubrió las más hermosas tierras que ayan visto y las más pobladas, y, en llegando a un lugar, al cual por su hermosura llamó «Jardines», donde avía infinitas casas y gentes, y los que
avía tomado dixéronle que avía gente vestida, por lo cual
acordó de surgir, y vinieron a los navíos infinitas canoas. Estas son sus palabras. Cada uno dize que traía su pañezuelo

tan labrado a colores, que parecía un almaizar, con uno atada
la cabeça, y con otro cobrían lo demás, como ya se a tocado.
D'estas gentes que oy vinieron a los navíos, algunos dize que
traían algunas ojas de oro al pescuezo, y uno de aquellos indios que traía tomados le dixo que por allí avía mucho oro, y
que hazían d'ello espejos grandes, y mostrava como lo cogían... Dize que, porque andava por allí de corrida, porque
se le perdían los bastimentos que tanto trabajo a alcanzar le
avían costado, y esta isla Española estava más de trezientas leguas de allí, no se detenía, lo cual mucho él quisiera por descubrir mucha más tierra, y dize que todo es lleno de islas, y
muy hermosas, y muy pobladas, y tierras muy altas, y valles
y llanos, y todas son muy grandes y la gente muy más política
que los d'esta Española, y guerreros, y casas hermosas... Llegando a la punta de l'Aguja, dize que vido otra isla al sur, .15.
leguas, que iva al sueste noruesте, muy grande, y tierra muy
alta, y llamóla «Sabeta», y en la tarde vido otra al poniente,
tierra muy alta... çurgió adonde llamó «los Jardines», y luego
vinieron infinitas canoas, grandes y pequeñas, llenas de gente, según dize. Después, a la tarde, vinieron más de toda la comarca, muchos de los cuales traían al pescueço pieças de oro
de hechura de herraduras, pareció que lo tenían en mucho;
pero todo lo dieran, dize, por cascaveles, y no los llevava... todavía ovo alguno d'ello, y era muy baxo, que parecía sobredo-
rado. Dezían, según podían entender por señas, que avía por
allí algunas islas, donde avía mucho de aquel oro, pero que la
gente eran cañíbales, y dize aquí el Almirante que este voca-
blo «cañíbales» tenían todos por allí por causa de enemistad,
o, quiçá, porque no querían que fuesen allá los christianos,
sino que se estuviesen allí toda su vida. Vieron los christianos
a un indio un grano de oro tan grande como una mançana.
Vinieron otra vez infinitas canoas cargadas de gente, y todos
traían oro y collares, y cuentas de infinitas maneras, y atados
los pañezuelos a las cabeças que les tienen los cabellos, y bien
cortados, y parécelos muy bien; llovió mucho, y por eso ces-

saban gentes de ir y venir; vinieron unas mugeres que traían
en los braços sartales de cuentezuelas, y entre ellas perlas o
aljóbar, finíssimas, no como las coloradas que se hallaron en
las islas de Babueca; resgatáronse aquellas, y dize que las em-
biaría a Sus Altezas... preguntó el Almirante a los Indios dónde las hallavan o pescavan, y mostráronle de las nácaras
donde naçen, y respondiéronle, por bien claras señas, que
nasçían y se cogían hazia el poniente, detrás de aquella isla,
que era el cabo de Lapa, la punta de Paria y tierra firme, que
creía ser isla... embió las barcas a tierra para saber si avía cosa
nueva que no oviesen visto, y hallaron la gente tan tratable,
dize el Almirante, que «aunque los marineros no ivan con
propósito de salir en tierra, pero vinieron dos personas principales con todo el pueblo, y les hizieron salir y llevaron a una
casa grande, hecha a dos aguas, y no redonda, como tienda de
campo, de la manera que son las de las islas, donde los recibieron muy bien y les hizieron fiesta y les dieron colación, pan
y frutas de muchas maneras, y el bever fue un brevaje blanco
que tienen en gran precio, de que todos estos días truxeron
allí y ay d'ello tinto, y mejor uno que otro, como entre nosotros
el vino. Los hombres todos estavan juntos a un cabo de la
casa, y las mugeres juntas a otro, reçibida la colación en aquella casa del más viejo, llevóles el más moço a otra casa, e hizo
otro tanto. Pareció que el uno devía ser el caçique y señor, y el
otro devía ser su hijo. Después se bolvieron los marineros a las
barcas, y con ellas a los navíos, muy contentos d'esta gente», estas todas son palabras del Almirante. Dize más: «Ellos son de
muy linda estatura, y todos grandes a una mano, y más blanca
gente que otra que oviese visto en estas Indias, y que ayer vido
muchos tan blancos como nosotros, y mejores cabellos y bien
cortados, y de muy buena verdes y hermosas y pobladas; la
templança, otra tal, que desque estoy en esta isla», dize él, «he
cada mañana frío, digo, para ropón enforrado, bien que esté
tan cerca de la línea equinoçial; la mar todavía dulçe. A la isla
llaman "Paria"». Todas son palabras del Almirante...

Viernes, .10. de agosto, mandó dar las velas y fue al poniente de la que pensava ser isla, y anduvo cinco leguas, y çurgió.
Por temor de no hallar fondo, andaba a buscar boca por donde saliese de aquel golpho, dentro del cual andava cercado de
tierra firme y de islas, aunque él no creía ser tierra firme, y
dize que es cierto que aquella era isla, porque así lo dezían los
indios, y así parece que no los entendía. De allí vido otra isla
frontera al sur, a la cual llamó «Ysabeta», que va del sueste a
norueste, después otra que llamó «la Tramontana», tierra alta
y muy hermosa, y parecía que iva de norte a sur. Parecía muy
grande... dezíanle los indios que avía tomado, a lo que él entendía, que la gente de allí eran cañíbales, y que allí avía o nas-
cía el oro, y las perlas de la parte del norte de Paria, la vía del
poniente, se pescavan y avían avido las que al Almirante dieron. El agua de aquella mar dize que era tan dulce, como la
del río de Sevilla, y así turvia. Quisiera ir a aquellas islas, sino
por no bolver atrás, por la priesa que tenía que se le perdían
los bastimentos que llevava para los christianos de la Española, que con tanto trabajo, difficultad y gran fatiga los avía al-
cançado; y, como cosa en que padeció grandes afficiones, repite esto d'estos bastimentos muchas vezes. Dize que cree que
en aquellas islas que avía visto deve aver cosas de valor, porque todas son grandes y tierras altas, valles y llanos, y de muchas aguas, y muy labradas, y pobladas, y la gente de muy
buena conversación, así como lo muestran sus gestos. Estas
son palabras del Almirante. Dize aquí también que si las perlas nacen, como dize Plinio, del rocío que cae en las hostias
que están abiertas, allí ay mucha razón para las aver, porque
allí cae mucha rociada y ay infinitíssimas hostias y muy grandes, y porque allí no haze tormenta, sino la mar está siempre
sosegada, señal de lo cual es aver los árboles hasta entrar en la
mar, que muestran nunca entrar allí tormenta, y cada rama
de los árboles que entran... estaba llenos de infinitas hostias,
y, tirando de una rama, sale llena de hostias a ella pegadas;
son blancas de dentro, y el pescado d'ellas, y muy sabrosas, no

El oro está con los caníbales.

saladas, sino dulces y que han menester alguna sal, y dize que
no saben si naçen en nácaras. Dondequiera que nascan, son,
dize, finíssimas, y las horadan como, dentro, en Venecia... En
este paso haze mención el Almirante de muchas puntas de
tierra e islas, y nombres que les avía puesto pero no parece
cuándo... haze mención aquí de la «punta Seca», de la «isla
Tramontana», de la «punta Llana», de «punta Sara», suppo-
niéndolas, empero ninguna cosa a dicho d'ellas, o de algunas d'ellas. Dize que toda aquella mar es dulce, y que no
sabe de dónde proceda, porque no parecía aver disposición
de grandes ríos, y que, los oviese, dize que no dexaría de ser
maravilla...

Deseando salir ya d'este golpho de la Vallena, donde andava cercado de tierra firme y de la Trinidad, como dicho queda, navegando al poniente por aquella costa de la tierra firme,
que llamava «de Gracia», hazia la punta Seca, que no dize
dónde era, halló dos braços de agua, no más. Embió la caravela pequeña para ver si avía salida al norte, porque, frontero
de la tierra firme y de la otra que llamó «Ysabeta», al poniente, parecía una isla muy alta y hermosa. Bolvió la caravela, y
dixo que halló un golpho grande, y en él cuatro grandes aberturas que parecían golphos pequeños, y a cabo de cada uno
un río. A este golpho puso nombre «golpho de las Perlas»...
esto parece que era al rincón de todo este golpho grande,
donde andava el Almirante cercado de la tierra firme y de la
isla de la Trinidad; aquellas cuatro abras o aberturas creía el
Almirante que eran quatro islas, y que no parecía que oviese
señal de río que hiziese todo aquel golpho, de cuarenta leguas
de mar todo dulçe; pero los marineros afirmavan que aquellas aberturas eran bocas de ríos... quisiera en gran manera el
Almirante ver la verdad d'este secreto, cuál era la causa de
aver cuarenta leguas en luengo y veintiséis de ancho, como
tiene el dicho golpho, de agua dulce, lo cual era cosa, dize él,
de admiración... y también por penetrar los secretos de aquellas tierras, que no creía ser possible que no tuviesen cosas de

valor, o que no las avía en las Indias, mayormente aviendo allí
hallado muestra de oro y de perlas, y las nuevas d'ellas, y descubierto tales tierras, y tantas y tales gentes en ellas, por lo
cual fácilmente las cosas d'ellas y riquezas que avía se supieran; pero, porque los mantenimientos que llevava para la gente que estava en esta Española, y la que traía para que comiesen en las minas, cogendo oro, se le perdían, los cuales avía al-
cançado con gran dificultad y fatiga, no le dexavan detenerse,
y dize que, si tuviera esperança de aver otros tan presto, todos
los postpusiera, por descubrir más tierras y ver los secretos
d'ellas. Y al fin acuerda de seguir lo más cierto, y venir a esta
isla, y embiar d'ella dineros a Castilla para traer bastimentos
y gente a sueldo, y lo más presto que pudiese embiar también
a su hermano el Adelantado a proseguir su descubrimiento y
hallar grandes cosas, como esperava que se hallarían por servir á Nuestro Señor y a los reyes...; y dize así: «Nuestro Señor
me guíe por su piedad y me depare cosa con que Él sea servido y Vuestras Altezas ayan mucho plazer; y, cierto, devengo
de aver, porque acá tienen cosa tan noble y real para grandes
príncipes. Y es gran yerro creer a quien les dize mal d'esta
empresa, salvo aborreçelles, porque no se halla que príncipe
aya avido tanta gracia de Nuestro Señor, ni tanta victoria de
cosa tan señalada y de tanta honra a su alto estado y reinos, y
para donde pueda reçibir Dios eterno más serviçios, y la gente de España más refrigerio y gananças. Que visto está que ay
infinitas cosas de valor, y bien que agora no se conozca esto
que yo digo, verná tiempo que se contará por gran exçelençia,
y a grande vituperio de las personas que a Vuestras Altezas
son contra esto; que bien que ayan gastado algo en ello, a sido
en cosa más noble y de mayor estado que aya sido cosa de
otro príncipe fasta agora, ni era de se quitar d'ella secamente,
salvo proçeder y darme ayuda y fabor; porque los reyes de
Portogal gastaron y tuvieron coraçón para gastar en Guinea,
fasta quatro o çinco años, dineros y gente, primero que re-
çibiesen provecho, y después les departó Dios gananças y

oro. Que, çierto, si se cuenta la gente del reino de Portogal y
las personas de los que son muertos en esta empresa de Guinea, se fallaría que son más de la mitad del reino; y, sierto,
fuera grandíssima grandeza atajar alguna renta en España
para que se gastase en esta empresa. Que ninguna cosa dexarán Vuestras Altezas de mayor memoria; y miren en ello, y
que ningún prínçipe de Castilla se halla, o yo no he hallado
por escripto ni por palabra, que aya jamás ganado tierra alguna fuera de España; y Vuestras Altezas ganaron estas tierras,
tantas, que son otro mundo, y adonde avrá la christiandad
tanto plazer, y nuestra fe, por tiempo, tanto acrecentamiento.
Todo esto digo con muy sana intinçión, y porque deseo que
Vuestras Altezas sean los mayores señores del mundo, digo
señores de todo él; y sea todo con mucho serviçio y contentamiento de la Sancta Trinidad, porque en fin de sus días ayan
la gloria del Paraíso, y ni, por lo que a mí propio toca, que espero en Su Alta Majestad, que Vuestras Altezas presto verán la
verdad d'ello, y cuál es mi cudiçia». Todas estas son palabras
formales del Almirante...

Así que, para salir d'este golpho dentro del cual estava de
tierra por todas partes cercado, con el propósito ya dicho de
salvar los bastimentos que traía, que se le perdían, viniéndo-
se a esta isla Española, sábado, a onze días de agosto, al salir
de la luna, levantó las anclas, y tendió las velas, y navegó hazia
el Oeste, que es hazia donde sale el sol..., para ir a salir, por entre la punta de Paria y tierra firme, que llamó la «punta» o
«cabo de Lapa», y a la tierra nombró «isla de Gracia», y entre
el cabo a que dixo «cabo Boto» de la isla de la Trinidad...

Llegó hasta un puerto muy bueno, que llamó «puerto de
Gatos», que está junto con la boca donde están las dos isletas
del Caracol y Delfín, entre los cabos de Lapa y cabo Boto, y
esto, domingo, doze de agosto.

Çurgió cerca del dicho puerto, para por la mañana salir
por la dicha boca. Halló otro puerto çerca de allí, donde embió a vello la barca. Era muy bueno. Hallaron ciertas casas de

pescadores, y agua mucha y muy dulçe. Púsole por nombre
«el puerto de las Cabañas». Hallaron, dize, mirabolanos en la
tierra; junto a la mar, infinitas ostias pegadas a las ramas de
los árboles que entran en la mar, las bocas abiertas para reçibir el roçío que cae de las hojas, hasta que cae la gotera de
que se engendran las perlas, según dize Plinio y alega al voca-
bulario que se llama *Catholicon.*

Lunes, .13. de agosto, en saliendo la luna, levantó las anclas
de donde çurgido estava, y vino hazia el cabo de Lapa..., para
salir al norte por la boca que llamó «del Drago», por la siguiente causa y peligro en que allí se vido: la boca del Drago
dize que es un estrecho que está entre la punta de Lapa, que es
el fin de la isla de Gracia... dize que avrá entremedias de los
dos cabos legua y media... llegando a la dicha boca a la ora de
tercia, halló una gran pelea entre el agua dulce por salir a la
mar, y el agua salada de la mar, por entrar dentro en el golpho, y era tan rezia y temerosa, que levantava una gran loma,
como un cerro muy alto y con esto traían un roído y estruendo ambas aguas, de levante a poniente, muy largo y espantoso, con hilero de aguas, y tras uno venían cuatro hileros uno
tras otro, que hazían corrientes que peleavan; donde pensaron perecer, no menos que en la otra boca de la Sierpe del
cabo del Arenal, cuando entravan en el golpho. Fue doblado
este peligro más que el otro, porque les calmó el viento con
que esperavan salir, y quisiera çurgir, que les fuera algún remedio, aunque no sin peligro por los combates de las aguas,
pero no hallaron fondo, porque era muy fonda allí la mar. Te-
mieron, calmado el viento, no los echase el agua dulce o salada a dar en las peñas con sus corrientes, donde no tuviesen algún remedio... plugo a la bondad de Dios que del mismo peligro les salió la salud y liberaçión, porque la misma agua
dulçe, venciendo la salada, echó, sin sintillo, los navíos fuera,
y así fueron puestos en salvo; porque quando Dios quiere que
uno o muchos sean de vida, el agua les es mediçina. Así
que salió lunes, .13. de agosto, del dicho golpho y de la boca

del Drago, peligrosa. Dize que ay desde la primera tierra de la
Trinidad hasta el golpho que descubrieron los marineros que
embió en la caravela, donde vieron los ríos y él no los creía, al
cual golpho llamó él «de las Perlas», y esto es al rincón de todo
el golpho grande, que nombró «de la Vallena», donde tantos
días anduvo de tierra çercado, cuarenta y ocho leguas... Salido del golpho y de la boca del Drago y su peligro, acuerda de
ir al poniente por la costa abaxo de la tierra firme, creyendo
todavía que era isla de Gracia para emparejar en el derecho
del dicho golpho de las Perlas, norte sur, y rodealla, y ver
aquella tan grande abundancia de agua de dónde venía, si
procedía de ríos, como los marineros afirmavan, lo que él
dize que no creía, porque ni Ganjes, ni Éufrates, ni el Nilo no
a oído que tanta agua dulçe truxese. La razón que le movía
era porque no vía tierras tan grandes de donde pudiesen naçer tan grandes ríos, «salvo», dize él, «si esta no es tierra firme», estas son palabras suyas... Así que, yendo en busca de
aquel golpho de las Perlas, donde salen los dichos ríos, creyendo de hallarlo rodeando la tierra, por estimar ser isla y ver
si avía entrada por allí, o salida para el sur, y si no la hallase,
dize que afirmaría entonçes que era ría, y que lo uno y lo otro
era gran maravilla. Fue la costa abaxo aquel lunes hasta el sol
puesto, vido que la costa era llena de buenos puertos y tierra
altíssima; por aquella costa abaxo vido muchas islas hazia el
norte y muchos cabos en la tierra firme, a los cuales todos
puso nombres, a uno «cabo de Conchas», a otro «cabo Luengo»; a otro «cabo de Sabor»; a otro «cabo Rico». Tierra alta y
muy hermosa, dize, que en aquel camino ay muchos puertos
y golphos muy grandes que deven ser poblados, y cuando
más iva al poniente, vía la tierra más llana y más hermosa. Al
salir de la boca, vido una isla, al norte, que estaría de la boca
.26. leguas, púsole la «isla de la Asumpción»; vido otra isla y
púsole «la Concepción», a otras tres isletas juntas llamó «los
Testigos»..., a otra cabe ellas llamó «el Romero», a otras isletas
pequeñas nombró «las Guardias». Después llegó çerca de la

isla Margarita, y llamóla «Margarita», y a otra çerca d'ella
puso nombre «el Martinet»... porque dize que estava nueve
leguas de la isla Martinet, la cual estaba junto, dize él, a la
Margarita, de la parte del norte... Aquí andava el Almirante
muy malo de los ojos, de no dormir, porque siempre, como
andava entre tantos peligros d'entre islas, y así lo tenía de costumbre, y lo deve tener cualquiera que trae cargo de navíos,
por la mayor parte, como son los pilotos, y dize que más fatigado se vido aquí que cuando descubrió a la otra tierra firme,
que es la isla de Cuba..., porque se le cubrieron los ojos de
sangre, y así eran por la mar sus trabajos incomparables. Por
esta causa estuvo esta noche en la cama, y luego se halló más
fuera en la mar de lo que se hallara si él velara, por lo qual no
se descuidava ni fiava de los marineros, ni deve fiarse de nadie el que sea diligente y perfecto piloto, porque a su cuenta y
sobre su cabeça están todos los que van en la nao, y lo más
propio y necessario que al exerçiçio de su officio pertenece es
velar, y no dormir, todo el tiempo que navega.

Parece aver andado el Almirante la costa abaxo desque salió de la boca del Drago, ayer lunes y oy martes, hasta treinta
o cuarenta leguas cuando más, puesto que no lo dize, porque,
como él se quexa que no escrevía todo lo que avía d'escrivir,
no podía, por andar por aquí tan malo. Y como vía que la tierra iva muy estendida para abaxo al poniente, y parecía más
llana y más hermosa, y el golpho de las Perlas, que quedava en
la culata del golpho o mar dulce..., no tenía salida, la qual esperava ver, creyendo que esta tierra era isla, vino ya en cognoscimiento que tierra tan grande no era isla, sino tierra firme, y, como hablando con los reyes, dize así: «Yo estoy creído
que esta es tierra firme grandíssima, de que hasta oy no se a
sabido. Y la razón me ayuda grandemente por esto d'este tan
grande río y d'esta mar, que es dulce, y después me ayuda el
dezir de Esdrás en el 4.° libro, cap. 6.°, que dize que las seis
partes del mundo son de tierra enxuta, y la una de agua. El
cual libro aprueva sant Ambrosio en su Exameron y sant Au-

gustín sobre aquel paso *Morietur filius meus Cristus,* como lo
alega Francisco de Mairones. Y después d'esto, me ayuda el
dezir de muchos Indios cañíbales que yo e tomado otras vezes, los cuales dezían que al austro d'ellos era tierra firme, y
entonçes estava yo en la isla de Guadalupe, y también lo oí a
otros de la isla de Sancta Cruz y de la de Sant Juan, y dezían
que en ella avía mucho oro, y, como Vuestras Altezas saben,
muy poco a que no se sabía otra tierra más de la que Ptolomeo escrivió, y no avía en mi tiempo quien creyese que se podía navegar de España a las Indias; sobre lo cual anduve siete
años en su corte, y no fueron pocos los que entendieron en
ello; y en fin, solo el grandíssimo coraçón de Vuestras Altezas
lo hizo experimentar contra el pareçer de cuantos lo contra-
dezían, y agora pareçe la verdad, y pareçerá antes de mucho
tiempo más largo. Y, si esta es tierra firme, es cosa de admiración, y será entre todos los sabios, pues tan grande río sale
que haga una mar dulçe de cuarenta y ocho leguas». Estas son
sus palabras...

A más andar, quiere venirse a esta Española por algunas
razones que mucho le impelían: la una, porque andava con
grandíssima pena y sospecha, como no avía tenido nueva del
estado d'esta isla, tantos días avía...; la otra por despachar luego a su hermano el Adelantado con tres navíos, para proseguir el descubrimiento, que él dexava començado, de tierra
firme... la 3.ª causa de darse prisa el Almirante a venir a esta
isla, era ver que se le dañavan y perdían los bastimentos, de
que tanta neçecidad, para el socorro de los que acá estavan,
tenía, los cuales torna a llorar, encareçiendo que los ovo con
grandes angustias y fatigas, y dize que, si se le pierden, que no
tiene esperança de aver otros por la gran contradicción que
siempre padeçía de los que aconsejavan a los reyes, «los cuales», dize él aquí, «no son amigos ni desean la honra del alto
estado de Sus Altezas, las personas que les an dicho mal de
tan noble empresa. Ni el gasto era tanto que no se pudiese
gastar, puesto que tan presto no oviese provecho para se re-

compensar, pues era grandíssimo el serviçio que se hazía a
Nuestro Señor en divulgar su santo nombre en tierras incógnitas; y, allende d'esto, fuera para más gran memoria, que
príncipe ovo dexado, espiritual y temporal». Y dize más el Almirante: «Y para esto fuera bien gastada la renta de un buen
obispado y arçobispado, y digo», dize él, «la mejor de España,
donde ay tantas rentas y no ningún perlado, que, aunque an
oído que acá ay pueblos infinitos, que se aya determinado de
embiar acá personas doctas y de ingenio, y amigos de Christo
a tentar de los tornar christianos o dar comienço a ello; el cual
gasto bien soy çierto que, plaziendo a Nuestro Señor, presto
saldrá de acá y para llevar allá». Estas son sus palabras... Fue
la 4.ª causa de venirse a esta isla y no detenerse en descubrir
más, lo qu'él mucho quisiera, como dize él, porque no venían
para descubrir proveídos la gente de la mar, porque dize que
no les osó decir en Castilla que venía con propósito de descubrir, porque no le pusiesen algún estorbo y porque no le pi-
diesen más dineros que él no tenía, y dize que andaba la gente muy cansada. La 5.ª causa, porque los navíos que traía eran
grandes para descubrir, que el uno era de más de cient toneles y el otro de más de setenta, y no se requiere para descubrir
sino de menos; y por ser grande la nao que traxo el primer
viaje, se le perdió en el puerto de la Navidad, reino del Rey
Guacangarí... Fue también la 6.ª que mucho le constriñó a dexar el descubrir e venirse a esta isla, tener los ojos cuasi del
todo perdidos de no dormir, por las luengas y continuas velas
o vigilias que avía tenido; y en este paso dize así: «Plega a
Nuestro Señor de me librar d'ellos» (de los ojos, dize) «que
bien sabe que yo no llevo estas fatigas para athesorar ni fallar
thesoros para mí, que, çierto, yo cognozco que todo es vano
cuanto acá en este siglo se haze, salvo aquello que es honrra y
serviçio de Dios, lo cual no es de ayuntar riquezas ni sobervias, ni otras cosas muchas que usamos en este mundo, en las
cuales más estamos inclinados que a las cosas que nos pueden
salvar». Estas son sus palabras...

Determinado, pues, de venirse cuan presto pudiese a esta
isla, miércoles, a .15. de agosto, que fue de la Asumpción de
Nuestra Señora, después del sol salido, mandó alçar las anclas
de donde había çurgido, que devía ser dentro del golphete
que haze la Margarita y otras isletas con la tierra firme... y dio
la vela camino desta isla; y, viniendo su camino, vido bien vista la Margarita y las isletas que por allí avía, y también, cuando más se iva alexando, más tierra alta descubría de la tierra
firme, y anduvo aquel día, desde el sol salido hasta el sol puesto, sesenta y tres leguas, por las grandes corrientes que ayuda-
van al viento...

Otro día, jueves, diez y seis de agosto, navegó al norueste,
cuarta del norte, .26. leguas, con la mar llana, «gracias a
Dios», como él siempre dezía. Dize aquí una cosa maravillosa, que cuando partía de Canaria para esta Española, passando trezientas leguas al oeste, luego noruesteavan las agujas
una cuarta, y la estrella del norte no se alçaba sino .5. grados,
y agora en este viaje nunca le a noruesteado, hasta anoche,
que noruesteava más de una cuarta y media, y algunas agujas
noruesteavan medio viento, que son dos cuartas; y esto fue,
todo de golpe, anoche. Y dize cada noche estava sobre el aviso, maravillándose de tanto anudamiento del cielo, y de la
temperançia d'él, allí, tan çerca de la línea equinocial, en todo
este viaje, después de aver hallado la tierra; mayormente estando el sol en Leo, donde como arriba a dicho, por las mañanas se vestía un ropón, y la gente de allí de Gracia ser más
blancos que otros que aya visto en las Indias. Halló también
allí, donde agora venía, que la estrella del norte tenía en catorce grados cuando las Guardas avían passado de la cabeça el
término de dos oras y media. Aquí torna a exortar a los reyes
que tengan este negocio en mucho, pues les <ha> mostrado
aver en estas tierras oro, y mineros a visto sin número d'él, y
que se quiere sacar con ingenio, industria y trabajo, porque
aun el hierro, aviendo tanto como ay, no se saca sin él; y les a
llevado grano de veinte onças, y otros muchos, y que donde

ay esto, algo se deve creer que ay, y que llevó a Sus Altezas grano de cobre de nascimiento, de seis arrovas, azul, lacar, ámbar, algodón, pimienta, canela, brasil infinito, estoraque, sándalos blancos y çetrinos, lino áloes, gengibre, incensio, mirabolanos de toda espeçie, perlas finíssimas y perlas bermejas, de que dize Marco Paulo que valen más que las blancas... «otras infinitas cosas e visto y ay de espeçería que no curo agora de dezir por la prolixidad». Todas estas son sus palabras...

Viernes, .17. de agosto, anduvo .37. leguas, la mar llana, «a Dios Nuestro Señor», dize él, «sean dadas infinitas gracias». Dize que con no hallar ya islas le çertifica que aquella tierra de donde viene sea gran tierra firme, o adonde está el Paraíso Terrenal, «porque todos dizen», dize él, «que está en fin de oriente, y es éste», dize él.

Sábado, entre día y noche, andaría .39. leguas.

Domingo, .19. de agosto, anduvo en el día y la noche .33. leguas, y llegó a la tierra; y esta era una isleta chequita que llamó «Madame Beata»... está junto a ella otra más chequita que tiene una serreçuela altilla, que desde lexos pareçe vela, y púsole nombre «Alto Velo». Creyó que la Beata era una isleta que llamó «Santa Chaterina», cuando vino por esta costa del sur, del descubrimiento de la isla de Cuba, y dista d'este puerto de Sancto Domingo veinte y cinco leguas, y está junto a esta isla. Pesóle de aver tanto decaído, y dize que no se deve alguién de maravillar, porque como en las noches estava al reparo barloventeando, por miedo de topar algunas islas o baxos..., si avía en ellos en qué trompeçar, y así no andava camino, las corrientes, que por aquí son muy grandes, que van para abaxo hazia tierra firme y el poniente, ovieron de llevar los navíos, sin sentirse, tan abaxo...

Así que çurgió agora entre la Beata y esta isla, que ay dos leguas de mar entremedias, lunes, .20. de agosto. Embió luego las barcas a tierra a llamar indios, que por allí estavan poblaciones, para escrevir al Adelantado su venida; venidos a me-

dio día, los despachó. Vinieron a la nao seis indios, en dos vezes, y uno de ellos truxo una ballesta con su cuerda, y nuez y
armatostes, que no le causó chico sobresalto, y dixo: «Plega a
Dios que no sea de algún muerto», y porque devían de ver
desde Sancto Domingo pasar los tres navíos hazia baxo, teniendo por cierto que era el Almirante, como cada día lo esperavan, saltó el Adelantado luego en una caravela y alcançó
aquí al Almirante, holgáronse muy mucho de verse ambos.
Preguntado por el estado de la tierra, dióle cuenta el Adelantado de cómo Francisco Roldán era con ochenta hombres levantado, con todo lo demás que en esta isla, después que salió
d'ella, avía passado...

Partióse de allí, miércoles, .22. de agosto, y, finalmente, con
alguna dificultad por las muchas corrientes y las brisas que
por allí son continuas y contrarias, llegó a este puerto de
Sancto Domingo, viernes, postrero día de agosto del dicho
año de 1498...

Relación del cuarto viaje (1502-1504)

Isla de Jamaica, 7 de Julio 1503

Sereníssimos y muy altos y poderosos Príncipes, Rey e Reina, Nuestros Señores: De Cáliz pasé a Canaria en cuatro días, y dende a las Indias en diez y seis, donde escriví a <V. M. que> mi intención era dar prisa a mi viaje, en cuanto yo tenía los navíos buenos, la gente y los bastimentos, y que mi derrota era la isla de Janahica; y en la Dominica escreví esto. Fasta allí truxe el tiempo a pedir por la boca. Esa noche que allí entré fue con tormenta y grande, y me persiguió después siempre.

Cuando llegué sobre la Española invié el enboltorio de cartas y a pedir por merçed un navío por mis dineros, porque otro que yo llevava era innavegable y no sufría velas. Las cartas tomaron, y sabrán si se las dieron. La respuesta para mí fue mandarme de parte de V. M. que yo no pasase ni llegase a la tierra. Cayó el coraçón a la gente que iva conmigo, por temor de los llevar yo lexos, diciendo que, si algún caso de peligro les viniese, que no serían remediados allí, antes les sería fecha alguna grande afrenta. También a quien plugo, dixo que el Comendador avía de proveer las tierras que yo ganase.

La tormenta era terrible, y en aquella noche me desmembró los navíos; a cada uno llevó por su cabo sin esperanças salvo de muerte; cada uno d'ellos tenía por cierto que los otros eran perdidos. ¿Quién nasçió, sin quitar a Job, que no muriera desesperado que por mi salvaçión y de mi fijo, hermano y amigos me fuese en tal tiempo defendido la tierra y los puertos que yo, por voluntad de Dios, gané a España sudando sangre?

E torno a los navíos, que assí me avía llevado la tormenta y dexado a mí solo. Deparómelos Nuestro Señor cuando le plugo. El navío sospechoso[1] avía echado a la mar, por escapar, fasta la <g>isola[2]; la Gallega perdió la barca, y todos gran parte de los bastimentos; el en que yo iva, avalumado a maravilla, Nuestro Señor le salvó que no uvo daño de una paja. En el sospechoso iba mi hermano, y él, después de Dios, fue su remedio. E con esta tormenta assí a gatas me llegué a Janahica. Allí se mudó de mar alta en calmería y grande corriente, y me llevó fasta el Jardín de la Reina sin ver tierra. De allí, cuando pude, navegué a la tierra firme, adonde me salió el viento y corriente terrible al opósito. Combatí con ellos sesenta días, y en fin no lo pude ganar más de setenta leguas.

En todo este tiempo no entré en puerto ni pude, ni me dexó tormenta del çielo, agua y trombones y relámpagos de continuo, que parecía el fin del mundo. Llegué al cabo de Gracias a Dios y de allí me dio Nuestro Señor próspero el viento y corriente. Esto fue a doce de Septiembre. Ochenta y ocho días avía que no me avía dexado espantable tormenta, atanto que no vide el sol ni estrellas por mar, que a los navíos

---

1. Algunos editores identifican «Sospechoso» con el nombre de un navío que formaría parte de la flota de este viaje; como no tenemos constancia de la existencia de un barco de este nombre, prefiero la lectura de la *Raccolta* (I, 177), que entiende «sospechoso como adjetivo».

2. «Bitácora», conjetura de J. Gil, para encarecer la desesperación del momento «se arroja al mar hasta la *gisola,* el armario donde se guarda la brújula, el instrumento imprescindible para enderezar el rumbo» *(Textos y documentos completos,* p. XXVII).

tenía yo abiertos, a las velas rotas, y perdidas anclas y xarcia, cables con las barcas y muchos vastimentos, la gente muy enferma y todos contritos y muchos con promesa de religión, y no ninguno sin otros votos y romerías. Muchas vezes avían llegado a se confessar los unos a los otros. Otras tormentas se an visto, mas no durar tanto ni con tanto espanto. Muchos esmoreçieron harto y hartas vezes que teníamos por esforzados. El dolor del fijo[3] que yo tenía allí me arrancava el ánima, y más verle de tan nueva edad de treçe años en tanta fatiga y durar en ello tanto. Nuestro Señor le dio tal esfuerzo, que él avivava a los otros, y en las obras hacía él como si uviera navegado ochenta años, y él me consolava. Yo avía adoleçido y llegado fartas vezes a la muerte; de una camarilla que yo mandé fazer sobre cubierta mandava la vía. Mi hermano estaba en el peor navío y más peligroso. Gran dolor era el mío, y mayor porque lo truxe contra su grado, porque, por mi dicha, poco me an aprovechado veinte años de serviçio que yo he servido con tantos trabaxos y peligros, que oi día no tengo en Castilla una teja; si quiero comer o dormir no tengo salvo al mesón o taverna, y las más de las vezes falta para pagar el escote. Otra lástima me arrancava el coraçón por las espaldas, y era Don Diego, mi hijo, que yo dexé en España tan huérfano y desposessionado de mi honra e hazienda; bien que tenía por cierto que <V.>A., como justos y agradesçidos Príncipes, le restituirían con acrescentamiento en todo.

Llegué a tierra de Ca[na]riay[4], adonde me detuve a remediar los navíos y bastimentos y dar aliento a la gente, que venía muy enferma. Yo, como dixe, avía llegado muchas vezes a la muerte. Allí supe de las minas del oro de la provincia de Çiamba[5], que yo buscava. Dos indios me llevaron a Caramburú, adonde la gente anda desnuda y al cuello un espejo de

3. Diego Colón había quedado en Castilla como paje de la Reina.
4. Actual costa del Mosquito.
5. Nombre dado por Marco Polo a la Conchinchina.

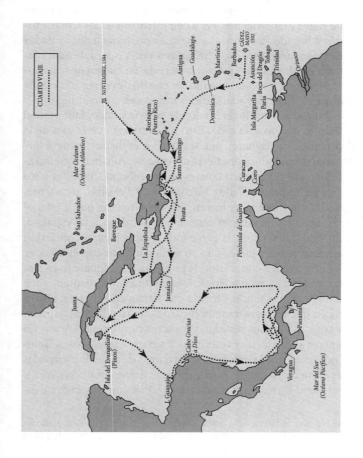

oro, mas no le querían bender ni dar a trueque. Nombráronme muchos lugares en la costa de la mar, adonde decían que avía oro y minas; el postrero era Beragna[6] y lexos de allí obra de veinti y cinco leguas. Partí con intención de los tentar a todos y, llegado ya el medio, supe que avía minas a dos jornadas de andadura. Acordé de inviarlas a ver. Víspera de Sanct Simón y Judas, que avía de ser la partida, en esa noche se levantó tanta mar y viento, que fue necessario de correr acia donde él quiso, y el indio adalid de las minas siempre conmigo.

En todos estos lugares adonde yo avía estado, fallé verdad todo lo que yo avía oído. Esto me certificó que es assí de la provinçia de Ciguare[7], que según ellos es distincta nueve jornadas de andadura por tierra al Poniente. Allí dicen que ay infinito oro y que traen colares en las cabeças, manillas a los pies y a los braços d'ello y bien gordas, y d'él sillas, arcas y mesas las guarneçen y enforran. También dixeron que las mujeres de alí traían collares colgados de la cabeça a las espaldas. En esto que yo digo, la gente toda d'estos lugares conciertan en ello; y dicen tanto, que yo sería contento con el diezmo. También todos conocieron la pimienta. En Ciguare usan tratar en ferias y mercaderías. Esta gente assí lo cuentan, y me amostravan el modo y forma que tienen en la barata. Otrosí diçen que las naos traen bombardas, arcos y flechas, espadas y coraças y andan vestidos, y en la tierra ay cavallos, y usan la guerra y traen ricas vestiduras y tienen buenas cosas. También dicen que la mar boxa a Ciguare, y de allí a diez jornadas es el río de Gangues. Parece qu'estas tierras están con Veragna como Tortosa con Fuenterravía o Pisa con Venecia[8]. Cuan-

6. Nombre indígena de la costa occidental de Panamá, quizá tomado del río Veragua. De aquí el nombre del ducado de Veragua, creado después y usado por los descendientes de Colón.
7. Se ha identificado con Perú al tratar de explicar los detalles concernientes a la vida de sus habitantes que van a continuación.
8. Lo que indica que Colón tenía un concepto bastante aproximado de la forma de estas tierras.

do yo partí de Ceramburú y llegué a esos lugares que dixe, fallé la gente en aquel mismo uso, salvo que los espejos del oro
quien los tenía los dava por tres cascaveles de gavilán por el
uno, bien que pasasen diez o quince ducados de peso. En todos sus usos son como los de la Española (el oro cojen con
otras artes), bien que todos son nada con los de los cristianos.
Esto que yo he dicho es lo que oyo. Lo que yo sé es que el año
de 94 navegué en 24 grados al Poniente en término de 9 horas, y no pudo haber yerro porque uvo eclipses, el sol estava en
Libra y la luna en Ariete. También esto que yo supe por palabra avíalo yo sabido largo por escrito. Ptolomeo creyó de aver
bien remedado a Marino, y ahora se falla su escritura bien propincua al cierto Ptolomeo assienta Catigara a doce líneas lejos
de su Occidente, que él assentó sobre el Cabo de San Vicente
en Portugal dos grados y un terçio; Marino en 15 líneas cons-
tituyó la tierra e términos. Marino en Ethiopía escrive aliende[9]
la línea equinoçial más de 24 grados, y ahora que los portugueses la navegan le fallan cierto; Ptolomeo diz que la tierra
más austral es el plazo primero y que no abaxa más de quince
grados y un terçio. El mundo es poco; el injuto d'ello es seis
partes, la séptima solamente cubierta de agua. La experiençia
ya está vista, y la escreví por otras letras y con adornamiento
de la Sacra Escritura con el sitio del Paraíso Terrenal que la
Sancta Iglesia aprueva. Digo que el mundo non es tan grande
como diçe el vulgo, y que un grado de la equinoçial está 56
millas y dos terçios p[o]resto se tocará con el dedo. Dexo esto
por cuanto no es mi propósito de fablar en aquella materia,
salvo de dar cuenta de mi duro y trabaxoso viaje, bien que él
sea el más noble y provechoso.

9. Siguiendo a Navarrete, algunos editores han corregido *al Indo,* dando
lugar a un extraordinario error geográfico que, en esta ocasión, Colón no
cometió. La versión italiana, por otra parte, confirma la lectura del manuscrito: *questo Marino en Ethiopia scrive sopra la linea equinoctialee piu
de 24 gradi.*

Digo que víspera de Sanct Simón y Judas corrí donde el viento me llevava sin poder resistirle. En un puerto escusé diez días de gran fortuna de la mar y del cielo. Allí acordé de no volver atrás a las minas y dexélas ya por ganadas. Partí por seguir mi viaje. Lloviendo llegué a Puerto de Vastimentos, adonde entré y no de grado. La tormenta y gran corriente me entró allí catorce días, y después partí y no con buen tiempo. Cuando yo uve andado quinçe leguas, forzosamente me reposó atrás el viento y corriente con furia. Volviendo yo al puerto donde avía salido, fallé en el camino al Retrete, adonde me retruxe con harto peligro y enojo y bien fatigado yo y los navíos y la gente. Detúveme allí quince días, que assí lo quiso el cruel tiempo, y cuando creí de aver acabado, me fallé de comienço. Allí mudé de sentençia de volver a las minas y hazer algo fasta que me viniese co[ne]lla para mi viaje y marear. Y llegado con cuatro leguas, revino la tormenta y me fatigó tanto atanto †[10] que ya no sabía de mi parte. Allí se me refrescó del mar la llaga. Nueve días anduve perdido sin esperança de vida. Ojos nunca vieron la mar tan alta, fea y hecha espuma. El viento no era para ir adelante ni dava lugar para correr haçia algún cabo. Allí me detenía en aquella mar fecha sangre, herviendo como caldera por gran fuego. El cielo jamás fue visto tan espantoso. Un día con la noche ardió como forno, y assí echava la llama con los rayos, que cada vez mirava yo si me havía llevado los másteles y velas. Venían con tanta furia y espantables, que todos creíamos que me avían de fundir los navíos. En todo este tiempo jamás cessó agua del cielo, y no para dezir que llovía, salvo que resegundava otro diluvio. La gente estava ya tan molida, que desseavan la muerte

---

10. Son constantes las alusiones de Colón a sus múltiples dolencias. Las Casas nos dice que Colon tenía gota (II, 24), pero no menciona heridas. De este pasaje se han servido los que quieren identificar los restos de Santo Domingo como pertenecientes al Almirante, dado que presentan una herida en una pierna.

para salir de tantos martirios. Los navíos ya avían perdido dos
vezes las barcas, anclas, cuerdas y estavan aviertos, sin velas.

Cuando plugo a Nuestro Señor, volví a Puerto Gordo, adonde reparé lo mejor que pude. Volví otra vez acia Veragna. Para
mi viaje[11], aunque yo estuviera para ello, todavía era el viento
<y> corrientes contrarios. Llegué casi adonde antes, y allí me
salió otra vez el viento y corrientes al encuentro. Y volví otra
vez al puerto, que no osé esperar la oposición de Saturno con
Mares, tan desvaratado[s] en costa brava, porque las más de las
vezes trae tempestad o fuerte tiempo. Esto fue día de Navidad
en horas de missa. Volví otra vez adonde yo avía salido con harta fatiga y, pasado año nuevo, torné a la porfía, que aunque me
hiçiera buen tiempo para mi viaje, ya tenía los navíos innavega-
bles y la gente muerta y enferma. Día de la Epiphanía llegué a
Veragna ya sin aliento. Allí me deparó Nuestro Señor un río y
seguro puerto, bien que a la entrada no tenía salvo diez palmos
de fondo. Metíme en él con pena, y el día siguiente recordó la
fortuna: si me falla fuera, no pudiera entrar a causa del vanco.
Llovió sin cessar fasta 14 de Febrero, que nunca uvo lugar de
entrar en la tierra ni de me remediar en nada. Y estando ya seguro a veinticuatro de Enero, de improviso vino el río muy alto
y fuerte; quebróme las amarras y proeses y uvo de llevar los navíos, y cierto los vi en mayor peligro que nunca. Remedió
Nuestro Señor como siempre hizo. No sé si uvo otro con más
martirios. A seis de Febrero, lloviendo, invié setenta hombres la
tierra adentro y a las çinco leguas fallaron muchas minas. Los
indios que ivan con ellos los llevaron a un cerro muy alto, y de
allí les mostraron açia toda parte cuanto los ojos alcançavan diciendo que en toda parte avía oro y que acia el Poniente llegavan las minas veinte jornadas, y nombravan las villas y lugares
y adónde avía d'ello más o menos. Después supe yo que el Quibian que avía dado estos indios les avía mandado que fuesen a
mostrar las minas lexos y de otro su contrario, y que adentro de

11. Siempre buscando un estrecho.

su pueblo cogían, cuando él quería, un hombre en diez días
una mozada de oro. Los indios sus criados y testigos d'esto traigo conmigo. Adonde él tiene el pueblo llegan las barcas. Volvió
mi hermano con esta gente, y todos con oro que avían cogido
en cuatro horas que fue allá a la estada. La calidad es grande,
porque ninguno d'estos jamás avía visto minas y [los más oro]
los más eran gente de la mar y casi todos grumetes. Yo tenía
mucho aparejo para edificar y muchos vastimentos. Assenté
pueblo y di muchas dádivas al Quibian, que assí llaman al señor de la tierra. Y bien sabía que no avía de durar la concordia;
ellos muy rústicos y nuestra gente muy importunos, y me apo-
sesionava en su término. Después que él vido las casas fechas y
el tráfago tan vivo, acordó de las quemar y matarnos a todos.
Muy al revés salió su propósito: quedó preso él, mujeres y fijos
y criados, bien que su prisión duró poco. El Quibian se fuyó a
un hombre honrado, a quien se avía entregado con guarda de
hombres, e los hijos se fu<y>eron a un maestre de navío, a
quien se dieron en él a buen recaudo.

En Enero se avía cerrado la boca del río. En Abril los navíos
estavan todos comidos de broma y no los podía sostener sobre agua. En este tiempo hizo el río una canal, por donde sa-
qué tres d'ellos vacíos con gran pena. Las barcas volvieron
adentro por la sal y agua. La mar se puso alta y fea y no les
dexó salir fuera. Los indios fueron muchos y juntos y las com-
batieron, y en fin los mataron. Mi hermano y la otra gente toda
estavan en un navío que quedó adentro, yo muy solo de fuera
en tan brava costa, con fuerte fiebre; en tanta fatiga la esperança de escapar era muerta. Subí assí trabaxando lo más alto, llamando a voz temerosa, llorando y muy aprisa los maestros de
la guerra de Vuestras Altezas, a todos cuatro los vientos, por
socorro, mas nunca me respondieron. Cansado me dormeçí
gimiendo. Una voz muy piadosa oí diciendo[12]: «O estulto y

12. Colón utiliza a menudo este recurso como una figura estilística que le
permite acusar a los Reyes con una libertad que de otro modo no se hubiera permitido.

tardo a creer y a servir a tu Dios, Dios de todos, ¿qué hizo Él más por Moises o por David, su siervo? Desque nasçiste, siempre Él tuvo de ti muy grande cargo. Cuando te vido en edad de que Él fue contento, maravillosamente hizo sonar tu nombre en la tierra. Las Indias, que son parte del mundo tan ricas, te las dio por tuyas; tú las repartiste adonde te plugo, y te dio poder para ello. De los atamientos de la mar Occéana, que estavan cerrados con cadenas tan fuertes, te dio las llaves; y fuiste ovedescido en tantas tierras y de los cristianos cobraste tanta honrada fama. ¿Qué hizo Él más al tu pueblo de Israel, cuando le sacó de Egipto, ni por David, que de pastor hizo Rey en Judea? Tórnate a Él y conoçe ya tu yerro: su misericordia es infinita. Tu bejez no impedirá a toda cosa grande. Muchas heredades tiene Él grandíssimas. Abraam pasava de çien años cuando engendró a Isaac, ni Sara era moça. Tú llamas por socorro. Inçierto, responde: ¿quién te ha afligido tanto y tantas vezes: Dios o el mundo? Los privilegios y promesas que da Dios no las quebranta, ni dice, después de aver recibido el serviçio, que su intención no era esta y que se entiende de otra manera, ni da martirios por dar color a la fuerza. Él va al pie de la letra; todo lo que Él promete cumple con acrescentamiento. Esto es s<u> uso. Dicho tengo lo que tu Criador ha fecho por ti y haçe con todos. Ahora», me di<x>o, «muestra el galardón d'estos afanes y peligros que as pasado sirviendo a otros». Yo, assí amortecido, oí todo, mas no tuve yo respuesta a palabras tan ciertas, salvo llorar por mis yerros. Acabó Él de fablar, quienquiera que fuese, diciendo: «No temas, confía: todas estas tribulaciones están escritas en piedra mármol y no sin causa».

Levantéme cuando pude, y al cabo de nueve días hizo bonança, mas no para sacar navíos del río. Recogí la gente que estava en tierra y todo el resto que pude, porque no bastavan para quedar y para navegar los navíos. Quedara yo a sostener el pueblo con todos, si Vuestras Altezas supieran de ello. El temor que nunca aportarían allí navíos me determinó a esto, y la cuenta que cuando se aya de proveer de socorro se proveerá de todo. Partí en nombre de la Sanctíssima Trinidad la noche de Pascua con los navíos podridos, abrumados, todos fechos agujeros. Allí en Belen dexé uno y hartas cosas. En Belpuerto hice otro tanto. No me quedaron salvo dos en el estado de los otros y sin barcas y vastimentos, por aver de pasar siete mil millas de mar y de agua o morir en la vía con fijo y hermano y tanta gente. Respondan ahora los que suelen tachar y reprehender diçiendo allí de en salvo: «¿Por qué no haçíades esto allí?». Los quisiera yo en esta jornada. Yo bien creo, que otra de otro saber los aguarda, o nuestra fe es ninguna.

Llegué a treçe de Mayo en la provincia de Ma<n>go, que parte con aquella de Catayo, y de allí partí para la Española; navegué dos días con buen tiempo y después fue contrario. El camino que yo llevaba era para desechar tanto número de islas, por no me embaraçar en los baxos de ellas. La mar brava me hizo fuerça y uve de volver atrás sin velas. Surgí a una isla adonde de golpe perdí tres anclas, y a la media noche, que pareçía que el mundo se ensolvía, se rompieron las amarras al otro navío y vino sobre mí, que fue maravilla cómo no nos acabamos de hazer rajas; el ancla, de forma que me quedó, fue ella, después de Nuestro Señor, pues me sostuvo. Al cabo de seis días, que era ya bonança, volví a mi camino. Assí, ya perdido del todo de aparejos y con los navíos horadados de gusanos más que un panal de avejas y la gente tan acobardada y perdida, passé algo adelante de donde yo avía llegado de antes. Allí me tornó a reposar atrás la fortuna. Paré en la mesma isla en más seguro puerto. Al cabo de ocho días torné a la vía y llegué a Janahica en fin de Junio, siempre con vientos punteros y los navíos en peor estado; con tres bombas, tinas y calderas no podían con toda la gente bençer el agua que entrava en el navío, ni para este mal de broma ay otra cura. Cometí el camino para me acercar a lo más cerca de la Española, que son veintiocho leguas, y no quisiera aver començado. El otro navío corrió a buscar puerto casi anegado. Yo porfié la

buelta de la mar con tormenta. El navío se me anegó, que milagrosamente me truxo Nuestro Señor a tierra. ¿Quién creye-
ra lo que yo aquí escrivo? Digo que de cien partes no he dicho
la una en esta letra. Los que fueron con el Almirante lo testi-
guen. Si place a Vuestras Altezas de me hacer merçed de socorro un navío que pase de sesenta y cuatro, con duçientos
quintales de vizcocho y algún otro vastimento, abastará para me
llevar a mí y a esta gente a España. De la Española en Janahica
ya dixe que no hay veintiocho leguas. A la Española no fuera
yo, bien que los navíos estuvieran para ello. Ya dixe que me fue
mandado de parte de Vuestras Altezas que no llegase a ella. Si
este mandar a aprovechado, Dios lo sabe. Esta carta[13] invió por
vía y mano de indios; grande maravilla será si allá llega.

De mi viaje digo que fueron ciento y cincuenta personas
conmigo, en que ay hartos suficientes para pilotos y grandes
marineros; ninguno puede dar razón çierta por dónde fui yo
ni vine. La razón es muy presta. Yo partí de sobre el Puerto del
brasil en la Española. No me dexó la tormenta ir al camino
que yo quería; fue por fuerza correr adonde el viento quiso.
En ese día caí yo muy enfermo. Ninguno avía navegado acia
aquella parte; cessó el viento y mar donde a çiertos días, y se
mudó la tormenta en calmería y grandes corrientes. Fui a
aportar a una isla que se dixo de las Bocas, y de allí a tierra firme. Ninguno puede dar cuenta verdadera d'esto, porque no
ay razón que abaste, porque fue ir con corriente sin ver tierra
tanto número de días. Seguí la costa de la tierra firme; esta se
assentó con compás y arte. Ninguno ay que diga debaxo cuál
parte del çielo o cuándo yo partí de ella para venir a la Española. Los pilotos creían venir a parar a la isla de Sant Joan, y
fue en tierra de Mango, cuatrocientas leguas más al Poniente
de adonde decían. Respondan, si saben[14], adónde es el sitio

13. Cfr. la Introducción.
14. Los Porras acusaron a Colón de haber arrebatado los mapas a los marineros para que no supiesen volver.

de Veragna. Digo que no pueden dar otra razón ni cuenta, salvo que fueron a unas tierras adonde ay mucho oro, y certifícale, mas para volver a ella el camino tienen ignoto. Sería necessario para ir a ella descubrirla como de primero. Una cuenta ay y razón de astrología y cierta: quien la entiende esto le abasta. A visión profética se asemeja esto. Las naos de las Indias si no navegan salvo a popa, no es por la mala fechura ni por ser fuertes. Las grandes corrientes que allí vienen, juntamente con el viento, hace que nadie porfíe con bolina, porque en un día perderían lo que uviesen ganado en siete; ni saco caravela, aunque sea latina portuguesa. Esta razón haçe que no naveguen salvo con colla, y por esperale se detienen a las vezes seis y ocho meses en puerto. Ni es maravilla, pues que en España muchas vezes acaeçe otro tanto.

La gente de que escrive Papa Pío, según el sitio y señas, se a falado, mas no los cavallos, pretales y frenos de oro; ni es maravilla, porque allí las tierras de la costa de la mar no requieren salvo pescadores, ni yo me detuve, porque andava aprisa. En Cariay y en esas tierras de su comarca son grandes fechiceros y muy medrosos. Dieran el mundo porque no me detuviera allí una hora. Cuando llegué allí, luego me inviaron dos muchachas muy ataviadas. La más vieja no sería de once años y la otra de siete, ambas con tanta desenboltura, que no serían más unas putas. Traían polvos de hechizos escondidos. En llegando las mandé adornar de nuestras cosas y las invié luego a tierra. Allí vide una sepultura en el monte, grande como una casa y la billa y el cuerpo descubierto y mirrado en ella. De otras artes me dixeron y más excelentes. Animalias menudas y grandes ay hartas y muy diversas de las nuestras. Dos puercos uve yo en presente, y un perro de Irlanda no osaba esperarlos. Un ballestero avía herido una animalia, que se pareçe a un gato paúl, salvo que es mucho más grande y el rostro de hombre; teníale atravesado con una saeta desde los pechos a la cola, y porque era feroz le uvo de cortar un braço y una pierna. El puerco, en viéndole, se le encrespó y se fue hu-

yendo. Yo cuando esto vi, mandé echarle «begare», que assí se
llama, adonde estaba; en llegando a él, assí estando a la muerte y la saeta siempre en el cuerpo, le echó la cola por el hocico
y se la amarró muy fuerte y con mano que le quedava la arre-
bató por el copete como a enemigo. El auto tan nuevo y hermosa montería me hizo escrivir esto. De muchas maneras de
animalias se uvo, mas todas mueren de barro. Gallinas muy
grandes y la pluma como lana vide hartas; leones, cierbos,
corços y otro tanto y assí aves. Cuando yo andava por aquella
mar en fatiga, en algunos se puso heregía que estávamos en-
fechizados, que oy día está en ello. Otra gente fallé, que comían hombres: la desformidad de su gesto lo dice. Allí dicen
que ay grandes mineros de cobre; hachas de ello, otras cosas
labradas, fundidas, soldadas uve y fragua con todo su aparejo
de platero y los crisoles. Allí van vestidos y en aquella provincia vide sábanas grandes de algodón labradas de muy sotiles
labores, otras pintadas muy sutilmente a colores con pinceles.
Dicen que en la tierra adentro haçia el Catayo las ay texidas de
oro. De todas estas tierras y de lo que ay en ellas a falta de lengua no se sabe tan presto. Los pueblos, bien que sean espesos,
cada uno tiene diferençiada lengua, y es en tanto que no se
entienden los unos con los otros más que nos con los de Aravia. Yo creo que esto sea en esta gente salvaje de la costa de la
mar, mas no en la tierra adentro.

Cuando yo descubrí las Indias, dixe que eran el mayor señorío rico que ay en el mundo. Yo dixe del oro, perlas, piedras
preciosas, espeçerías, con los tratos y ferias, y porque no pareçió todo tan presto fui escandaliçado. Este castigo me hace
agora que no diga salvo lo que yo oigo de los naturales de la
tierra. De una oso dezir, porque ay tantos testigos, y es que yo
vide en esta tierra de Beragna mayor señal de oro en dos días
primeros, que en la Española en cuatro años y que las tierras
de la comarca no pueden ser más fermosas ni más labradas ni
la gente más cobarde, y buen puerto y fermoso río defensible
al mundo. Todo esto es seguridad de los cristianos y certeça

de señorío, con grande esperança de la honra y acrescentamiento de la religión cristiana; y el camino allí será tan breve
como a la Española, porque a de ser con viento. Tan señores
son Vuestras Altezas d'esto como de Gerez o Toledo. Sus navíos que fueren allí van a su casa. De allí sacarán oro. En otras
tierras, para aver de lo que ay en ellas, conviene que se lo lleven, o se volverán baçíos, y en la tierra es necessario que fíen
sus personas de un salvaje. Del otro que yo dexo de dezir, ya
dixe por qué me encerré; no digo assí ni que yo afirme en el
tres doble en todo lo que yo aya jamás dicho y escrito, y que yo
estó a la fuente. Genoveses, venecianos y toda la gente que tenga perlas, piedras preçiosas y otras cosas de valor, todos las
llevan hasta el cabo del mundo para las trocar, convertir en
oro. El oro es excelentíssimo; del oro se hace tesoro, y con él,
quien lo tiene, haçe cuanto quiere en el mundo, y llega a que
echa las ánimas al Paraíso. Los señores de aquellas tierras de
la comarca de Beragna cuando mueren entierran el oro que
tienen con el cuerpo; así lo dicen. A Salomón llevaron de un
camino seiscientos y sesenta y seis quintales de oro, allende lo
que llevaron los mercaderes y marineros y allende lo que se
pagó en Aravia. D'este oro fiço doçientas lanças y treçientos
escudos y fizo el tablado que avía de estar derriba, pellas de
oro y vasos muchos y muy grandes y ricos de piedras preçiosas. Josepho en su Crónica *De antiquitatibus*[15] lo escrive.
En el *Paralipomenon*[16] y en el Libro de los *Reyes*[17] se cuenta
d'esto. Josepho quiere que este oro se oviese en la Aurea. Si
assí fuese, digo que aquellas minas de la Aurea son unas y se
contienen con estas de Beragna, que como yo dixe arriba,
se alarga\<n\> al Poniente veinte jornadas y son en una distancia lexos del polo y de la línea. Salomón compró todo aquello,
oro, piedras y plata, y V. A. le pueden mandar a cojer si le

15. VIII, c. 7.
16. IX, 13-17.
17. X, 14-18.

aplacen. David en su testamento dexó tres mil quintales de
oro de las Indias a Salomón para ayuda de edificar el Templo,
y según Josepho era él d'estas mismas tierras. Hierusalem y el
monte Sion ha de ser reedificado por mano de cristiano;
quién a de ser, Dios por boca del Propheta en el décimo-
cuarto Psalmo[18] lo dice. El abad Joachin[19] dixo que este havía
de salir de España. Sanct Gerónimo a la sancta mujer le mostró el camino para ello. El Emperador de Cataio ha días que
mandó sabios que le enseñen en la fe de Cristo[20]. ¿Quién será
que se ofrezca a esto? Si Nuestro Señor me lleva a España, yo
me obligo de llevar con el nombre de Dios en salvo esta gente
que vino conmigo; an pasado increíbles peligros y trabaxos.
Suplico a Vuestras Altezas, porque son pobres, que les mande
pagar luego y les haga mercedes a cada uno según la calidad
de la persona, que les certifico que, a mi creer, les traen las
mejores nuevas que nunca fueron a España. El oro que tiene
el Quibian de Beragna y los otros de la comarca, bien que según información él sea mucho, no me paresció bien ni serviçio de Vuestras Altezas de se le tomar por vía de robo. La buena orden ebitará escándalo y mala fama y hará que todo ello
venga al tesoro, que no quede un grano. Con un mes de buen
tiempo yo acabaré todo mi viaje. Por falta de los navíos no
porfié a esperarle para tornar a ello, y para toda cosa de su
servicio espero en Aquel que me hizo y estaré bueno ***. Yo
creo que Vuestra Alteza se acordará que yo quería mandar
hazer los navíos de nueva manera; la brevedad del tiempo no
dió lugar a ello, y cierto yo avía caído en lo que cumplía.

Yo tengo en más esta negoçiación y minas con esta escala y
señorío, que todo lo otro que está hecho en las Indias. No es
este hijo para dar a criar a madrastra. De la Española, de Pa-

18. XIV, 7.
19. No hay referencia.
20. Cfr. la introducción del *Primer Viaje*, vuelve a hacer referencia a la
embajada del Gran Kan al papa Eugenio IV pidiendo monjes para evan-
gelizar sus tierras.

ria, y de las otras tierras no me acuerdo d'ellas que yo no llore. Creía yo que el exemplo dellas oviese de ser por estotras: al
contrario, ellas están bocas ayuso; bien que no mueren, la enfermedad es incurable o muy larga. Quien las llegó a esto venga agora con el remedio si puede o sabe. Al descomponer
cada uno es maestro. Las graçias y acrescentamiento siempre
fue uso de las dar a quien puso su cuerpo a peligro. No es razón que quien ha sido tan contrario a esta negoçiación le
goçe, ni sus fijos. Los que se fueron de las Indias fuyendo los
trabaxos y diciendo mal d'ellas y de mí, volvieron con cargos,
así se ordenava agora en Beragna: malo exemplo y sin provecho del negoçio y para la justicia del mundo. Este temor con
otros casos hartos, que yo veía claro, me hizo suplicar a Vuestras Altezas, antes que yo viniese a descubrir estas islas y tierra firme, que me las dexasen governar en su real nombre.
Plúgoles; fue por privilegio y assiento y con sello y juramento,
y me intitularon de Visorey y Almirante y Gobernador General de todo, y aseñalaron el término sobre las islas de los Azores cien leguas, y aquellas de Cabo Verde por la línea que pasa
de polo a polo, y esto de todo que jamás se descubriese, y me
dieron poder largo. La escritura a más largamente lo dice.

El otro negoçio[21] famosíssimo está con los braços abiertos
llamando: estrangero he sido fasta ahora. Siete años estuve yo
en su Real Corte, que a cuantos se fabló de esta empresa todos
a una dixeron que era burla. Agora fasta los sastres suplican
por descubrir. Es de creer que van a sastrear y se les otorga,
que cobran con mucho perjuicio de mi honra y tanto daño
del negoçio. Bueno es de dar a Dios lo suyo y a César lo que le
pertenece. Esta es justa sentençia y de justo. Las tierras que
acá obedecen a Vuestras Altezas son más que todas las otras
de cristianos y ricas. Después que yo por voluntad divina las
uve puestas debaxo de su real y alto señorío y en filo para aver
grandíssima renta, de improviso esperando navíos para venir

---

21. La conquista de Jerusalén y la reedificación de la «Casa Santa».

a su alto conspecto con vitoria y grandes nuevas del oro, muy
seguro y alegre, fui preso y echado con dos hermanos en un
navío, cargado[s] de fierros, desnudo en cuerpo, con muy
mal tratamiento, sin ser llamado ni bençido por justicia.
¿Quién creerá que un pobre estrangero se oviese de alfar en
tal lugar contra Vuestras Altezas sin causa ni sin braço de
otro Príncipe y estando solo entre sus basaltos y naturales y
teniendo todos mis fijos en su Real Corte? Yo vine a servir de
veinteocho años, y agora no tengo cavello en mi persona que
no sea cano y el cuerpo enfermo y gastado cuanto me quedó
de aquellos, y me fue tomado y bendido y a mis hermanos
fasta el sayo, sin ser oído ni visto, con gran deshonor mío. Es
de creer que esto no se hizo por su real mandado. La restitu-
ción de mi honra y daños y el castigo en quien lo fizo fará sonar su real nobleça, y otro tanto en quien me robó las perlas y
de quien ha fecho daño en ese Almirantado. Grandíssima virtud, fama con exemplo será si haçen esto, y quedará a la España gloriosa memoración de Vuestras Altezas de agradesçidos
y justos Príncipes. La intençión tan sana que yo siempre tuve
al serviçio de Vuestras Altezas y [a] la afrenta tan desigual no
da lugar al ánima que calle, bien que yo quiera. Suplico a
Vuestras Altezas me perdonen.

Yo estoy tan perdido como dixe. Yo he llorado fasta aquí a
otros. Aya missericordia agora el cielo y llore por mí la tierra.
En el temporal no tengo solamente una blanca para el oferta,
en el espiritual he parado aquí en las Indias de la forma que
está dicho: aislado en esta pena, enfermo, aguardando cada
día por la muerte y cercado de un cuento de salvajes y llenos
de crueldad y enemigos nuestros, y tan apartado de los Sanctos Sacramentos de la Sancta Iglesia, que se olvidará d'esta
ánima si se aparta acá del cuerpo. Llore por mí quien tiene caridad, verdad y justicia. Yo no vine a este viaje a navegar por
ganar honra ni hazienda: esto es çierto, porque estava ya la esperança de todo en ello muerta. Yo vine a Vuestras Altezas
con sana intençión y buen celo, y no miento. Suplico umilde-

mente a Vuestras Altezas que, si a Dios plaçe de me sacar de aquí, que aya<n> por bien mi ida a Roma y otras romerías[22]. Cuya vida y alto estado la Sancta Trinidad guarde y acresciente.

Fecha en las Indias, en la isla de Janahica, a siete de Julio de mil quinientos y tres años.

22. En todos los momentos difíciles Colón promete visitar algún templo. En este caso, el viaje a Roma se inscribe en un intento desesperado de obtener del papa Julio II apoyo a sus reivindicaciones en Castilla, donde su estrella declinaba. En varias de sus cartas íntimas insiste en la necesidad de enviar allí bien a Gorricio, bien a su hermano o a alguna persona de plena confianza.

Testamento y codicilo

Valladolid, 19 Mayo 1506

En la noble villa de Valladolid, a diez y nueve días del mes de Mayo, año del naçimiento de Nuestro Salvador Jhesucristo de mil e quinientos e seis años, por ante mí, Pedro de Inoxedo, escrivano de cámara de Sus Altezas y escrivano de provinçia en la su corte e chançillería e su escrivano e notario público en todos los sus reinos e señoríos, e de los testigos de yuso escritos, el señor don Cristóbal Colón, Almirante e Visorey e Governador General de las islas e tierra firme de las Indias descubiertas e por descubrir que diso que era, estando enfermo de su cuerpo, dixo que, por cuanto él tenía fecho su testamento por ante escrivano público, qu'él agora retificava e retificó el dicho testamento, e lo aprovava e aprovó por bueno, y si necesario era lo otorgava e otorgó de nuevo. E agora añadiendo el dicho su testamento, él tenía escrito de su mano e letra un escrito que ante mí el dicho escrivano mostró e presentó, que dixo que estava escrito de su mano e letra, e firmado de su nombre, qu'el otorgava e otorgó todo lo contenido en el dicho escrito, por ante mí el dicho escrivano, segund e por la vía e forma que en el dicho escrito se contenía, e todas las mandas en él contenidas para que se complan e valgan por su última y postrimera voluntad. E para cumplir el dicho su testamento qu'él tenía e tiene fecho e otorgado, e todo lo en él contenido, cada una cosa e parte d'ello, e nombrava e nombró por sus testamentarios e complidores de su ánima al señor don Diego Colón, su hijo, e a don Bartholomé Colón, su hermano, e a Juan de Porras, tesorero de Viscaya, para qu'ellos todos tres complan su testamento, e todo lo en él contenido e en el dicho escrito e todas las mandas e legatos e obsequias en él contenidas. Para lo cual dixo que dava e dió todo su poder bastante, e que otorgava e otorgó ante mí el dicho escrivano todo lo contenido en el dicho escrito; e a los presentes dixo que rogava e rogó que d'ello fuesen testigos. Testigos que fueron presentes, llamados e rogados a todo lo que dicho es de suso: el bachiller Andrés Mirueña e Gaspar de la Misericordia, vecinos d'esta dicha villa de Valladolid, e Bartholomé de Fiesco e Álvaro Péres, e Juan d'Espinosa e Andrea e Fernando de Vargas, e Francisco Manuel e Fernán Martínez, criados del dicho señor Almirante. Su tenor de la cual dicha escritura, qu'estava escrita de letra e mano del dicho Almirante, e firmada de su nombre, *de verbo ad verbum* es este que se sigue:

«Cuando partí d'España el año de quinientos e dos yo fize una ordenança e mayorazgo de mis bienes[1], e de lo que estonçes me pareçió que conplía a mi ánima e al serviçio de Dios eterno, e honra mía e de mis sucesores: la cual escriptura dexé en el monesterio de las Cuevas de Sevilla a frey don Gaspar con otras mis escrituras e mis privilejios e cartas que tengo del Rey e de la Reina, Nuestros Señores. La cual ordenança apruevo e confirmo por esta, la cual yo escrivo a mayor complimiento e declaración de mi intención. La cual

---

1. Documento desaparecido y que efectuó Colón el 1 de abril de 1502; en él debían de incluirse algunas disposiciones complementarias a la institución de mayorazgo que había redactado en 1498. Este codicilo es prácticamente una repetición de aquél y no añade nada esencial.

mando que se compla ansí como aquí declaro, e se entiende que lo que se compliere por esta no se aga nada por la otra, porque no sea dos veçes. Yo constituí a mi caro hijo don Diego por mi heredero de todos mis bienes e ofiçios que tengo de juro y heredad, de que hize en el mayorazgo, y non aviendo el hijo heredero varón, que herede mi hijo don Fernando por la mesma guisa, en non aviendo el hijo varón heredero, que herede don Bartolomé mi hermano por la misma guisa; e por la misma guisa si no tuviere hijo heredero varón, que herede otro mi hermano; que se entienda ansí de uno a otro el pariente más llegado a mi linia, y esto sea para siempre. E non herede mujer, salvo si non faltase non se fallar hombre; e si esto acaesçiese, sea la muger más allegada a mi linia. E mando al dicho don Diego, mi hijo, o a quien heredare, que non piense ni presuma de amenguar el dicho mayorazgo, salvo acrecentalle e ponello: es de saber, que la renta que él oviere sirva con su persona y estado al Rey e a la Reina, Nuestros Señores, e al acresçentamiento de la religión ch<r>istiana.

El Rey e la Reina, Nuestros Señores, cuando yo les serví con las Indias, digo serví, que parece que yo por la voluntad de Dios Nuestro Señor, se las di, como cosa que era mía, puédolo deçir, porque importuné a Sus Altezas por ellas, las cuales eran ignotas e ascondido el camino a cuantos se fabló d'ellas, para las ir a descubrir, allende de poner el aviso y mi persona, Sus Altezas non gastaron ni quisieron gastar para ello salvo un cuento de maravedís, e a mí fue necesario de gasta el resto[2]: ansí plugo a Sus Alteças que yo uviese en mi parte de las dichas Indias, islas e tierra firme, que son al Poniente de una raya, que mandaron marcar sobre las islas de los Azores y aquellas de Cabo Verde, çien leguas, la cual pasa de polo a polo, que yo uviese en mi parte <el> terçio y el ochavo de todo, e más el diesmo de lo qu'está en ellas, como más largo se

---

2. Sobre los gastos efectuados por Colón, cfr. J. Manzano *Cristóbal Colón, siete...*

amuestra por los dichos mis privilegios e cartas de merced.
Porque fasta agora no se ha sabido renta de las dichas Indias,
porque yo pueda repartir d'ella lo que d'ella aquí abaxo diré,
e se espera en la misericordia de Nuestro Señor que se ayan de
aver bien grande, mi intención sería y es que don Fernando,
mi hijo, uviese d'ella un cuento y medio cada un año, e don
Bartholomé, mi hermano, çiento y çincuenta mil maravedís,
e don Diego, mi hermano, çien mil maravedís, porque es de la
Iglesia. Mas esto non lo puedo dezir determinadamente,
porque fasta agora non e avido ni ay renta conoçida, como
dicho es.

Digo, por mayor declaración de lo susodicho, que mi voluntad es que el dicho don Diego, mi hijo, aya el dicho mayorazgo con todos mis bienes e ofiçios, como e por la guisa que
dicho es e que yo los tengo. E digo que toda la renta que él to-
viere por razón de la dicha herençia, que haga él dies partes
d'ella cada un año, e que la una parte d'estas diez la reparta
entre nuestros parientes, los que pareçieren haverlo más menester e personas necesitadas y en otras obras pías. E después
d'estas nueve partes tome las dos d'ellas e las reparta en treinta y cinco partes, e d'ellas aya don Fernando, mi hijo, las ven-
te y siete e don Bartholomé aya las cinco e don Diego, mi hermano, las tres. E porque, como arriba dixe, mi deseo sería que
don Fernando, mi hijo, uviese un cuento y medio e don Bartholomé ciento y cincuenta mil maravedís e don Diego ciento,
e no sé cómo esto aya de ser, porque fasta agora la dicha renta del dicho mayorazgo non está sabida ni tiene número, digo
que se siga esta orden que arriba dixe, fasta que placerá a
Nuestro Señor que las dichas dos partes de las dichas nueve
abastarán e llegarán a tanto acrecentamiento que en ellas ha-
vrá el dicho un cuento e medio para don Fernando e ciento y
cincuenta mil maravedís para don Bartholomé e cien mil
para don Diego. E cuando plazerá a Dios que esto sea o que si
las dichas partes, se entienda de las nueve sobredichas, llega-
ren contía de un cuento y sieteçientos e çincuenta mil mara-

vedís, que toda la demasía sea e la aya don Diego, mi hijo, o quien heredare, y digo y ruego al dicho Don Diego, mi hijo, o a quien heredare que, si la renta d'este dicho mayorazgo creciere mucho, que me hará plazer acrecentar a don Fernando e a mis hermanos la parte que aquí va dicha.

Digo que esta parte que yo mando dar a don Fernando, mi hijo, que yo fago d'ella mayorazgo en él, e que le suceda su hijo mayor, y ansí de uno en otro perpetuamente, sin que la pueda vender ni trocar ni dar ni enajenar por ninguna manera, e sea por la manera e guisa qu'está dicho en el otro mayorazgo que yo e fecho en don Diego, mi hijo.

Digo a don Diego, mi hijo, e mando, que tanto qu'él tenga renta del dicho mayorazgo y herençia que pueda sostener en una capilla, que aya de fazer tres capellanes que digan cada día tres misas, una a honra de la Sancta Trinidad, e otra a la Conçepçión de Nuestra Señora, e la otra por ánima de todos los fieles defontos, e por mi ánima e de mi padre e madre e muger. E que si su facultad abastare, que haga la dicha capilla honrosa y la acreciente las oraciones e preçes por el honor de la Santa Trinidad; e si esto puede ser en la Isla Española, que Dios me dio milagrosamente, holgaría que fuese allí adonde ya lo invoqué, que es en la Vega que se dize de la Conçepçión.

Digo e mando a don Diego, mi hijo, o a quien heredare, que pague todas las deudas que dexo aquí en un memorial, por la forma que allí diçe, e más las otras que justamente pareçerán que yo deva. E le mando que aya encomendada a Beatriz Enríquez, madre de don Fernando, mi hijo, que la probea que pueda bevir honestamente, como presona a quien yo soy en tanto cargo. Y esto se haga por mi descargo de la conçiençia, porque esto pesa mucho para mi ánima. La razón d'ello non es lícito de la escrevir aquí. Fecha a XXV de Agosto de mill e quinientos e cinco años: sigue *Christo Ferens*. Testigos que fueron presentes e vieron haçer e otorgar todo lo susodicho al dicho señor Almirante, según e como dicho es de suso: los dichos bachiller de Mirueña e Gaspar de la Misericordia, vecinos de la dicha villa de Valladolid, e Bartolomé de Fiesco e Alvar Pérez e Juan d'Espinosa e Andrea e Fernando de Vargas e Francisco Manuel e Fernán Martínez, criados del dicho señor Almirante. E yo el dicho Pedro de Inoxedo, escrivano e notario público susodicho, en uno con los dichos testigos a todo lo susodicho presente fue. E por ende fize aquí este mi signo atal en testimonio de verdad.

Pedro de Enoxedo, escrivano

Relación de ciertas personas a quien yo quiero que se den de mis bienes lo contenido en este memorial, sin que se le quite cosa alguna d'ello[3]. Hásele de dar en tal forma que no sepa quién se las manda dar.

Primeramente a los herederos de Gerónimo del Puerto, padre de Venito del Puerto, chanceller de Génova, veinte ducados o su valor.

A Antonio Vazo, mercader ginovés, que solía vevir en Lisboa, dos mil e quinientos reales de Portugal, que son siete ducados poco más, a razón de treszientos e setenta y cinco reales el ducado.

A un judío que morava a la puerta de la judería en Lisboa, o a quien mandare un sacerdote, el valor de medio marco de plata.

A los herederos de Luis Centurión Escoto, mercader ginovés, treinta mil reales de Portugal, de los cuales vale un duca-

---

3. Colón a la hora de su muerte no recuerda a sus deudores más cercanos sino a aquellos con los que tenía cuentas pendientes de muy antiguo. Colón, junto con su padre Domenico, fue condenado en 1470 a pagar a Gerónimo del Puerto 35 libras en el plazo de un año; hasta ese momento no debió de salvarse la deuda. El resto de los personajes pertenecen al entorno italiano del que Colón se rodeó en Portugal, antes de su llegada a Castilla: Paolo de Negro era el agente de Luis Centurión en Lisboa, a cuyas órdenes navegó; Batista Spindola era hijo de uno de los propietarios del barco en el que Colón naufragó frente a las costas de Portugal.

do trescientos ochenta y cinco reales, que son setenta y cinco ducados poco más o menos.

A esos mismos herederos y a los herederos de Paulo Negro, ginovés, cien ducados o su valor; han de ser la mitad a los unos herederos y la otra a los otros.

A Baptista Espínola o a sus herederos, si él es muerto, veinte ducados. Este Baptista Espínola es yerno del sobredicho Luis Centurión. Era hijo de Miçer Nicolao Espínola de Locoli de Ronco, y por señas él fue estante en Lisboa el año de mil cuatrocientos ochenta y dos.

La cual dicha memoria a descargo sobredicho, yo el escrivano doy fe que estaba escripta de la letra propia del dicho testamento del dicho don Cristóbal, en fe de lo cual lo firmé de mi nombre.

Pedro de Azcoitia

Índice